Hanspeter Oschwald
Auf der Flucht vor dem Kaplan

PIPER

Zu diesem Buch

Die aktuelle Diskussion um Missbrauchsfälle und Missstände in der katholischen Kirche greift viele Fragen auf – nur nicht die nach dem Milieu, das diese Taten erst ermöglicht hat.

»Auf der Flucht vor dem Kaplan« schildert dieses Umfeld: Das Klandestine, die Enge der katholisch geprägten Gesellschaft der Fünfziger- und Sechzigerjahre. Hanspeter Oschwald erlebte damals als Kind und Jugendlicher viel Gutes, aber eben auch alles Üble und Böse jenseits der beschaulichen Pfadfinder- und Ministrantenidylle: Repression, Angst und beschämtes Wegschauen prägten diese Kindheit, in der sich der Machtmissbrauch von Geistlichen und Lehrern ungestraft ausbreiten konnte. Er erzählt die Geschichte hinter der Geschichte. Es ist die Geschichte alltäglicher christlicher Unbarmherzigkeit.

Hanspeter Oschwald, geboren 1943, ist Buchautor und Journalist. Er war Rom-Korrespondent und Ressortleiter bei *Die Welt* sowie Auslandschef des *Focus* und hat bereits zahlreiche Bücher zu den Themen Kirchenpolitik und Glauben veröffentlicht.

Hanspeter Oschwald

Auf der Flucht vor dem Kaplan

Wie uns die Kirche den Glauben austrieb

Piper München Zürich

Mehr über unsere Autoren und Bücher:
www.piper.de

Mix
Produktgruppe aus vorbildlich bewirtschafteten Wäldern und anderen kontrollierten Herkünften
www.fsc.org Zert.-Nr. GFA-COC-001223
© 1996 Forest Stewardship Council

Originalausgabe
Juli 2011

Umschlagkonzeption: semper smile, München
Umschlaggestaltung: Bauer + Möhring, Berlin
Umschlagabbildung: Avenue Images
Satz: Kösel, Krugzell
Gesetzt aus der Sabon
Papier: Munken Print von Arctic Paper Munkedals AB, Schweden
Druck und Bindung: CPI – Clausen & Bosse, Leck
Printed in Germany ISBN 978-3-492-26470-9

Inhalt

Warum auf der Flucht vor dem Kaplan

Ein notwendiges Vorwort, um Missverständnisse zu vermeiden

Die derzeitige Krise der katholischen Kirche ist wahrlich nicht vom Himmel gefallen. Sie hat damit begonnen, dass die Amtskirche in ihrer angemaßten Allmacht nicht hat erkennen wollen, wie sehr sich die Welt verändert hat. Ein Pater brachte es mir in einem Privatgespräch auf den kurzen Nenner: »Das Zweite Vatikanische Konzil hat die Kirche zur Welt öffnen wollen und erstaunt festgestellt, dass diese Welt gar nicht so schlecht ist, wie sie behauptet hatte.«

Das wollen konservative Kirchenvertreter aber bis heute nicht wahrhaben. Stattdessen verteufeln sie die Welt und wünschen sich anstelle von Freiheit und Menschenrechten jenes Milieu zurück, das bis in die 1970er-Jahre bestanden hat und mancherorts bis heute existiert. Im ganz normalen katholischen Alltag, wie er in Tausenden Gemeinden im ganzen Land früher gelebt wurde, hatte der allmächtige Pfarrer das Sagen, war so etwas wie der Über-Bürgermeister. Er erwartete in Gottes und der Kirche Namen Unterordnung, bisweilen sogar Unterwürfigkeit, und galt im Dorf als oberste Instanz. Wer in irgendeiner Art ausscherte, wurde gemieden, isoliert, gar verteufelt. Toleranz und ökumenische Begegnung waren des Satans, und demütiger Gehorsam bis hin zur Selbstverleugnung gehörte als Grundvoraussetzung zum rechten Glauben. Diese Einstellung ist es aber, die schreckliche Missbräuche ermöglicht hat, die ohne die Macht in der Kirche und mit mehr selbstbewusster Teilhabe der

Gläubigen – die von kirchlicher Seite bezeichnenderweise Laien, also Ahnungslose genannt werden – so nicht möglich gewesen wären. In diesem Grundverständnis liegen die Ursachen für die heutigen Skandale.

Diese nach außen hin vermeintlich sicher abgeschottete katholische Parallelgesellschaft zerfiel in einer wachsenden demokratischen Ordnung und in einer globalisierten Welt seit den 1950er-Jahren allerdings mit der Zeit von selbst. Auch engstirnige Katholiken begannen zu reisen, selbst wenn es nur Ziele wie Lourdes oder Rom waren. Durch das Radio und später das Fernsehen wurde die Neugierde auch auf die nichtkatholische Welt geweckt, und die zunehmende Anzahl an Gastarbeitern führte dazu, dass die Menschen sich mit deren Heimat und Kultur beschäftigten. Man aß Spaghetti und Pizza statt Sauerbraten. Die Deutschen wurden allmählich mobil in jeder Beziehung. Wenn ich heute gelegentlich die Telefonbücher der Städte meiner Kindheit und Jugendzeit durchblättere, so kenne ich kaum noch die Namen. Kein Ort ist mehr mit dem aus der Nachkriegszeit zu vergleichen. In einst stockkatholischen Gemeinden stehen heute zum Beispiel Gemeindehäuser von Evangelikalen oder Zeugen Jehovas. Und der Zusammenhalt der Gemeinden ist nur noch Erinnerung. Selbst wer noch in die Kirche geht, arbeitet längst nicht mehr aktiv in der Gemeinschaft mit, der man sich vor 50 Jahren gar nicht entziehen konnte.

Auch ist es heute ein Leichtes, umfassende Informationen zu allen Lebensbereichen zu erlangen, und so beantwortet das Internet der modernen Gesellschaft im Nu Fragen, auf die wir vor einer Generation gar nicht gekommen wären und die wir nie gestellt hätten. Jegliche Form von Autorität, und ganz besonders die der Papstkirche, wird nicht mehr als selbstverständlich hingenommen. Unter diesen neuen Verhältnissen waren auch die Missstände in der katholischen

Kirche nicht mehr zu vertuschen. Die Kirche musste vielmehr erleben, dass Autoritäten heute grundsätzlich hinterfragt werden können und keineswegs mehr durch eine herrschaftliche Sonderrolle vor jeglichem Verdacht oder der Übernahme von Verantwortung für ihr Handeln geschützt werden.

Das religiöse Milieu meiner Kindheit war schlimm, auch wenn ich es sicherlich damals nicht so empfunden habe und manche schöne Erinnerung daran pflege. Intuitiv spürte das wohl ein Schulkamerad von mir, wenn er sich als Kind versteckte, wenn der Kaplan auftauchte. Sein Verhalten steht symbolisch für die früh eingeleitete Abkehr vieler von der Kirche und hat deshalb diesem Buch den Namen gegeben: *Auf der Flucht vor dem Kaplan. Wie die Kirche uns den Glauben austrieb*. Oder anders formuliert: wie wir wurden, was wir sind. Wie ist es dazu gekommen, dass wir in einer säkularisierten Gesellschaft leben und uns auch ohne Institution Kirche glücklich fühlen und gläubig bleiben können? Dazu gehört aber auch die Frage, wie die Kirche wurde, wie sie heute ist.

Ein kleiner Blick in die Zukunft, etwa im Gespräch mit meinem Sohn, lässt allerdings auch erkennen, dass es keinen Grund zur Angst gibt, heute noch weniger als vor 50 Jahren. Die Beerdigung einer sich als allmächtig gerierenden katholischen Kirche ist überfällig. Und über ihre Zukunft braucht nicht spekuliert zu werden, denn es ist kaum von Bedeutung, wie sie aussehen wird. Viel wichtiger sind die Menschen, die sich emanzipiert haben und heute vielleicht sogar christlicher sind, als Papst und Bischöfe es wahrhaben wollen.

Das trifft vermutlich auch auf all jene zu, die mit ihren Erinnerungen in vielen Gesprächen während der vergangenen drei Jahre dazu beigetragen haben, dass dieses Buch entstehen konnte. Ihnen danke ich ganz herzlich. Sie haben mir wesentlich dabei geholfen, diese Erinnerungen emotionaler und persönlicher aufschreiben zu können, als ich ursprünglich geplant hatte und als es auch meine Art ist. Ihre Aussagen stehen aber gleichzeitig nicht nur für ihre eigenen Erlebnisse, sondern für die Erfahrungen von vielen anderen, die sich nicht mitteilen und schon gar nicht zitiert werden wollten.

Weite Teile dieser »Flucht« tragen durchaus autobiografische Züge, doch ist meine Person eigentlich nicht wichtig, denn ich stehe lediglich mit meinen Erfahrungen für viele andere. Das haben auch meine Recherchen bestätigt. Manches liest sich vielleicht wie eine Abrechnung. Allerdings wollte ich genauso wenig eine Autobiografie schreiben wie einen zornigen Blick zurückwerfen. Ich habe lediglich zurückgeschaut, um allgemeingültige Erklärungen zu finden für die Skandale und die Kirchenkrise. Ein Versuch der Ursachenforschung, um besser verstehen zu können.

Hanspeter Oschwald

Ein Pfarrer zum Davonlaufen

Last und Lust von prägenden Kindheitserinnerungen

Wir waren katholisch, sogar sehr katholisch, und wir waren stolz darauf. Schließlich waren wir in der richtigen Kirche, in der allein selig machenden katholischen mit dem Papst als Oberhaupt, damals der entrückte Pius XII. (1939–1958) und später der gütige Johannes XXIII. (1958–1963). Wir, das waren junge Katholiken aus den Jahrgängen von Ende der 30er- bis Anfang der 50er-Jahre, die in einem, wie es so schön heißt, »ganz normalen« katholischen Milieu aufgewachsen sind.

Wir waren gehorsam und empfanden uns als Teil eines hierarchischen Systems, in dem jeder seinen Platz hatte, den er nicht frei wählen konnte. Das machte uns Kindern damals jedoch nichts aus, schließlich waren wir auch nichts anderes gewöhnt, konnten uns nichts anderes vorstellen. Wer in dem kleinen Schwarzwaldstädtchen Hausach im Kinzigtal katholisch war, der war Mitglied in einer der Gruppen der katholischen Jugend. Alle anderen waren uns zwangsläufig nicht ebenbürtig, denn ihnen fehlte die adelnde Gewissheit, in der Kirche der Wahrheit zu leben.

So arrogant das jetzt vielleicht klingen mag, es war nicht so gemeint, und wir haben diese gefühlte Überlegenheit auch nicht bewusst ausgespielt. Erst viel später ist mir dies durch die Aussagen anderer, die nicht richtig dazugepasst hatten oder als Flüchtlinge zugezogen waren, lange bis zur Integration brauchten und darunter sehr litten, bewusst geworden. Es war die selbstverständliche Überlegenheit der Katholiken, die wir jungen Leute lebten, ohne uns darüber im Klaren zu sein. Das kam erst viele, viele Jahre später.

Es sollte noch ein Jahrzehnt dauern, bis die studentische Rebellion ausbrach, mit der die meisten von uns jungen Leuten zuerst nicht viel anfangen konnten, denn wir waren katholisch sozialisiert. Hatten wir Probleme, gingen wir beten. Die anderen suchten Lösungen und Antworten auf Fragen, die sich uns noch nicht stellten. Und sie erhoben sich gegen diejenigen, die sie dabei behinderten. Viele Katholiken taten sich mit den 68ern und den Folgen dieser Umwälzungen schwer. Sie gehörten unabhängig von Alter und Stand zum Establishment, zu den Beharrenden, gegen die sich die Rebellion erhob. Die Rebellen bedrohten somit auch unsere heile Welt.

Mindestens sechs aus unserer katholischen Jugend wollten ursprünglich sogar Priester werden, zwei wurden es letztlich sogar. Davon starb einer früh bei einem Unfall als Jugendpfarrer in den Ferien, und der Zweite legte sein Amt irgendwann nieder. Alle anderen gaben die Absicht gleich nach dem Abitur auf oder türmten aus dem nicht ganz freiwillig besuchten katholischen Internat und behielten ein Leben lang ein gestörtes Verhältnis zur katholischen Kirche. Dennoch, es war eine schöne Zeit in der katholischen Jugend Hausach. Umso erstaunlicher sind die Folgen, die wir Betroffenen gut fünf Jahrzehnte später erkennen und zu begreifen versuchen mussten.

Von den 50 jungen Leuten aus der katholischen Jugend Hausach der 50er- und 60er-Jahre trafen sich etwa 20 im Jahre 2010 wieder. Zwei frühere Gruppenleiter, Margot und Friedel, schrieben die Einladungen und waren die Schaltstellen für telefonischen oder E-Mail-Kontakt. Einige von damals lebten allerdings bereits nicht mehr, und andere zeigten keinerlei Interesse daran, Jugenderinnerungen wieder aufzuwärmen. Sie wollten anscheinend mit katholischer Jugend und auch Kirche nichts mehr zu tun haben. Ihre Begründungen hätten mich wirklich interessiert. Wie musste ihr Verhältnis zur Kirche sich entwickelt haben, dass sie nicht einmal mehr mit den Weggefährten von einst Kontakt pflegen wollten, von denen sie doch gar nicht wussten, ob sie nicht vielleicht ebenfalls ähnliche Wege gegangen waren.

Vor unserem Treffen hatte ich bereits verbreitet, dass ich aus meinen und den Erinnerungen der Anwesenden ein Buch schreiben wolle. Da ich nie Tagebuch geführt hatte, war ich sehr neugierig auf die Konfrontation meiner rückblickenden Erinnerungen mit denen der anderen. Mein mittlerweile kirchenkritisches Denken war allen hinlänglich bekannt, daher fürchteten wohl einige, dass ich der schönen früheren Zeit absichtlich nicht gerecht werden wolle. »So schlecht war es doch gar nicht, wie viele heute sagen.«

Ich fand die Vergangenheit auch nicht nur schlecht, erinnere mich ja selbst gerne an viele glückliche Stunden. Im Kreis der Kameraden von damals waren wir uns auch später durchaus einig, dass vieles, aber bei Weitem eben nicht alles so schön gewesen war, wie wir es in Erinnerung hatten. Natürlich bleiben angenehme Erlebnisse eher im Gedächtnis, und jeder von uns trug einige davon mit sich herum. Doch nicht jeder war bereit, in seiner Erinnerung zu forschen, weil manche wahrscheinlich fürchteten, dass dabei auch schlimmere Erinnerungen wieder ins Bewusstsein treten würden. Und die wollte keiner auffrischen, erst recht nicht jene, die in der Zwischenzeit mit der Kirche gebrochen hatten. Das erschwerte manches Mal die Gespräche, denn nicht allen waren wie mir die Brüche schon bewusst und nicht alle hatten gelernt, darüber zu reden. Bei anderen musste die Erinnerung erst wieder aufgefrischt werden, um ein korrektes Bild zu zeichnen. Doch nur ein weitgehend zuverlässiges Bild der Vergangenheit macht es möglich, die heutige Kirchenkrise als Folge dessen, was in unsere Jugend geschehen ist, zu verstehen, gerade weil unsere Erinnerungen überwiegend kaum Sensationelles enthüllten, sondern den ganz normalen katholischen Alltag beschrieben. Das erklärt die Kirchenkrise aber besser als die Aufdeckung der diversen Skandale in der jüngsten Zeit.

Alle, die mir mangels Erinnerungen nicht helfen konnten, und jene, die mir irgendwelche böswillige Kirchenkritik unterstellten oder unbegründete Befürchtungen hegten und deshalb zurückhaltend blieben, kultivierten die bewahrten Erlebnisse als etwas Kostbares, das sie leider nicht bis in die Gegenwart hatten fortsetzen können, das aber grundsätzlich abgeschlossen war. Für manche so definitiv, dass sie nichts mehr damit zu tun haben wollten: »Warum willst du alte Wunden aufreißen?«

Dass es nicht einfach werden würde, unsere Erinnerungen von der Patina zu befreien und in ihrer Auswirkung auf die heutige Zeit zu analysieren, war mir schon sehr bald klar, nachdem wir uns im Gasthaus Blume am Bahnhof Hausach getroffen hatten.

Zunächst entdeckte ich schon eine halbe Stunde vor der ausgemachten Zeit auf der Terrasse drei grauhaarige Frauen in meinem Alter, die mich neugierig musterten. Da ich mich angeblich wenig verändert habe, wurde der »Oschi«, wie ich stets gerufen worden war, also schnell identifiziert, und so begegneten sie meinen suchenden Blicken so auffordernd, dass ich auf sie zuging. Es folgten die üblichen Erkennungsfloskeln: Weißt du nicht mehr? Ich bin doch die ... Wo wohnst du denn jetzt? Was machst du? Mich und mein Leben kannten die anderen besser als umgekehrt, da ich als einigermaßen öffentliche Person im Internet auffindbar war. Andererseits geriet ich einige Male in Verlegenheit, da ich mich nicht mehr an alle erinnerte. 50 Jahre sind eben doch eine lange

Zeit. Nach all den Begrüßungen wartete ich dann neugierig darauf, was sie erzählen würden, das mir bei meinen Betrachtungen weiterhelfen könnte. Doch bald schon musste ich ernüchtert feststellen, dass unsere Lebenswege so weit auseinandergegangen waren, dass dieser eine Tag viel zu kurz war, um sich über den allgemeinen Austausch hinaus auch noch auf eine spannende Entdeckungsreise in unsere Jugendzeit zu begeben. Die Erinnerungen blieben punktuell und offenbarten daher keine wirkliche Erklärung dafür, warum die meisten entweder von der Kirche nicht mehr viel wissen wollten oder sich mit ihr pragmatisch arrangiert hatten und sie in ihrer heutigen Welt keine größere Bedeutung hatte. Um Vergangenheit zu analysieren und Brüche aufzuarbeiten war auch außer mir offenbar niemand gekommen.

Vielleicht fehlte zunächst das Vertrauen, sich gleich zu offenbaren. Denn Religion und Glauben sind meiner Erfahrung nach sehr persönliche, ja intime Angelegenheiten, über die niemand so leicht spricht, und schon gar nicht eher wortkarge Schwarzwälder. Außerdem wusste anfangs ja keiner so recht, wie die anderen dachten und was aus ihrer Kirchlichkeit geworden war.

Freundschaftliches Geplänkel dann beim gemeinsamen Essen und danach alte Dias, aber statt mit Projektor digitalisiert mit Laptop und Beamer. Die netten Erinnerungen ließen auch jetzt keine Zeit, tiefer zu schürfen. Fragen und freudige Ausrufe ertönten: Mensch, wie hast du denn da ausgesehen? War das nicht in Berlin? Wer ist denn das?

Außer mir hat bei diesem Treffen wohl auch niemand etwas anderes gewollt als nette Erinnerungen, und allenfalls in Nebensätzen schimmerte durch, dass Kirche keine große Rolle in den einzelnen Leben mehr spielte. Warum sich also darüber auslassen?

Am nächsten Tag fanden sich sechs Ehemalige zu einem Gottesdienst in einer Kapelle auf dem Kreuzberg, im Wald über Hausach, zusammen. Ein sympathischer einstiger Kaplan aus der Zeit nach mir hielt die Messe. Ich blieb draußen und sinnierte beim Blick auf das Kinzigtal über das Erlebte: Hier war es allen um das Wiedersehen gegangen und nicht um Kirche. Viele abendliche Gesprächsrunden folgten. Im kleinen Kreis und bei manchem Glas Wein gab dann ein Wort das andere, und aus verschwommenen Erinnerungsstücken bildeten sich zunehmend die Konturen unserer Jugendzeit heraus. Und mit einem Mal war sie so präsent, als wäre alles erst gestern passiert. Gleichzeitig erschien das Ergebnis unserer Rückschau im Vergleich zu unserer heutigen Wirklichkeit, wie ein Jugendkamerad es formulierte, so, »als lägen mindestens 200 Jahre dazwischen«.

Wie sich im Laufe der Zeit herausstellte, waren viele von uns mittlerweile aus der Kirche ausgetreten oder hatten diesen Schritt nur aus Angst vor gesellschaftlichem Ärger noch nicht vollzogen. So versicherte mir beispielsweise eine Geschäftsfrau schonungslos offen, dass sie schon längst ausgetreten wäre, wenn sie nicht Angst um den Umsatz haben müsste. Oder ein anderer: »Ich fürchte, dass mir irgendetwas zustößt, wenn ich nach der Austrittserklärung aus dem Rathaus komme.« Oder: »Wenn das bekannt würde, und davon muss ich bei uns ausgehen, dann kauft bei mir keiner mehr ein.« So oder ähnlich fühlten wohl viele, auch die, die die katholische Kirche schließlich dennoch verlassen hatten. Und manche wagten es eben nicht.

Wirken die gesellschaftlichen Zwänge diesbezüglich also noch immer, obwohl Glauben und Kirche für viele nur noch einen Rahmen ohne Inhalt darstellen, eine Fassade? Die Furcht vor Repressionen scheint in manchen Orten noch als Hemmschwelle zu funktionieren, obwohl natürlich keine echten Sanktionen zu befürchten sind. Die Ängste dürften übertrieben sein und eher Folgen der verdrängten eigenen Vergangenheit.

Tatsache ist auf jeden Fall, dass das gegenwärtige Leben vieler meiner ehemaligen Kameraden offenbar nur noch wenig mit der katholischen Jugendzeit zu tun hat. Warum aber haben sich so viele abgewendet? Warum haben sich viele fast unmerklich aus der Kirche davongeschlichen? Die Bilanz muss aus der Sicht der Kirche ernüchternd und enttäuschend ausfallen: Die wenigsten pflegen heute noch ein kirchliches Leben.

Keiner von uns konnte, egal ob er heute der Kirche eher distanziert gegenübersteht oder nach wir vor eng mit ihr verbunden ist, leugnen, dass die Bemühungen der Kirche und ihrer Pfarrer, unserer Kapläne eigentlich schon am Ende unserer Jugendzeit absehbar zum Scheitern verurteilt waren. Warum aber, wenn wir doch zu dieser Zeit so glücklich waren? Warum war es so schwer, weiterhin eine Beziehung zur Kirche zu behalten? Ein Freund im Alter von Papst Benedikt XVI. fand eine simple Erklärung dafür: »Wir dachten über Jahrzehnte nicht über den Glaubensinhalt nach, sondern folgten der Tradition. Die gab uns nicht nur Halt, sondern sozialisierte uns. Wir gehörten zur Gemeinde und fühlten uns wohl.« Als das Nachdenken dann einsetzte, begann offenbar der überlieferte Glauben zu erodieren. Er zerbröselte, um einem neuen Glauben, der aus einer freiwilligen, unabhängigen Suche nach der Antwort auf religiöse Fragen entstanden war, Platz zu machen. Relativismus nennt das der Papst, als Patchwork-Glauben bezeichnen es andere. Benedikt XVI. muss natürlich schon allein von Amts wegen jegliche Form der Abweichung verurteilen und absoluten Gehorsam fordern. Doch von uns folgt ihm kaum noch einer, und dies schon gar nicht unbedingt und ohne zu hinterfragen.

In unserer Kindheit und Jugend war Pius XII. eine akzeptierte Autorität, ein Halbgott, der allerdings mit unserem täglichen Leben nichts zu tun hatte, denn Rom war viel zu weit weg. Was der Pfarrer sagte, galt uns als Gottes Gebot, ganz egal, ob er es aus Rom wusste oder von seinem Bischof. Die kirchliche Sozialisierung in der Pfarrei war bedeutender, sie bestimmte unser Leben. Von ihr und dem von ihr geprägten familiären und gesellschaftlichen Umfeld hing dann die Glaubenspraxis ab. Änderte sich dieses Umfeld, so änderte sich auch die religiöse Übung.

Bei mir hätte eigentlich eine liberale Frömmigkeit lange anhalten müssen, wenn es nur auf das Elternhaus angekommen wäre. Denn meine Familie war alles andere als wirklich fromm. Vater und Mutter frömmelten schon aus praktischen Gründen wenig, da das nächste Gotteshaus in meiner Kindheit in Batzenhäusle bei Waldkirch im Breisgau stand, also etwa drei Kilometer entfernt lag. Mein Vater arbeitete im Schichtdienst bei der Bahn, und meine Mutter blieb in seiner Heimat stets schlecht integriert, da sie aus Hegau stammte, als Haushaltshilfe in der Schweiz und in Singen am Hohentwiel »in der Fremde« gearbeitet hatte, wo sie dann meinen Vater 1940 im Krieg geheiratet hatte. Zu dieser Zeit war Überleben sowieso wichtiger als der Kirchgang. Weil sie als Rüstungsarbeiterin zwangsverpflichtet wurde und ihr Ehemann häufig dienstlich abwesend war, fiel der Kirchgang aus, und ich bleib dann eben auch daheim.

Für die Männer galt außerdem eine andere sonntägliche Rangordnung. Denn der Stammtisch nach der Messe erschien ihnen fast noch wichtiger als der Gottesdienst selbst, auf diesen konnte man zur Not verzichten, auf das Bier danach jedoch nicht. Kein Wunder also, dass um alle Kirchen, die ich kenne, mindestens drei Wirtschaften standen.

In der weiteren Ahnengalerie meiner Mutter tummelten sich ein k.u.k. Oberst und ein Bischof von Triest. Das hat aber wohl eher mit der Armut der bis zu 15 Kinder reichen Familien zu tun, die zum Auswandern trieb, und mit der Sehnsucht, aus der engen Heimat im Hegau wegzugehen, um woanders sein Glück zu suchen. Irgendeine Form der religiösen Berufung als Auswanderungsgrund habe ich nirgends entdecken können. Von meinen Eltern und Großeltern hätte sich sowieso niemand mehr an die erfolgreichen Nachfahren der Ausgewanderten erinnert, wenn nicht ein neugieriger Pädagogikprofessor aus Freiburg die Herkunft seiner Familie, vermutlich aufgrund einer Familienchronik, näher erforscht hätte. Und diese Chronik stammte von einem Urgroßonkel von mir, Peter Störk (1828–1916), der alles zusammengetragen hatte, was er über das abgelegene Dorf Emmingen ab Egg finden konnte.

Meinem Vater wäre es auch nicht eingefallen, die eigenen Ursprünge auf eine Patrizierfamilie im 13. Jahrhundert in Freiburg zurückzuführen. Die direkten Vorfahren waren Bauern und Fuhrleute im Elztal hinter Waldkirch. Kirchliche Berufungen, Priester oder Nonnen fanden sich in sieben Jahrhunderten nur unterdurchschnittlich wenige, obwohl es damals durchaus üblich war, dass eines der vielen Kinder einer Familie den Schleier nahm oder Pfarrer wurde. Eine nachwirkende klerikale Einflussnahme lässt lediglich der Familienname vermuten: Oschwald. Besonders in Norddeutschland musste ich immer wieder darauf hinweisen, dass ich keinen Sprachfehler habe, sondern tatsächlich Oschwald heiße und nicht Oswald.

Im Alemannischen zwischen Oberrhein, Zürich und Bodensee gibt es viele Oswald, weil der iroschottische Mönch Oswald hier gewirkt hat und sein Haupt in Schaffhausen aufbewahrt wird. Im *Oberbadischen Geschlechterbuch* von J. Kindler von Knobloch aus dem Jahr 1898 wurde unser Geschlecht auf das Freiburger Patriziergeschlecht von Totlingkofen zurückgeführt. Die stammten aus Dottighofen oder Dottingen im Markgräflerland südlich von Freiburg.

Dem Rat der Stadt Freiburg gehörte 1318 ein Oswald von Tottigkofen oder Totlingkofen an. Eines der vier Kinder wurde Nonne, und ein Junge hieß Oswald von Tottighofen. Seine Nachfahren behielten den Vornamen Oswald als Teil des Familiennamens bei. In den Standesbüchern der Pfarreien tauchten die Nachfahren dann vor allem nach dem Dreißigjährigen Krieg in der Schreibweise Oswald, Oshwalt, Oschwaldt und schließlich Oschwald auf. Die Einzigen, die damals schreiben und somit die Namen notieren konnten, waren die Pfarrer, und die schrieben nach dem Mund, weshalb es nicht auszuschließen ist, dass auch schon der Oswald von Totlingkofen seinen Namen etwas feuchter aussprach.

Familiäre Vorbelastungen oder ein religiöses Umfeld bestimmten meine Kirchlichkeit also überhaupt nicht. Von meinen zwei Spielkameraden war das Nachbarmädchen Monika viel mehr und der einige Häuser weiter entfernt wohnende evangelische Jürgen weniger religiös erzogen worden. Wir machten nach, was die Alten praktizierten. Monika habe ich mit fünf Jahren immerhin zwei Mal geheiratet, in aller kindlichen Unschuld, aber mit viel Phantasie. Als Schleier diente ein Stück eines ausgedienten Vorhangs, die Trauringe waren Vorhangringe. Es war einfach schön, so zu tun wie die Alten und zur Krönung auch noch einen Pudding als Festtagsmenü zu essen. Einen angemessenen Pfarrer hätten wir sicherlich jederzeit haben können, machten aber bei diesen Kinderfesten selten Gebrauch davon, schließlich sollte der Pudding nicht durch zu viele Personen geteilt werden müssen. Als Pfarrer diente uns ein etwas älterer Junge, der seinen »Beruf« sehr ernst nahm, auch weil seine Mutter ihn sehr darin unterstützte und den damals gerade Siebenjährigen wohl schon am Hochaltar vom Freiburger Münster das Pontifikalamt zelebrieren sah. Vielleicht erträumte sie ihn sich auch schon als Papst, schließlich hatte Pius XII. als kleiner Eugenio Pacelli ebenfalls mit gleicher Unterstützung der

Mutter im Kindesalter die Messe gefeiert. Doch er wurde Papst, mein Spielkamerad dagegen heiratete. Er war das älteste Kind eines Eisenbahners und damit Kollegen meines Vaters in Waldkirch. Und immer wenn ich ihn besuchte, musste ich mit ihm auf den Speicher des Bahnhofshäuschens neben dem kleinen Güterbahnhof steigen, wo er einen Tisch als Altar aufgestellt und mithilfe seiner Mutter entsprechend dekoriert hatte. Sie nähte ihm auch die gesamte Ausstattung mit Albe, Chorhemd und anderen Paramenten. Zur Wandlung gab es allerdings keinen Wein, nur Wasser, und auch der Kelch war nur ein Weinglas. Aber es wirkte auf uns ganz echt, und Besucher durften mit ihm die Messe mit einem Ernst feiern, als würden wir unter dem Hausdach ein katholisches Hochfest zelebrieren.

Für mich war das alles etwas befremdlich, ich fühlte mich damals im Wald hinter unserem Wohnhaus weitaus wohler, baute dort aus Farn, Ästen und Erde Hütten, rutschte auf dem Hosenboden die Holzfäller-Rinnen bergab und beobachtete im Winter Wildschwein und Rehe oft bis in die Dunkelheit hinein, um dann manchmal von meinem besorgten Vater heimgeholt zu werden. In der Höhleneinsamkeit hinter dem Elternhaus hing ich ganz anderen Gedanken nach als solchen über Gott und die Welt. Abenteuer, ausbrechen, frei sein, das beschäftigte mich. Welche Art von Freiheit mir vorschwebte, weiß ich nicht mehr, jedenfalls hatte sie nichts mit der bevorstehenden Einschulung und auch nichts mit der Kirche zu tun.

Eines ist mir aus meiner Kindheit sehr deutlich in Erinnerung geblieben: Im Gegensatz zu meinen Cousins und den meisten Schulkameraden wurde ich nicht geschlagen. Vermutlich waren meine Eltern einfach nur froh, dass ich jeden Abend heil daheim im Bett lag.

Bittere materielle Not kannten wir in unserer Familie damals nicht, wir lebten in einfachsten Verhältnissen, aber

Hunger war mir fremd. Meine Mutter ging mit billigen Eisenbahnerfahrkarten häufig auf Hamsterreisen, und da der Tauschhandel blühte, besorgte sie immer das Nötigste.

Aus dieser Zeit sind einige Bilder und Erlebnisse in meiner Erinnerung haften geblieben. So zum Beispiel der durch die Zerstörung des Freiburger Hauptbahnhofs nötig gewordene Fußmarsch mitten in der Nacht zum Wiehrebahnhof, wenn wir die Verwandtschaft auf dem gesegneten Land besuchen wollten. Der in einen mondhellen Nachthimmel aus dem Trümmerfeld aufragende Freiburger Münsterturm bleibt mir unvergessen.

Zur Schule kam ich im Herbst 1949 in Buchholz, das mit Batzenhäusle heute zu Waldkirch, meiner Geburtstadt, gehört. In der Schule war ich umgeben von Kindern, die in ihrem Dorf im Schatten des Kirchturms und unter direkter Beobachtung eines engstirnigen und körperlich wie geistig groben hochwürdigen Herrn Pfarrers standen. Berüchtigt war dieser Karl Ritter vor allem wegen seiner Strenge und seiner Tobsuchtsanfälle. Hatte er das richtige Thema für seine Drohbotschaften gefunden und war der seiner Ansicht nach allgemein vorherrschende Sittenverfall wieder einmal an der Reihe, so tobte er wild auf der Kanzel herum. Die Kirchgänger zuckten schon bei den ersten Worten zusammen, sobald er sein Lieblingsthema anschnitt. Wenn er ein Mädchen oder eine Frau in Hosen in der Kirchenbank entdeckte, drohte er ihr persönlich mit ewiger Verdammnis und Höllenqualen, sofern sie nicht gleich nach der Messe dieses unkeusche Männerstück ablegen wolle. Das Lächerliche daran, dass er gegen Hosen wetterte, selbst aber einen Männerrock, also die Soutane trug, fiel ihm natürlich gar nicht auf. Der Moral- und Sittenverfall war seiner Meinung nach unaufhaltsam über jene Frauen, die Männerhosen trugen, hereingebrochen. Dass er sie nicht gleich der Kirche verwies, war das einzig Erstaunliche. Da nahm er wohl doch Rücksicht auf die höheren Werte, die die heilige Messe zu bieten hatte.

Die Drohung, bei Vergehen mit der ewigen Hölle bestraft zu werden, brannte sich in den Seelen vieler meiner Schulkameraden tief ein, wie mir einige gestanden. Ulrike H. zum Beispiel, ein aufgewecktes und frommes Lehrerkind, kämpfte jahrzehntelang mit der vom Pfarrer geschürten Vorstellung, dass ihre Eltern einmal in die Hölle kämen, weil diese nicht zur Sonntagsmesse gingen. »Ich habe schwer darunter gelitten. Gerade wenn man seine Eltern liebt, dann treiben die Verdammnisse durch den Pfarrer einen Keil in die Beziehungen, der sich nur langsam im Laufe der Jahre auflöst.« Der Anfang vom Abschied von der Amtskirche wurde mit solchem Verhalten von Pfarrer Ritter also schon bei den Kindern eingeleitet.

Der Pfarrer kannte in seiner Wut keine Grenzen und scheute auch keine Lächerlichkeit. Wer nicht zu seinen Lieblingen gehörte oder bereits in den höheren Volksschulklassen war, der musste seine Gewalt immerzu fürchten. Da kam es durchaus vor, dass Hochwürden über den Schulhof und im Kreis um einen Brunnen herum hinter einem Straffälligen herrannte. Je mehr er aber in Rage geriet, desto schlimmer fielen die Prügel aus. Am meisten fürchteten die Schüler, die überwiegend noch bis zum Ende der Volksschule kurze Hosen trugen, die Prügel mit einem Rohrstock von hinten in die Kniekehle. Daneben gab es natürlich auch Schläge auf die Finger oder auf den nackten Hintern. Dem tobenden Pfarrer waren Anstand, Sitte, Verantwortung oder Respekt gegenüber Menschen ganz egal, wenn es darum ging, jemandem den Teufel austreiben zu müssen.

Mein evangelischer Spielkamerad Jürgen Haberstroh, der heute in Hamburg als angesehener Maler lebt und bereits als Van Gogh der Reeperbahn tituliert worden ist, hatte es als Kind faustdick hinter den Ohren. Unser gemeinsamer Schulweg von Batzenhäusle nach Buchholz führte an der Bahn entlang oder wenige Meter weiter weg durch ein Waldstück. Bei einem Bahnübergang, etwa einen Kilometer vor der Schule, stand ein steinernes Kreuz. Dieses Kreuz hatte es dem Buben irgendwie angetan. Vielleicht lag das daran, dass er von einer katholischen Wohnungsnachbarin, die fast täglich zur Frühmesse ging, immer wieder in die Kirche gelockt wurde. Da der kleine Jürgen neugierig war, ging er auch gerne mit. »Ich fühlte mich danach jedes Mal elend angesichts des Jesus am Kreuz und des Abendmahls, wo die Frommen ihn, wie sie erklärten, in anderer Gestalt verzehrten.«

Das Kreuz am Bahnübergang reizte ihn irgendwie gewaltig. In der Nähe stand ein Bauernhof, wo oft eine schwarze Katze herumstreifte, die sich gern von Jürgen anlocken ließ. Als er wieder einmal mit ihr sprach, kam er auf einen geradezu teuflischen Gedanken, ohne allerdings zu wissen, dass manche erzkatholische Gläubige tatsächlich überzeugt sind, dass Katzen vom Dämonen besessen sind. Einer Klassenkameradin erzählte er, dass er hinter dem Kreuz mit dem Teufel in Gestalt einer schwarzen Katze spreche. Das Mädchen beichtete das Ungeheuerliche natürlich gleich seinen Eltern, und die informierten den Pfarrer über den teuflischen Umgang. Der verfiel daraufhin in seiner Höllenangst oder Teufelspsychose auf den Gedanken, das Kreuz reinigen zu müssen. Jürgen amüsiert sich noch heute, wenn er schildert, wie die ganze Pfarrei in einer Prozession von der Kirche zum Bahnübergang pilgern musste, wo der Pfarrer dann mit Weihwasser und Weihrauch feierlich das Kreuz neu segnete und damit den angeblichen Teufelspuck beendete.

Was wäre wohl geschehen, wenn man dem armen Pfarrer den Teufel und die von ihm ausgehenden Versuchungen genommen hätte? Er hätte einen Großteil seiner priesterlichen Aufgaben verloren.

Damals bereits einsichtigere Erwachsene, die aber dennoch aus Angst vor seinen Drohungen nichts gegen den Pfarrer unternahmen, führten seine Schreckensherrschaft nicht auf die Tatsache besonders unmoralischer Dorfbewohner zurück, sondern auf unverarbeitete Kriegserlebnisse. Andere nannten Pfarrer Ritter im Nachhinein schlicht und einfach psychisch krank. Doch wer hätte es damals gewagt, am Geisteszustand eines hochwürdigen und im Ort allmächtigen Pfarrers zu zweifeln? Niemand. Und der Erzbischof im nur zehn Kilometer nahen Freiburg schwieg. Der Dorfpfarrer wurde somit als gottgegeben ertragen, und nur wer wegzog, konnte sich ihm und letztlich oft auch der Kirche überhaupt entziehen. Ritter leistete einen gewaltigen Beitrag, nicht nur den Teufel, sondern auch die Gläubigen aus der Kirche zu treiben.

Von vielem, was um uns herum in der Welt geschah, hatten wir damals keine Ahnung. Unser Leben spielte sich im Kleinen ab, die meisten blieben auch in den Schulferien im heimatlichen Dorf. Ich war da eine der wenigen Ausnahmen, weil mein Vater bei der Bahn arbeitete und ich so günstige »Kilometer-Pfennig-Karten« oder Freifahrscheine bekam und sehr früh schon allein auf Reisen gehen durfte. Die führten zu Tanten in Dörfern und Städtchen am Bodensee oder zu den verwandten Bauern im Hegau. Dort zeigte sich die Welt mir nicht nur wohlgenährt, sondern auch sonst in Ordnung, entsprach also ganz meinen Vorstellungen normaler Verhältnisse.

Allerdings beobachtete ich staunend, wie eine Cousine Traktor fuhr. Sie trug zudem Hosen, und es war kein Pfarrer in der Nähe, der sie dafür hätte kritisieren können. Da es in den Nachkriegsjahren an Männern fehlte, mussten die Frauen wohl oder übel die Hosen anziehen. Zigaretten rauchen, was meine Cousine ebenfalls tat, war jedoch noch immer sehr verpönt und galt als unmoralisch für Frauen.

Aus heutiger Sicht menschenverachtende Praktiken waren in der damaligen Zeit erstaunlich weit verbreitet. Wer sein Kind liebte, der bestrafte es. Diese Regel stellte eine grausame und dann sogar noch biblisch begründete Generalerlaubnis für prügelnde Väter, Priester und Nonnen dar. Herausgebildet wurden so mehr oder weniger willige Anhänger autoritärer Systeme, die schließlich auch ein großes Verständnis für die Nazimethoden aufbrachten. Wer so erzogen worden war, für den war Gewalt alltäglich. Ohrfeigen gehörten einfach dazu, und Einsperren im Keller oder Zwangsarbeit galten als eher harmlose familiäre Erziehungsmethoden. »Du weißt schon warum.« Die Betroffenen wussten es, auch wenn die Strafe oft unverhältnismäßig war. Doch je besser man die Bestrafung wegsteckte, desto einfacher war es auch, die anscheinend gottgewollte Gewalt zu akzeptieren. Missbrauch, dieses Thema war unangesprochen stets präsent, ob in Ettal, St. Blasien oder bei uns sozusagen um die Ecke in Oberharmersbach.

War wirklich nichts dabei, wie uns glauben gemacht wurde, wenn diese besondere Form der Menschenverachtung gesellschaftlich als völlig normal galt? Fiel tatsächlich keinem einzigen Seelsorger auf, dass Gewalt seiner Botschaft widersprach? Anscheinend nicht, denn ein Wort von der Kanzel hätte die meisten Väter abgehalten, ihre Kinder zu ohrfeigen. Doch dieses Wort kam nie, obwohl es eigentlich selbstverständlich gewesen wäre.

In unseren katholischen Gemeinden galten Andersgläubige als Aussätzige, die nur durch Bekehrung zum katholischen Glauben geheilt werden konnten. Und wehe, wenn ein nichtkatholisches Kind, das unterernährt oder erholungsbedürftig war, zum Aufpäppeln in ein katholisches Heim geschickt wurde. Mir blieb das Heim durch den Umzug meiner Eltern von Waldkirch nach Hausach und durch eine sichtbare körperliche Erholung erspart, doch andere hatten weniger Glück und wurden in sogenannte Ferienheime verschickt. So berichtete etwa der Frankfurter Stadtverordnete Bernhard Ochs 2010 angesichts der Enthüllungen über seelische Grausamkeiten in katholischen Einrichtungen von seinen Erfahrungen in einem kirchlichen Kindererholungsheim, dem ehemaligen Kloster Friedenweiler im Hochschwarzwald. Schön sei das in keiner Weise gewesen. »So musste ich als ›ungetauftes Heidenkind‹ unter Prügel und auf dem Boden kniend meist in den Abendstunden schnellstmöglich das Vaterunser lernen.«

Zur Erholung dorthin geschickte Kinder seien laut Ochs teils zwangsernährt und mitunter sogar genötigt worden, das eigene Erbrochene zu essen. »Am meisten pervertiert und erniedrigend war die Zwangsteilnahme an Prozessionen der besonderen Art«, erinnert sich Ochs in der *Frankfurter Rundschau*. Dann nämlich seien die Tore zur benachbarten Lungenheilanstalt geöffnet worden, und die Kranken zogen hinter einem Priester durch ein Spalier von gezwungenermaßen kerzentragenden Ferienkindern. Ochs fing sich dabei Tuberkulose ein und konnte monatelang nicht die Günthersburgschule besuchen. »Die Nachhaltigkeit jener subtilen Prügelpädagogik« spüre er bis heute. Man könne ihn, inzwischen 61-jährig, »heute nach 50 Jahren noch nachts wecken, und ich könnte auf Nachfrage das Vaterunser und das Ave Maria in der alten römisch-katholischen Fassung fast noch komplett abspulen«.

Den Zwang, den Ochs in diesem Caritas-Heim, das auf ein Nonnenkloster mit 800-jähriger Geschichte zurückging, ertragen musste, hätten wir Kinder, die am Rand des Hochschwarzwaldes aufgewachsen waren, kaum als bösartig verstehen können, denn unser Pfarrer war schließlich keinen Deut besser.

Glücklicherweise wurde ich diesem Pfarreibeherrscher schnell entzogen, da mein Vater 1951 nach Hausach ins Kinzigtal versetzt wurde und ich somit nach der zweiten Klasse in Hausachs Volksschule ging. Gleichzeitig begann für mich hier auch die Erfahrung kleinbürgerlicher Enge, aus der es kein Entrinnen gab. Die phantasiebeflügelnde Flucht in abenteuerliche Waldhütten war schwierig, weil der Wald zu weit entfernt war, und gesprengte Bunkeranlagen wurden uns Kindern als so gefährlich geschildert, dass wir abgesehen von vereinzelten ängstlichen Erkundungsversuchen einen großen Bogen darum machten.

Wir wohnten in einer kleinen Wohnung innerhalb eines Reihenhauses, das der Bahn gehörte wie übrigens alle Häuser in der Eichenstraße. Ein Teil davon war aufgrund der Nähe zum Bahnhof im Krieg den Bomben zum Opfer gefallen, und die Reparaturen waren an den Gebäuden noch deutlich zu erkennen. In den ersten Jahren schlief ich im Wohnzimmer, bis eine Rentnerin, die nach dem Krieg unter dem Dach einquartiert worden war, wieder auszog. In einer Ecke über meinem Bett hing ein Kreuz mit Maria und Josef darunter, und wie in den meisten anderen Zimmern war neben der Tür ein Weihwassergefäß an der Wand angebracht. Vor dem Abendgebet oder wenn man das Haus verließ, tauchte man die Fingerspitzen der rechten Hand hinein und bekreuzigte sich, selbst wenn kein Weihwasser mehr darin war, wie meistens. Der Glaube an die reinigende Kraft des Weihwassers wurde durch raunend weitererzählte Geschichten von Frauen bestärkt, denen damit angeblich wahre Wunderheilungen gelungen waren. Wirklich überprüfen ließ sich die heilende Wirkung des Wassers allerdings in keinem Fall.

Über dem Bett meiner Eltern hing eines jener für die 50er-Jahre typischen, meterbreiten Kitschgemälde mit zwei Kindern auf einem wackligen Steg, die von einem Schutzengel behütet wurden – das alles natürlich golden umrahmt. An Schutzengel zu glauben fiel mir daher leicht.

Unsere Straße war nicht geteert, und die Kriegsschäden

waren nur notdürftig mit Schotter repariert worden. Da es so gut wie keine Autos gab, diente uns die Eichenstraße als Bolzplatz. Fußball konnte man unser Spiel jedoch kaum nennen, denn wir kickten mit leeren Blechbüchsen, und die Tore wurden durch Steinhäufchen oder Schulranzen markiert. Einmal im Monat fuhr ein offener Pferdewagen, später dann ein Lastwagen vorbei, auf dessen Pritsche der Müll gekippt wurde. Jeden Tag um die Mittagszeit ertönten in regelmäßigen Abständen aus an Strom- oder Telefonmasten aufgehängten Lautsprechern Ansagen wie zu Zeiten des Dritten Reichs. Eine verzerrte Frauenstimme verkündete aus dem Rathaus, wann sich welche Vereine trafen, welche Fundsachen abzuholen waren und Ähnliches.

So war es in vielen Straßen, doch das Besondere an unserer war, dass alle Bewohner zu Eisenbahnerfamilien gehörten und damit jeder von jedem wusste, was er verdiente, was er sich leisten konnte und wohin er gehörte. Neidisch beobachteten sich die Nachbarn daher gegenseitig.

Am Ende der Straße stand die evangelische Kirche von Hausach, auch ein Erbstück der Eisenbahn. Denn beim Bau der Schwarzwaldbahn, die hier ihren steilsten Anstieg beginnt, wurden so viele evangelische Arbeiter eingesetzt, dass ihnen eine eigene Kirche gebaut werden musste. So hatte damals der evangelische Großherzog entschieden, und deshalb hatte Hausach ein Bahnhofsviertel mit betont protestantischer Note bekommen.

Dieses Bahnhofsviertel war trotz der geringen Einwohnerzahl von Hausach in der Tat ein Stadtteil für sich. Vom katholischen Städtle trennten uns ein Bahndamm und Gleise. Und die alteingesessenen Hausacher nahmen uns auch nur widerwillig zur Kenntnis, vor allem wenn es sich bei uns um von weit her Zugezogene handelte. Noch schlimmer traf es allerdings später die hinter dem Bahnhof angesiedelten Flüchtlinge und Heimatvertriebenen. Die kamen erst spät nach Hausach in die französische Besatzungszone, weil die

Franzosen niemanden hereinlassen wollten, da sie die Flüchtlinge nicht ernähren konnten. Als sie dann schließlich doch kamen, waren sie durch die Bank unerwünscht, zumal sie sonderbar sprachen und viele auch noch protestantisch, also schwer integrierbar, waren. Trotz aller Distanz und Anfeindungen vonseiten vieler Hausacher funktionierte die Abgrenzung nicht lange, weil die Menschen einfach gebraucht wurden. Ein Heimatvertriebener wurde nach einigen Jahren sogar Stadtrat, da seine Schicksalsgenossen im Ort wohl eine ausreichend große Zahl an Einwohnern und damit Wählern stellten.

Der Hausacher Teil meiner Kindheit begann mit einem lang nachwirkenden Schock, der mein Leben mehr bestimmen sollte, als mir damals bewusst war. Ich war zu der Zeit immer dicker und dicker geworden und aß weit mehr, als für ein Kind normal war. Doch niemand unternahm etwas dagegen. Die Verwandtschaft schüttelte nur den Kopf ob des enormen Appetits. Natürlich hatte man nach den durchlittenen Notzeiten durchaus Verständnis für Nachholbedarf, den ich allerdings gar nicht hatte. Schließlich wurde der Gang zur Hausärztin unvermeidlich. Die Diagnose Hormonstörungen mit doppeltem Hodenbruch und eine sofort nötige Operation durch einen Freiburger Facharzt und Professor in Ettenheim wirkten auf mich äußerst bedrohlich.

Der größere Bruder meines Kindheitsspielkameraden Jürgen hatte uns in groben Zügen und ziemlich rustikal aufgeklärt, soweit er konnte oder es als Teenager gegenüber uns Kindern wollte. Umso blöder und verletzlicher empfand ich das dumme Geschwätz der Krankenschwester, ich würde schon noch erkennen, was die OP bedeutete, wenn ich erst einmal 1000 Wochen alt sei. Da wäre ich dann 19 und hätte die Pubertät hinter mir. Eine Aussage, die mir nicht weiterhalf und mir schon gar nicht meine Ängste nahm, denn natürlich malte ich mir in düstersten Farben aus, was mir bei einer Operation an dieser Stelle schlimmstenfalls drohen konnte. Dem nahenden Unheil wollte ich zunächst durch Flucht entkommen, also musste mich die Polizei in Ettenheim suchen, um mich dann doch noch rechtzeitig an dem OP-Tisch im neu gebauten Krankenhaus abzuliefern.

Der langwierige Heilungsprozess, der durch Wundvereiterung noch verzögert wurde, zwang mich wochenlang daheim ins Bett und nährte meine Schreckensphantasien in Bezug darauf, was das an mehreren Schnitten erkennbare Herumdoktern an meinem Unterleib wohl für Folgen für mich haben würde. Die Pubertät stand mir bevor, ich aber war nicht dafür gerüstet und vor allem sehr besorgt. Doch es fand sich niemand, dem ich von all meinen Sorgen etwas hätte erzählen können. Eine Nebenwirkung ist mir geblieben. Ich mag keine schlüpfrigen Witze.

Natürlich litt die Schule unter dem Ganzen. Dennoch schaffte ich gegen den Widerstand meiner Eltern, die das jährliche Schulgeld von damals zuerst 140 und dann 70 Mark kaum aufbringen konnten, aber mit der klaren Empfehlung des Volksschullehrers, den Wechsel ins Gymnasium. Da Hausach Bahnknotenpunkt war, hatte es sich zur Schulstadt im mittleren Kinzigtal entwickelt, sodass neben der Volksschule direkt ein Gymnasium lag.

Meiner halb wilden ganz frühen Kindheit folgte nun die Zeit in der spießigen Welt einer kleinbürgerlichen Gesellschaft, die Wert auf Standesunterschiede und (Geld-)Klassenabgrenzung legte. Die Kinder von Arbeitern, Bauern oder anderer kleiner Leute empfanden die höhere Schule mehr als Last denn als Chance. Ich wusste, dass ich die Schule irgendwie schaffen musste, war aber nicht bereit, mehr als den dazu unbedingt nötigen Aufwand zu betreiben. Das Bildungsgetue mancher Studienräte, die hinter der Lobpreisung der deutschen Klassiker nur verbargen, welche braunen Götter sie wenige Jahre zuvor noch angebetet hatten, ekelte mich schon damals an, auch wenn ich die Abneigung zunächst nicht so begründen konnte wie lange nach der unrühmlichen Schulzeit.

Der Schichtdienst meines Vaters und eine frühe Erkrankung meiner Mutter lösten irgendwann bei meinen Eltern die Frage aus, was ich in meiner Freizeit anstellen sollte. Kontakte in der Schule und in der weiteren Nachbarschaft führten schließlich wie selbstverständlich dazu, dass ich mit zwölf Jahren zur katholischen Jugend ging. Da meine Mutter oft im Krankenhaus war, hoffte sie wohl, dass ich dort gut versorgt würde. Auch wenn ich als Zwölfjähriger gelernt hatte, mitunter für mich und meinen Vater zu kochen, also durchaus selbstständig war, so fehlten mir doch die Betreuung und Aufsicht. Alternativen zur katholischen Jugend gab es keine, auch ich hatte keine anderen Vorstellungen. Außerdem dachten meine Eltern, dass mir ein etwas verstärkter geselliger Umgang mit anderen vielleicht guttun würde, zumal die meisten meiner Schulkameraden aus dem Gymnasium von auswärts kamen und nach dem Unterricht wieder umgehend mit dem Zug in ihre Heimatorte fuhren.

Mit einem ebenfalls zugezogenen Gleichaltrigen erlebte ich eine ganz besondere religiöse Erfahrung Kinzigtäler kirchlicher Tradition. An Petri Stuhlfeier war es üblich, dass jüngere Schulkinder von Bauernhof zu Bauernhof zogen, um mit einem Spruch auf den Hausherren und der Bitte um eine milde Gabe quasi betteln zu gehen. Die Kinder folgen dem Brauch gern, gibt es für sie doch Süßigkeiten und sonstige Geschenke. Süßigkeiten gab es früher kaum, sie wurden auch nicht gefordert, hieß doch der Spruch immer »Schirausch, Schirausch, Äpfel und Bire zum Lade nus, Peter, Peter Sturm,

Schlange und de Wurm, Peterstag isch bal vergange, verrecke alli Krotte und Schlange.« Da wird dann in den Häusern geöffnet, und die Kinder werden beschenkt. Diese bedanken sich dann mit »Glück ins Hus, Glück ins Hus bis zum obere Dachfirst nus«.

Mitten im Winter 1952 zogen wir beiden also mit dem Schlitten los und sagten beim ersten Hof auf der andere Seite der Kinzig, weithin sichtbar, der verwundert öffnenden Bäuerin unser Sprüchlein auf. Die schenkte uns etwas Speck und Blutwurst, klärte uns aber auf, dass gar nicht Peterlistag sei. Wir hätten uns um einen Monat geirrt. Damit endete unser Ausflug in die fremde Tradition mit einem kleinen Vesper und der Erkenntnis, dass fromme Bäuerinnen auch außerhalb der festen Termine barmherzig waren. Es war folkloristisch, aber eben auch ein Erleben von Kirche lange vor meiner Zeit in der katholischen Jugend.

Die Tatsache, dass der Hausarzt befürchtete, dass meine Mutter eine Gallenoperation möglicherweise nicht überleben würde, führte letztlich dazu, dass ich zur Pfarrjugend kam. Dort sollte ich Ablenkung von unserer häuslichen Situation bekommen und mich unter Gleichaltrige mischen. Außerdem meinten meine Eltern, dass ich dort gut aufgehoben, sozusagen tagsüber »versorgt« sei. Zunächst allerdings musste noch mein Blinddarm entfernt werden, außerdem war eine Spritze mit Zellen nötig, die anscheinend schon nach der ersten OP erforderlich gewesen wäre. Über die genaue Art der gespritzten Zellen wurde ich nie aufgeklärt, es hieß nur, sie hätten bereits Papst Pius XII. geholfen. Wenn das mal keine Bedeutung haben sollte.

Rückblickend stimmt es mich nachdenklich, welch nicht alltäglichen Umstände mich in die katholische Jugend geführt und damit die Zeit meines intensivsten religiösen Lebens eröffnet haben. War das ein Wink von oben? Die Chancen standen damals gut, aus mir einen tiefgläubigen Katholiken für das ganze Leben zu machen, gerade weil ich nicht aus dem geschlossenen kirchlichen Milieu stammte. Ich kam in einer Zeit frühen Suchens dorthin und empfand es so, als hätte ich mich bewusst und freiwillig zur katholischen Kirche bekannt.

Die Angst vor der Liebe Gottes

Erfahrungen in der katholischen Jugend und Fragen ohne Antworten

Die katholische Welt war in den 50er-Jahren noch in Ordnung. In Rom wartete ein greiser Papst Pius XII. öffentlich vollkommen unbeschadet auf den Tod. Fernsehen gab es kaum, und bei Radioübertragungen gingen wir beim Segen auf die Knie. Mehr war aus Rom nicht mitzubekommen, und das war auch gut so. Daheim gingen wir zwei Mal in der Woche zur Messe, zur Jugendmesse am Donnerstagabend und am Sonntag zum Gottesdienst. Manche ließen auch Andachten, vor allem die Maiandachten mit ihren süßlichen und sentimentalen Marienliedern, nicht aus. Wer im Umkreis der Kirche wohnte, besuchte mindestens eine Frühmesse pro Woche. Jungs konnten sich dem Ruf als Ministrant zum Altardienst kaum entziehen, doch das fanden alle in Ordnung.

Pius XII. leitete schließlich sogar eine Neuerung ein, die uns alle froh stimmte. Die Sonntagsmesse durfte nun schon am Samstagabend gültig gefeiert werden, was freie Fahrt für Wanderungen und Sonntagsausflüge ohne Rücksicht auf den Gottesdienstzwang bedeutete – eine ungemeine Entlastung.

Es war eine schöne Zeit. Und von Krise war in der Kirche und im aufkommenden Wirtschaftswunder auch in den bisher lange Not leidenden Familien nichts zu spüren. Zur Erstkommunion trugen die Jungen üblicherweise einen dunklen Sonntagsanzug, danach folgte ein mehrgängiges, reichliches

Sonntagsessen mit der obligatorischen Nudelsuppe als Auftakt, und zur Erinnerung daran erhielten die meisten Kommunionskinder die damals heiß ersehnte Armbanduhr. Ich bekam gleich zwei, von meinem Paten, dem Götti, und meiner Patin, der Gotti, die beide nichts voneinander wussten.

Die düstere Vergangenheit lag zwar zeitlich gesehen noch nicht so lange zurück, aber das allgemeine Verdrängen war unausgesprochen zur Meisterdisziplin erhoben worden. Und wir jungen Leute wussten sowieso zu wenig und wurden auch ganz bewusst in der Unwissenheit gelassen. Nicht denken, nicht zweifeln, nur gehorchen war angesagt. Und letztlich ging es uns doch gut, oder?

1958 starb dann Pius, und der gütige Johannes XXIII. wurde zum Papst gewählt. Jetzt war die Welt auch noch mit einem menschlichen Papst gesegnet, was wollte die Kirche mehr? In der katholischen Jugend Hausach schlug sich die Veränderung in einer Atmosphäre des Aufbaus und des Neuanfangs nieder.

Bisher hatten sich die jungen Katholiken überwiegend im Rahmen der Kolpingsfamilie engagiert, die längst keine Handwerkersammlung mehr war. Die sozialen Vorstellungen des Gesellenvereins trafen unsere Befindlichkeit allerdings überhaupt nicht mehr, und die Kolpingsöhne kamen uns altmodisch vor, wie ein Überbleibsel aus einer Jahrzehnte zurückliegenden Welt.

Wer sich hier also nicht wohlfühlte, konnte den Georgspfadfindern beitreten, einer streng autoritär und hierarchisch organisierten Jugendbewegung, die in Hausach ihren Mittelpunkt beim Feldmeister hatte, der bei einer alleinstehenden, herzensguten Tante lebte. Er war ein handwerklich geschickter junger Mann, dem höhere intellektuelle Ansprüche jedoch eher fremd waren. Lagerfeuer, Nachtmärsche, Zeltlager, Handarbeiten waren seine Stärke und gelegentlich auch männliches Kräftemessen, was nichts anderes bedeutete als kräftiges Raufen.

Als durch Krankheiten sensibilisierter Junge, der wegen der Operationen sogar vom Schulturnen befreit war, waren die »Heckenhopser« für mich nur für wenige Monate eine Adresse. Eine weitere Alternative waren die Ministranten, was in meinem Fall jedoch wegen der räumlichen Kirchenferne, die längere Fußmärsche erfordert hätte, nicht infrage kam. Ich hätte es auch in meiner familiären Lage organisatorisch nicht auf die Reihe gebracht.

Die Pfarrjugend, also die katholische Jungmännergemeinschaft KJG, war erst im Aufbau, und für meinen Jahrgang war da noch zu wenig organisiert. Ein drei Jahre älterer Gymnasiast hatte schließlich die Idee, eine Gruppe Neudeutschland zu gründen, die katholische Traditionsorganisation für die studierende Jugend. Das erschien mir genau das Richtige, auch wenn wir anfangs nur ein halbes Dutzend Mitglieder waren. Nach der Verlegung des Gruppenführers – 1955 hießen die Gruppenführer unbeanstandet noch immer so – in ein Internat nach Freiburg fiel die Gruppe wieder auseinander. Ich wurde zum Gruppenführer einer neuen Jungschargruppe berufen und hatte ein Dutzend Jungen zu betreuen, die zwei Jahre jünger waren als ich.

Gruppenführer zu sein bedeutete, Verantwortung zu tragen und einmal in der Woche an der Führerrunde teilzunehmen. In den Gruppenstunden besprachen wir Alltags- und Schulprobleme und spielten viel. Auch sangen wir fleißig zur Klampfe, sogar sonst verpönte Lieder der Naturfreunde oder der Jugendbewegungen der 20er-Jahre bis hin zu »Oh, du schöner Westerwald« oder dem »Hamborger Veermaster«. In der Führerrunde, bei der auch die ähnlich organisierten Mädchen anwesend waren, sollte eigentlich über anspruchsvollere Themen diskutiert werden. Doch beinahe zwangsläufig ging es dann doch meist um organisatorische Fragen und um die Bewältigung des Alltags als aktive Katholiken, das heißt um die vielfältigen Aufgaben in der Pfarrei, für die es noch kein angestelltes Personal gab.

Es brauchte keinerlei Aufrufe oder gar Drohungen, wenn es darum ging, bei den großen Prozessionen präsent zu sein. Der Aufbau der vier Altäre zu Fronleichnam lag alljährlich genau festgelegt in den gleichen Gruppen- und Familienhänden. Jeder wusste genau, was er zu tun hatte, und das seit Jahren. Flur- und Fronleichnamsprozessionen waren die Höhepunkte des öffentlichen Bekenntnisses zur katholischen Kirche. Mit Stolz trugen wir die Statue des heiligen Mauritius, des Stadtpatrons, vor uns her. Die Prozessionen waren gewöhnlich so lange, dass wir Jugendliche den tragbaren Himmel mit Pfarrer und Monstranz und den umgebenden Honoratioren der Stadt an der Spitze nicht sehen konnten. Daher verkündeten Böller vom nahen Schlossberg, wann wir zum Segen des für uns unsichtbaren Pfarrers niederknien mussten. Auf manchen Straßen mit sehr feinem Steinbelag war das mitunter recht schmerzhaft, zumal wenn wir kurze Hosen trugen. Das Gebetsbuch diente in solchen Fällen oftmals völlig zweckentfremdet, aber knieschonend als Unterlage.

Mit 15 Jahren hatte ich dann so gut wie keinen freien Abend mehr – Gruppenstunde, Führerrunde, Junge Union, Abendmesse, Freundeskreis und am Wochenende Ausflüge, Wanderungen und später Tanzen und immer mehr oder weniger in derselben Gruppe unterwegs. Manchmal stand sogar ein Theaterbesuch mit Busfahrt nach Freiburg auf dem Programm. Meine Eltern gingen wohl davon aus, dass ich gut aufgehoben war, denn schließlich waren alle Aktivitäten auf die Kirche ausgerichtet, und so war es letztlich ja auch.

Das allgemein große kirchliche Engagement zeigte sich vor allem in den vollen Gottesdiensten und nicht nur an Weihnachten, wenn die Kirche mindestens eine Stunde vor Beginn der Mitternachtsmette schon überfüllt war.

Der Gottesdienst stand lange Zeit im Mittelpunkt am Sonntag. Nach der Spätmesse gegen 11.00 Uhr bildeten sich auf dem Kirchplatz nach Geschlechtern getrennt kleine Gruppen. Wir trafen uns vor dem rechten Seiteneingang, der Männerseite. Die Männer zog es dann in eine der drei umliegenden Wirtschaften zum Frühschoppen. Die Frauen waren nie dabei, da sie eine frühere Messe besuchten, um rechtzeitig zum Kochen wieder am häuslichen Herd zu sein.

Der Stammtisch mit dem Schoppen Bier stand bei uns 15- bis 20-Jährigen noch nicht auf dem Programm, uns zog es eher in eine Milchbar oder wir blieben fast eine Stunde lag diskutierend auf dem Kirchplatz stehen. Manchmal verlagerten wir unser Zusammensein auch in das Haus des Pfarrjugendführers, dessen Familie eine Fabrik und daneben ihre Wohnung gleich schräg gegenüber der Kirche hatte. Sie bot eine natürliche Anlaufstelle, zumal der zweitälteste Sohn der Familie, Friedel, von seiner Persönlichkeit her der geborene Pfarrjugendführer war. Im Wohnzimmer der Familie saßen wir häufig vertieft in lange Gespräche und Diskussionen, an deren Inhalte ich mich kaum mehr erinnern kann. Nachhaltig beeindruckt haben mich allerdings die Tischgebete der Familie, denn Glaubensbekenntnis, Vaterunser und der Engel des Herrn mit drei Ave Maria wurden so schnell heruntergebetet, dass wohl kaum jemand den Inhalt wahrnehmen konnte. Das Bedürfnis, möglichst schnell möglichst viel zu beten, überdeckte offenbar alles andere.

Diese überaus günstigen Bedingungen für gemeinsame Jugendarbeit waren natürlich ein Glück für die Pfarrei, das allen aber erst dann richtig bewusst wurde, als alles vorbei war. Dadurch, dass einige wegzogen und wir insgesamt allmählich dem Alter der Jugendbewegungen entwuchsen, zerfiel die Jugendarbeit langsam. Und eine ähnliche Struktur und Geschlossenheit wie bei uns bildete sich innerhalb der nächsten Generation nicht mehr heraus. Dieser Prozess illustriert, wie wichtig es für die Kirche ist, sich auf intakte Gemeinschaften mit einigen wenigen Aktiven als Motoren verlassen zu können, die auch ohne Pfarrer und ohne klerikale Aufsicht von allein funktionieren.

Mir scheint, dass darin heute eines der größten Probleme für die Kirche liegt. Denn wo keine anziehende Gemeinschaft besteht, lassen sich auch keine Gläubigen motivieren mitzumachen. Außerdem bietet die moderne Gesellschaft natürlich eine Fülle von geselligen Alternativen, die es zu unserer Zeit mit ihrem kargen Vereinsangebot einfach nicht gab. Niemand muss sich heutzutage einer Kirchengemeinde anschließen, wenn er Gruppenwärme und Gemeinschaft sucht.

Die Leitlinien für unser von Glauben geprägtes Dasein lieferten so erbauliche Ratgeberbücher wie die des Jesuiten Clemens Pereira *Brief Gottes an dich – eine religiös-aszetische Schriftenreihe für Jugendliche*. Der Jesuit bot darin viel Verbalfrömmigkeit, die uns in ihrer Weltfremdheit glauben machen sollte, dass die Welt voller Sünde und vom Bösen beherrscht sei und es für uns daher enorm wichtig sei, die böse Welt auf größtmögliche Distanz zu halten. Das Ziel einer katholischen Erziehung bestand demgemäß auch darin, Menschen vor der Welt zu bewahren und in einer Sondergesellschaft zu bleiben. Bei der neuerlichen Lektüre seiner Handreichungen wurde mir erst richtig bewusst, wie wahr es ist, was ein befreundeter Missionar kürzlich gesagt hat: »Das Problem der katholischen Kirche von heute liegt wohl darin, dass das Zweite Vatikanische Konzil entdeckt hat, dass die Welt gar nicht so böse ist, wie es bis dahin gelehrt wurde.«

Über diese Wirkung des Konzils (1962–1965) lohnt es sich genauer nachzudenken, denn die Gleichung von Welt und Satan war uns von klein auf eingebläut worden. Letztlich zielte die allgemeine Erziehung darauf ab, sich von allem

Irdischen zu distanzieren, und wenn dies nicht möglich war, weil das Leben nun einmal in dieser Welt stattfand, galt es als unerlässlich, ständig und überall Gott zu suchen. Mich erinnerte dies an einen Witz über ein kleines Berliner Mädchen, das in einem von Ordensfrauen geleiteten Heim im Schwarzwald die Ferien verbringt. Eine Nonne schilderte den Kindern ein liebliches, süßes Wesen mit großen runden Augen, das von Baum zu Baum springt. Als sie wissen will, was das wohl sein könnte, meldet sich die kleine Berlinerin und sagt: »Für mich ist das ein Eichhörnchen, aber so wie ich den Laden hier kenne, ist es ganz bestimmt das liebe Jesulein.«

Wir dachten in unserer Jugend nur für den Glauben, niemals über den Glauben nach. Die Suche nach dem Willen Gottes, den es immer und überall auf der Welt zu erfüllen galt, bestimmte, soweit ich es beurteilen kann, unser Denken. Zumindest meine religiösen Vorstellungen orientierten sich in diese Richtung. Die tiefsten religiösen Erfahrungen erlebte ich deshalb auch nicht in einer feierlichen Messe, in tiefem Gebet in stillen Andachten oder bei Besinnungstagen, sondern bei spätabendlichen einsamen Spaziergängen auf dem Kinzigdamm, einem Hochwasserschutzdamm entlang der Kinzig. Den Andachten, religiösen Einkehrtagen oder Gottesdiensten zog ich die nächtliche Stille zur Meditation vor, die allenfalls vom letzten Schnellzug um 0.04 Uhr unterbrochen wurde. Das war der Rahmen für meine private Auseinandersetzung mit Gott und der Welt, vor allem mit Gott, denn die Welt war schließlich nur ein Weg, eine Zwischenetappe zu Gott. So fromm dachte ich zu dieser Zeit.

Ich fühlte mich damals als 15- und 16-Jähriger oft innerlich einsam. Meine Mutter hatte kaum Zärtlichkeit für mich übrig. Woher hätte sie die auch nehmen sollen, denn als zweitjüngstes von zwölf überlebenden Kindern war für sie selbst nicht viel an elterlicher Fürsorge abgefallen. Was sollte sie also weitergeben? Manchmal wünschte ich mir, dass mein Großvater sich nicht fortgepflanzt hätte, und ich kann noch heute nicht verstehen, warum manche Menschen das Leitbild der kinderreichen Großfamilie propagieren. Was für ein verantwortungsloses und auch menschenverachtendes Familienbild steht da dahinter? Verantwortete Elternschaft war für meine Großeltern ein Fremdwort. Das Gebot Gottes und der Kirche hieß zeugen, zeugen, gebären, gebären und ja nicht verhindern. Und das gilt wohl immer noch für einige ultrakonservative Romantiker, die offensichtlich keine Ahnung von Großfamilie haben, nicht von dem, was es für die Frauen bedeutet, und auch nicht für die Kinder.

Die Nachkriegszeit bot nicht gerade einen günstigen Nährboden dafür, um Zärtlichkeit neu zu entfalten. Während meiner Krankheit hätte ich elterliches Verständnis und ein offenes Gespräch gut gebraucht, aber wie sollte so etwas funktionieren, wenn alles Sexuelle tabuisiert wurde? Meine älteren Jugendfreunde hatten oft bereits Freundinnen und daher weniger Zeit für anderes, und die Gleichaltrigen durften um die späte Zeit, immerhin dauerten unsere Treffen oft bis nach Mitternacht, nicht mehr aus dem Haus. Ich fühlte mich daher allein.

Gefördert wurde der Rückzug auf mich selbst noch durch gut gemeinte, aber gescheiterte Gemeinschaftserlebnisse. So erinnere ich mich an den Besuch eines hohen Funktionärs der Georgspfadfinder, den wir mit einem Lagerfeuer auf einer Höhenwiese feierten. Wir saßen im Kreis um das Feuer, aus dem Funken stoben. Nach einer Weile rückte ich etwas ab, weil ich mir keine Löcher in Hemd oder Hose brennen lassen wollte. Den missbilligenden Blick des Gastes werde ich nicht vergessen. In ihm lag die ehemalige Nazidevise von der Jugend, die hart wie Kruppstahl sein müsse. War das auch hier so? Dann war das nichts für mich.

Mit 16 radelte ich mit einem drei Jahre älteren Jugendfreund in den Sommerferien mit dem Fahrrad nach Marseille. Ferne, Ausland, andere Mentalitäten reizten mich jetzt mehr als die Romantik am Lagerfeuer. Auf der Radtour nach Südfrankreich und bei folgenden häufigen Besuchen im Nachbarland lernte ich eine andere Beziehung zur Kirche kennen. Auch wenn die französische Erziehung sehr autoritär war, so erlebte ich im Verhältnis von Gläubigen und Kirche ein gegenseitiges Sich-ernst-Nehmen statt Unterwürfigkeit. Die Tatsache, dass die französische Kirche keine Kirchensteuer einzog und dadurch keine automatischen Einkünfte hatte, zwang den Klerus zum offenen Gespräch selbst über heikle Themen. Das hätte ich mir in Hausach auch gewünscht.

In dieser Phase der Einsamkeit überlegte ich oft, wie sich jemand wohl fühlen musste, wenn zum irdischen Alleinsein auch noch Gottverlassenheit käme? Sich von Gott verlassen zu fühlen musste die schlimmste Einsamkeit sein, die man sich vorstellen konnte. Ohne Gott musste das Leben nur noch aus Kälte bestehen. Das war unvorstellbar. Atheismus musste die Hölle auf Erden sein. Und dennoch beschlichen mich zu dieser Zeit, ohne es richtig wahrzunehmen, die ersten Zweifel. Es war ein paradoxes Gemisch aus Optimismus und Verzweiflung. Sich einsam zu fühlen kann auch heilsam sein, dachte ich, wenn ich dabei nur herausfinden würde, was für mich bestimmt war, was ich im Leben wollte, welchen Weg ich gehen sollte.

Aus meinem Glauben erwuchs mir in jener Situation kein Trost, wie viele Theologen behaupten, es entwickelte sich nicht der Trost der Geborgenheit im Glauben. Meine katholische Erziehung zeitigte vielmehr ein ganz anderes Ergebnis. In jener Zeit las ich gerne in einem kleinen Taschenbuch von Guy de Larigaudy, einem französischen Pfadfindervorbild. Seine Botschaft lautete: Wer nicht durchs Feuer geht, bleibt

Mittelmaß. Das wollte ich natürlich keinesfalls. Das Dumme war nur, dass ich auch nicht freiwillig durchs Feuer wollte, nicht durch das reale und nicht durch das im übertragenen Sinn des Wortes. Also blieb mir nur, die Aufforderung zu interpretieren und das Ganze nicht als tatsächliche Anregung zu verstehen, sondern auf die geistige Ebene zu übertragen, auf die Fähigkeit, mit Schwierigkeiten fertig zu werden.

Was hatten uns schließlich die Pfarrer beigebracht? Auch Leid ist gottgewollt, und oft finden Menschen nur zu ihrer Bestimmung, ja sogar zu ihrem Glück, wenn sie Leid als Lehrmeisterin auf dem Weg zur Erkenntnis akzeptieren. Was will mir also Gott damit sagen, wenn er mir Schmerz auferlegt? Ich soll damit fertig werden, weil danach aus mir nicht nur ein besserer Mensch geworden sein wird, sondern auch einer, der die Unbilden des Daseins als Gottes Geschenk ansieht und sie als für das eigene Heil notwendig hinnimmt, sozusagen das Elend glücklich erträgt. Nach dem vermutlich vom Apostel Paulus stammenden Hebräerbrief gilt: »Wen Gott liebt, den züchtigt er.« Kaum etwas hat sich wohl ähnlich unheilvoll auf die kirchliche Praxis ausgewirkt wie dieses angebliche Gottesgebot. Diese göttliche Pädagogik zerstörte viel Gottvertrauen.

Einerseits fand ich diesen Gedanken durchaus faszinierend, aber er legte zugleich in mir den Grundstein für tiefe Glaubenszweifel. Was sollte ich mit einem liebenden Gott, der mich zum Zeichen seiner Liebe bestrafte und quälte? Was sollte ich von einem Vater halten, der seinen Sohn aus Liebe für ihn und die ganze Menschheit ans Kreuz nageln ließ? So häretisch habe ich damals natürlich noch nicht gefragt, das hätte ich nicht gewagt. Aber die einfache Überlegung, welches Leid wohl auf mich wartete, wenn ich ein guter Mensch und ein guter Katholik sein wollte, quälte mich gewaltig. Am Ende trieb mich meine ausgeprägte Sensibilität in alle möglichen Ängste. Doch glücklicherweise war und ist meine Empfindlichkeit mit einem gewissen sonnigen

Naturell gepaart, sodass ich diese Lebensängste ausgleichen oder zeitweise sogar vergessen konnte. Aus jener Zeit geblieben ist mir aber eine Grundangst vor der Liebe Gottes, die eben nicht nur gibt und in Fülle ausgeschenkt wird, sondern zuerst einmal straft. Ich empfand mich durch meine Krankheiten bereits genug bestraft, aber sollte vielleicht doch noch mehr kommen?

Das konnte kein erlösender Glaube sein. Das war ein Mittel, um die Menschen in Schach zu halten, um zu erreichen, dass sie umso folgsamer den Willen der kirchlichen oder weltlichen Obrigkeiten erfüllten. Ich wollte lieber angstfrei leben, blieb aber dennoch jahrelang in dieser Herde. Allerdings war es mir lieber, von Gott nicht so sehr geliebt zu werden. Ein wahrhaft liebender Gott schien mir mit der Zeit immer mehr etwas anderes zu sein als das, was die Kirche lehrte. So drängten sich auch erste Zweifel an den überlieferten Texten auf, und die Zweifel verstärkten sich, je mehr ich mich mit religionswissenschaftlicher und textkritischer Forschung beschäftigte.

Bei meinen nächtlichen Spaziergängen und Meditationen rollte mir manche Träne über das Gesicht, und ich bereute es, nicht fröhlicher zu sein und mich geborgener zu fühlen. Allerdings muss ich aus heutiger Sicht auch zugeben, dass diese gedankenverlorenen Spaziergänge am Ende doch wesentlich zur Selbstfindung beigetragen haben, auch wenn sie mich immer mehr aus der kirchlichen Institution hinausführten.

Noch ganz in das System eingebunden waren dagegen viele Höhepunkte meiner aktiven Jugendarbeit. Für Jungscharführer und Gymnasiasten bot das Erzbistum Freiburg damals zum Beispiel Ferien- oder Wochenendkurse in einem abgelegenen Landschulheim der katholischen Landjugend in St. Ulrich bei Freiburg an. Dabei handelte es sich um ein rustikales Hofgebäude mit einem großen Saal und Jugendherbergsausstattung: Schlafen im Mehrbettensaal, Morgentoilette in einem Badehaus über dem Hof. Außerdem gab es dort eine Kirche, deren Gottesdienste wir allmorgendlich verpflichtend besuchen mussten. Ein strenger Landpfarrer wachte über die Ordnung und zeigte den Kursleitern jegliches Fehlverhalten an. Meist waren das Banalitäten, die keine größere Strafe nach sich zogen. Schließlich waren wir alle Gruppenführer, die lernen sollten, wie man mit Untergebenen umging. Zucht und Ordnung waren somit selbstverständlich.

Einer dieser Kurse hat gerade die Jüngeren unter uns, also die 14- bis 16-Jährigen, eher überfordert, mich eingeschlossen. Vielleicht ist dabei das Falsche hängen geblieben, vielleicht aber letztlich doch der richtige Zweck der Veranstaltung erfüllt worden. Es ging um die literarische Renouveau catholique, eine Strömung aus Frankreich, für die Namen wie der des Schriftstellers Georges Bernanos (1888–1948) standen. Uns faszinierte damals die Kirche im benachbarten Frankreich sehr, da sie uns freier, weniger reglementiert und nicht so bigott erschien wie bei uns. Die Trennung von Staat und Kirche hatte aus unserer Sicht nur gute Seiten, und Bernanos war das Vorbild des Kurses. Sein *Unter der Sonne Satans* und *Tagebuch eines Landpfarrers* beschäftigten mich am meisten, wobei ich heute nicht einmal mehr sagen könnte, was in den beiden Romanen wirklich steht. Die Botschaft war jedoch eindeutig, zumindest wie sie uns in diesem Kurs gelehrt wurde.

Die Titelhelden bei Bernanos waren Pfarrer, die eigentlich als Menschen gescheitert waren, vom Teufel bedrängt und besessen, geradezu faustische Lehrlinge. Aber, und das war die entscheidende Botschaft: Pfarrer bleibt Pfarrer. Auch der elendste, versoffenste, sündigste Priester bleibt ein Mann Gottes, der über allen steht und dem es sich unterzuordnen gilt. Amen! Mein Buchholzer Pfarrer Ritter passte wunderbar in dieses Bild, und wäre ich zum Romancier geboren, dann hätte er in diesem Genre meine Vorlage abgegeben. Bei Bernanos war es der von Papst Benedikt XVI. zum Vorbild erkorene Pfarrer von Ars (1786–1859). Da schließt sich der Kreis zur Gegenwart.

Wer diese Botschaft so verinnerlicht hatte, wie es bei mir und den meisten meiner Kursgenossen der Fall war, der ließ jedem Pfarrer fast alles durchgehen. Er beugte sich vor ihm und sah durch die verschmutzte Soutane hindurch stets nur den Vertreter Gottes, den geheiligten Mann. Diese pfarrliche, von der Kirche gepflegte Arroganz musste fast zwangsläufig zu Missbräuchen führen, denn wer so unangefochten und unberührbar Macht ausüben konnte, der würde sie auch leicht missbrauchen.

Dieses Priesterbild vom Mann, der unabhängig von seinem Verhalten über jeden Verdacht erhaben ist, scheint mir die klarste und unwiderlegbare Erklärung für die Skandale, die in der jüngsten Vergangenheit aufgedeckt wurden. Es begründet zudem aber auch das Vertuschen und Leugnen der Bischöfe, die ja noch viel mehr von diesem Priesterbild geprägt sind als die gewöhnlichen Pfarrer. Ohne die Anmaßung des heiligen Mannes im Priesterrock hätte sich diesem kein Mensch untergeordnet, hätte er nicht Kinder missbrauchen können, ohne angezeigt zu werden. Die maßlose Überhöhung der Pfarrer legte den Grundstein für ihren tiefen Fall und für die massenhafte Vertreibung der Gläubigen aus der Kirche.

Und die Angst vor dem schwarzen Mann

Mit den besten Absichten: unsere sehr unterschiedlichen Kapläne

Ganz selbstverständlich grüßten wir den hochwürdigsten Herrn Kaplan brav mit »Gelobt sei Jesus Christus«, und er antwortete traditionsgemäß und würdig von oben herab: »In Ewigkeit Amen.« Einer von uns machte allerdings eine Ausnahme, denn immer wenn Jürgen P. den schwarzen Schatten, die Umrisse der Soutane des Kaplans, auch nur von Weitem entdeckte, suchte er einen Fluchtweg – einen Hauseingang, um sich zu verstecken, eine Nebenstraße – oder kehrte als letzte Rettung um. Dem Kaplan wollte er auf keinen Fall begegnen und sich so dem autoritär frommen Getue aussetzen. Hätte er sich damals einer bigotten Katholikin – Frauen scheinen dafür empfänglicher zu sein – anvertraut, hätte diese sich wahrscheinlich mehrfach bekreuzigt und ihn sofort unter lauten Gebeten ins Pfarrhaus geschickt, weil Kinder, die einen Pfarrer nicht ansehen können, ganz sicher mit dem Satan im Bunde stehen. Über die tatsächlichen Motive ließe sich lange spekulieren, aber bei Jürgen war es wohl eher eine instinktive oder intuitive Abwehr. Seinen jungen Erfahrungen nach hatte er vom Kaplan, stellvertretend für die ganze Kirche, nichts wirklich Gutes zu erwarten. Da er und seine beiden Brüder Vollwaisen waren, waren sie in gewisser Weise dem Pfarrer ausgeliefert. In natürlich besten Absichten und Wohlwollen wünschten die Hochwürden als quasi Erziehungsberechtigte, dass die drei Buben Ministranten wurden und in Gehorsam gegenüber Gott, der Kirche und dem Pfarrer aufwuchsen. Einer sollte sogar Priester werden, also wurden die Weichen dementsprechend gestellt. Nach seinen eigenen Vorstellungen, nach beruflichen oder sonstigen Plänen wurde keiner gefragt. Der Herr Pfarrer wusste es doch sowieso am besten, hieß es.

Der zum geistlichen Beruf Auserwählte schlug diese Bahn dann allerdings doch nicht ein, offenbar schien es ihm nicht das Beste zu sein. Über die Brüche, die da aufgerissen wurden, redet heute Jürgen offen. Er hat die Zeit verarbeitet und fühlt sich jetzt als Agnostiker wohler als je zuvor in der katholischen Enge, die er als Zwangsjacke empfunden hat, die es so schnell wie möglich abzulegen galt.

Die jugendliche Abneigung gegen den schwarzen Mann setze sich also bei meinem Schulkameraden fort. Die Flucht vor dem Kaplan stand wie ein Leitmotiv über seinem damaligen und späteren Leben und seiner Persönlichkeitsentwicklung. Kaplan stand aber nicht nur für den einen, um den es hier ging, den Kaplan Hermann Birkenmeier, sondern war Synonym für die zwar populistische, volksnah daherkommende, aber doch autoritäre und Unterordnung fordernde katholische Kirche. Die Institution, von der wir uns so lange absetzten, bis wir in einer neuen Religiosität fernab von systemischen Zwängen die Gelassenheit fanden, um uns auch an diesen armen Kaplan nachsichtig zu erinnern. Er lebte schließlich auch nur in einem Erbe des Pfarrverständnisses, das von seiner Ausbildung geprägt war und vom Denken her aus einer Zeit stammte, in der gerade auf dem Land der Bürgermeister kaum, der Lehrer einigermaßen und der Pfarrer noch am besten lesen konnte. Diese drei formten neben der göttlichen die andere, die katholisch-kommunale Dreifaltigkeit: 1. Pfarrer, 2. mit Abstand der Bürgermeister, 3. mit großem Abstand der Dorflehrer.

Auf die alles überragende Rolle des Pfarrers arbeiteten bereits die Kapläne hin. Sie fühlten sich von vornherein als etwas

Besseres, und spätestens mit den niederen Weihen und der Tonsur – der als Heilig-Geist-Landeplatz verspotteten Kahlstelle auf dem Hinterkopf – schlüpften manche in einen höheren, privilegierten Rang. Ein liberaler Pfarrer meiner Generation erinnerte sich an heftige Diskussionen im Priesterseminar mit einigen besonders Konservativen. Sie stritten über ihre Beziehungen zur Welt, und ein nicht zu kleiner Teil der Beteiligten sah sich in einem »ontologischen Prä«, was nichts anderes hieß, als dass sie per Weihe einen höheren, zu Privilegien prädestinierten Rang in der Menschheit erreicht hätten. Die Anrede Hochwürden und ihre Unantastbarkeit seien gottgewollt und ihnen daher jetzt und immerdar eigen.

Wenn Hermann Birkenmeier, Kaplan in Hausach, predigte, drohte er den Kirchgängern mit Höllenstrafen und ewiger Verdammnis, sofern sie sich nicht zum Besseren bekehrten und Gottes Gebote, wie sie die wahre Kirche lehre, wortwörtlich befolgten. Die Menschen aus dem Tal strömten in seine Bußpredigten, als gäbe es nichts Erbaulicheres. Er donnerte mit sonorer Stimme von der Kanzel herab, dass die Frauen sich duckten und erzitterten. Und dennoch mochten sie ihn mehr als jeden anderen Pfarrer. Als der bisherige Stadtpfarrer Ernst Würth Hausach auf eigenen Wunsch verließ, um in seiner Heimat am Bodensee eine kleinere Pfarrei zu übernehmen, sollte Birkenmeier eigentlich der natürliche Nachfolger werden. Die einfachen Leute empfanden ihn als zu ihnen passend, sein bisheriger Chef hingegen war ein kleiner, freundlicher Pfarrherr mit randloser Brille und dem Auftreten eines vornehmen geistlichen Über-Bürgermeisters von Hausach gewesen. Mit ihm konnten sich eher die Honoratioren und die Herren vom Stiftungsrat identifizieren. Aber einen polternden, handfesten Kaplan als Nachfolger konnten sie und noch mehr die angeblich feinen Damen der katholischen Gesellschaft sich nicht vorstellen. Der war vielleicht etwas für das primitive Volk, aber doch kein Stadtpfarrer. Also wurde Birkenmeier nicht Nachfolger und bekam stattdessen eine ländliche Pfarrei in der Rheinebene mit einer wunderbaren romanischen Kirche, die ihm aber wohl nicht das Heimatgefühl gab wie das Kinzigtal. Wer ihn später besuchte, berichtete, dass er ein gebrochener Mann sei. Ich empfand tiefes Mitleid mit ihm, außerdem war mein Gerechtigkeitsempfinden schwer gestört, weil ich spürte, dass es hier nicht darum gegangen war, den richtigen Mann an den richtigen Ort zu setzen, sondern dass Intrigen den Ausschlag gegeben hatten.

Hausach bekam schließlich einen Pfarrherrn, wie ihn sich die bessere katholische Gesellschaft vielleicht auch nicht vorgestellt hatte. Franz Weinmann hatte einige Zeit als Naziopfer im Konzentrationslager Dachau verbracht. Dessen eingedenk sah er sich mehr als alle anderen auserwählt und über die Gemeinde und vor allem die vielen ungenannten, aber doch bekannten Nazimitläufer erhaben. Er war offensichtlich stolz auf seine Zeit in Dachau. In der Oberstufe im Gymnasium gab er Religionsunterricht, und in der Oberprima präsentierte er Teile seines Tagebuches aus dieser Zeit. Eine Schülerin musste drei bis vier Religionsstunden lang der Klasse daraus vorlesen und urteilte später: »Ich dachte schon damals, dass er sich damit Unterrichtsvorbereitung gespart hat, und empfand die Lektüre in der Klasse auch als Selbstbeweihräucherung.« Es ging nur um ihn und nicht um die Kirche unter der Naziherrschaft.

Er wirkte allgemein ziemlich überheblich und selbstgefällig, trug seine Jahresringe am Bauch und das Doppelkinn mit dem bürgerlichen Habitus eines gemachten Spießers des 19. Jahrhunderts. Sein Pfarrhaus stand gleich neben dem Rathaus, und eine breite Freitreppe führte Ehrfurcht gebietend hinauf zum schweren, massiven Holzportal. Wir hatten alle Respekt vor dem Hausherrn, mochten ihn aber nicht. Wer mag schon als aufgeweckter Jugendlicher einen autoritären Pfarrer?

Immerhin hatte er in der Diözese, wo er nach oben beste Beziehungen unterhielt, den Ruf, ein guter Ausbilder zu sein. Viele Kapläne durchliefen daher unter seiner Herrschaft ihr Vikariat in Hausach, bevor sie eine eigene Pfarrei erhielten. Mancher passte hierher, mancher überhaupt nicht. Das lag aber nicht nur am Chef. Unsere Kapläne spiegelten die Vielfalt der Berufungen – und auch ihre Irrwege.

Konkret erinnere ich mich an vier Kapläne, die nach Birkenmeier kamen. Im Gegensatz zum wortgewaltigen ersten Kaplan waren sie offenbar nicht so sehr von Kriegserinnerungen geprägt. Sie waren jünger, moderner und passten so mit einer Ausnahme eines biederen Mannes, der später ein liebenswürdiger Dorfpfarrer wurde, nicht in das traditionell geprägte Industriestädtchen Hausach. Aber sie richteten immerhin auch keinen Schaden bei uns an. Nachweislich zuschulden kommen lassen hat sich meines Wissens keiner etwas, auch wenn einem unbewiesen homosexuelle Neigungen nachgesagt wurden. Zu spüren bekamen wir das jedenfalls nicht. Die heutige Wirklichkeit, dass wir überwiegend kirchenfern geworden sind, haben sie sicher nicht verursacht, aber auch nicht verhindern können.

Dieses im Vergleich zu manchen Enthüllungen durchaus heile Bild, das ich aus meiner Vergangenheit mitgenommen habe, hat nur einen Nachteil. Es stimmt anscheinend nur für den männlichen Teil der katholischen Jugend. Die Mädchen erzählten damals nur wenig über ihre Erfahrungen, erst recht nicht über spezielle. Erst nach Jahrzehnten berichteten mir einige von sexuellen Übergriffen, über die sie früher nicht zu sprechen gewagt hatten. »Die Eltern hätten es nicht geglaubt. Sexualität war für sie sowieso tabu, und dass der Kaplan sich an mich herangemacht hatte, hätten sie für dummes Mädchengeschwätz gehalten. Ich war allein damit und habe jahrelang darunter gelitten.«

Nur einmal wunderten sich Eltern, als sie den betreffenden Kaplan mit einem dicken Verband an der Schulter sahen, nachdem er am Vortag mit einer Mädchengruppe in einem abgelegenen Tagungshäuschen gewesen war. Dieses ehemalige Leibgedinghäuschen, ein kleines Schwarzwälder Bauernhäuschen, das für den Lebensabend der Altbauern gebaut worden war und nun der katholischen Jugend gehörte, nannten wir »Spelunke«. Gruppen der katholischen Jugend des ganzen Dekanats trafen sich dort häufiger für Einkehrtage, Besinnungstage oder Fortbildungskurse. Die Unterkunft entsprach den Anforderungen und der Ausstattung einer schlechteren Jugendherberge.

Besagter Kaplan hatte die Gelegenheit zu Intimitäten nützen wollen und nicht mit dem Widerstand der Mädchen gerechnet. Bei einer Rangelei hatte er das Gleichgewicht verloren und war eine Treppe hinuntergestürzt. »Da muss es wohl wild zugegangen sein«, flachsten die Eltern später, ohne zu ahnen, dass sie damit den Nagel auf den Kopf getroffen hatten.

Das Mädchen, auf das er es besonders abgesehen hatte, litt lange unter seinen Nachstellungen, denen sie zu entkommen suchte, indem sie immer floh, wenn sie ihn schon aus der Ferne sah. Der zweite Fall von Flucht vor dem Kaplan also, den ich hier schildere. Erlebnisse, die nach den Aussagen der heute über 60 Jahre alten Frau »vieles in meinem Leben zerstört« haben.

Bei einem Vortrag von mir in Hausach über den »Abschied von der Volkskirche«, im Zuge dessen ich die Ursachen für diesen Abschied und das Ausmaß des Auszugs aus der Kirche darstellte, deuteten mehrere Teilnehmerinnen an, noch einiges mehr über jene Zeit erzählen zu können, in denen ihr Bruch mit der Kirche eingeleitet wurde. Leider waren nur wenige bereit, schon bei dieser Gelegenheit und ohne nochmaliges Überlegen und unter Nennung der Pfarrer auszusagen. Die Verletzungen schienen an diesem Abend erneut aufgebrochen zu sein und wieder zu schmerzen. Jedenfalls bestätigten sie das Thema dieses Buches.

Die persönlichen Beziehungen gestalteten sich zu allen Kaplänen sehr unterschiedlich, abhängig davon, wie die jungen Pfarrer und wir selbst eben waren. Entsprechend pflegten einige von uns mit ihnen bis ins hohe Alter freundschaftliche Beziehungen. Alle blieben ihrem Beruf oder ihrer Berufung treu, wenngleich sie sich in zum Teil gegensätzliche Richtung entwickelten. Einer wurde ein erzkonservativer Anhänger einer sogenannten Erneuerungsbewegung, der Focolarini. Er war der intellektuellste unserer Kapläne, promoviert und hätte vermutlich besser sein Glück in einer Großstadt mit Universität gemacht, statt sich auf das Pfarrerdasein zu kaprizieren. Ein anderer bildete zwar eine gewisse Skepsis gegenüber der Kirche und dem überlieferten Glauben heraus, blieb aber dennoch oder vielleicht gerade deshalb überzeugter Seelsorger.

Schulkameraden aus den umliegenden Orten, die in die Schulstadt Hausach pendelten, erzählten allerdings oft von ganz anderen Erfahrungen, als wir sie mit unseren Kaplänen machten. Nicht nur mein Buchholzer Landpfarrer verlor offenbar oft die Beherrschung. Der Standesdünkel hielt anscheinend keinen Wüterich im Priesterrock vom Toben ab. Vermutlich ließen sie ihrer Wut aus Frustration, Verklemmtheit oder Veranlagung freien Lauf, und niemand wagte es, sie zu bremsen. Aber nicht nur Landpfarrer, auch Stadtpfarrer im Kinzigtal rasteten gelegentlich gewaltig aus. Xaver K., ein Junge aus der katholischen Jugend im Nachbarort Haslach und heutiger Versicherungsvertreter, erinnerte sich, wie sein Pfarrer und Religionslehrer mit jenen roten Kniekissen nach unaufmerksamen Buben warf, auf denen die Ministranten sonst mit feierlicher Miene vor dem Altar knieten. Ein anderer benützte die goldene oder silberne Schale für die Hostien schon mal als Wurfgeschoss, um anschließend ungerührt die Messe fortzusetzen. Auch dieser Pfarrer hatte offenbar Kriegserlebnisse und Gefangenschaft nicht verarbeitet und benützte das Priesteramt anscheinend zur persönlichen Vergangenheitsbewältigung.

»Wie soll da Ehrfurcht vor dem Altarsakrament aufkommen«, fragte Xaver K. sich damals mit zehn Jahren. Zu dieser Zeit beschlich ihn ein noch undefiniertes Unbehagen gegenüber der katholischen Kirche. Später hat er das meiste davon verdrängt und abgehakt, nach dem Motto: Es war einmal vor langer Zeit ... Heute ist es vorbei. Kirchgänger oder treuer Katholik ist er nach weiteren Erfahrungen mit dem weltfremden und dogmatisch sturen Pfarrer und nach dem Scheitern seiner ersten Ehe nicht mehr. Einen Seelsorger hat er in der Zeit, als er ihn gebraucht hätte, in seiner Heimat im Kinzigtal nicht gefunden. Dafür jenseits vom Rhein, im Elsass, wo seine zweite Frau herkommt und die Pfarrer gelernt haben, den Papst Papst sein zu lassen und auf die Menschen zuzugehen, statt sie in Herrschaftsmanier ins Pfarrhaus kommen zu lassen, bis niemand mehr kommt.

Die jüngsten Skandalenthüllungen lagen vor 50 Jahren noch in weiter Ferne, und wir hätten zur damaligen Zeit im Rahmen unserer Erlebnisse nichts Derartiges vermutet, auch wenn die Gewalttätigkeit mancher Hirten solches hätte erahnen lassen können. Es bestand zumindest in meiner Jugendwelt kein Grund zu Verdächtigungen, selbst wenn der eine oder andere Kaplan manche Jugendgruppenleiterin vielleicht etwas hübscher fand, als es einem Zölibatären zustehen würde. Das war schließlich verständlich, immerhin galten die damaligen Kapläne, salopp formuliert, auch noch als richtige Männer. Dass sich daraus für die betroffenen Mädchen schlimme Folgen ergaben, wussten wir damals nicht, das habe ich jetzt erst erfahren.

Einer der früheren Kapläne, Sepp Basler, dem ich heute noch freundschaftlich verbunden bin, erinnerte mich an einen Schlüsselsatz, den der spätere Generalvikar des Erzbistums Freiburg, Prälat Robert Schlund, an die Priester-Seminaristen richtete: »Wenn man von euch nicht sagen kann, sie wären auch gute Väter geworden, dann müssen Sie überlegen, ob Sie hier richtig sind.«

Das würden Kenner der heutigen Nachwuchsszene so wohl nur unter größtem Vorbehalt formulieren. Junge Kapläne von heute kann man kaum an diesem Maßstab messen. In Privatgesprächen mit älteren Pfarrern beurteilen diese den Nachwuchs ziemlich skeptisch. Viele Jungpriester seien verklemmt oder religiöse Schwärmer, die mit der Wirklichkeit der meisten Katholiken nicht mehr viel gemein hätten. Die eifernden Zölibatsverfechter würden von den Gläubigen immer weniger akzeptiert und isolierten sich daher, mitunter in der Überzeugung ihrer erzkonservativen Vorbilder, etwas Besseres zu sein. Männer, die auch gute Väter geworden wären, seien eher nicht darunter.

Ausgehend von einem ganz anderen Ansatzpunkt, aber letztlich aus einer ähnlichen Überzeugung heraus versicherte mir ein Kurienmitarbeiter, der sich mit Personalentscheidungen für deutsche Bistümer befassen musste, schon in den 1990er-Jahren, dass er im Zweifelsfall einen Pfarrer als Kandidaten für eine Beförderung, sprich ein Bischofsamt, vorziehe, der eine Freundin habe. Denn der sei wenigstens ein richtiger Mann und vergehe sich nicht an Ministranten. Angesichts der nun enthüllten Missbrauchsfälle eine nahezu hellseherische Einsicht vor zwei Jahrzehnten oder vielleicht eine begründete, aber damals nicht erklärte Ahnung.

Die Seelenqualen unserer jungen Pfarrer konnten wir freilich erst später nachvollziehen und erfuhren davon auch nicht durch ihre Bekenntnisse, sondern von Schulkameraden, die auch diesen Weg eingeschlagen, aber nicht zu Ende gegangen waren und die priesterliche Berufung irgendwann als Fehlruf empfunden hatten. Sie sattelten um und wurden meistens Lehrer. Dem erzieherischen Impuls blieben sie treu.

Der Weg ins Priesteramt führte in meiner Jugend gewöhnlich schon in der Schulzeit über die Absonderung. Die Buben wurden so früh wie möglich ins erzdiözesane Internat gesteckt, streng getrennt von den Mädchen. Die Pubertät erlebten sie unter sich, wagten kaum darüber zu reden, denn alles, was mit Sex zu tun hatte, war hässlich, böse und sündig. Zärtlichkeiten, einen Kuss oder die Nähe zu Mädchen versagten sie sich mangels Gelegenheit oder aus Angst vor dem Verrat ihrer eigenen Erwartungen oder der ihrer Eltern. Im Priesterseminar lebten sie weltabgeschieden und behütet irgendwo im Hochschwarzwald. Auch beim Theologiestudium in der kleinen Großstadt Freiburg hielten sie sich in Gruppen fern von der gefährlichen Umwelt. Ihr Leben in »Freiheit« begann eigentlich erst nach der ersten Messe, der Primiz, in ihrer ersten Pfarrei, aber zunächst noch unter Kontrolle des ausbildenden Pfarrers. Kapläne wurden wegen ihres Alters, das mit Ende 20 nicht viel höher lag als das der Gruppenführer in den Pfarreien, automatisch zur Jugendseelsorge eingesetzt. Der Kontakt mit jungen Frauen war da natürlich nicht zu vermeiden und bedeutete für einige eine ständige Prüfung.

Um die heutige Situation besser zu kennen, beauftragte der Österreichische Rundfunk (ORF) den auch in Deutschland bekannten Wiener Theologen Paul Zulehner mit einer Umfrage unter 500 katholischen Priestern über ihre Einstellungen zur Kirche und über ihre Lebens- und Berufspraxis. Dabei kam Erstaunliches heraus. Immerhin fühlen sich 89 Prozent der Priester bei befreundeten Personen außerhalb der Kirchenwelt zu Hause. 29 Prozent leben in einer Beziehung zu einer Freundin, 47 Prozent in einer ähnlichen Beziehung zu einem Freund. 67 Prozent sagen: »Ich habe einen Weg gefunden, den ich verantworten kann.«

Zulehner folgert daraus, dass etliche ehelose Pfarrer in einer Art Partnerschaft leben. Langfristig müsse man daher darüber nachdenken, ob es nicht vernünftig wäre, die Heirat für Priester zu ermöglichen, damit die Ansprüche der Kirche und das, was von einigen Pfarrern praktisch gelebt werde, nicht immer weiter auseinanderdriften. Es entstehe aber auch der Eindruck, dass die Bischöfe keine Kontrolle mehr darüber haben, wie Pfarrer in dieser modernen Gesellschaft unter den heutigen Bedingungen ihr Leben gestalten.

Bei vielen angehenden Pfarrern hingegen, also der neuen Generation der Kapläne, ist ein Gegentrend zum Ergebnis der ORF-Untersuchung erkennbar. Die Angst vor dem Leben »da draußen« sei groß. Zulehner zitiert dazu die Klage eines Bischofs: »Mein Vorgänger hat die Fenster weit aufgemacht, und ich stehe jetzt im Zug.« Diese Klage spiegelt das Gefühl mancher junger Priester wider, die die Fenster wieder schließen wollen. Sie wollen nicht über Reformen diskutieren, sondern sich gehorsam dem unterwerfen, was von ihnen verlangt wird. Wenn Leute die Kirche verlassen wollen, dann sollen sie eben woanders hingehen. Doch die Kirche muss sich der Auseinandersetzung stellen, wie es der frühere Mailänder Kardinal Carlo Maria Martini gesagt hat: »Man muss in diese moderne heidnische Welt hinuntersteigen, um mit Jesus zusammen mit einer liebenden Anwesenheit gegenwärtig zu sein, ohne alles gutheißen zu müssen.«

Wenn sich der junge Klerus aber von der Welt zurückziehen und die Mauern der Kirche wieder aufbauen sollte, dann hört die kirchliche Gemeinschaft nach Zulehners Urteil auf, Kirche zu sein, und gerate in Gefahr, zu einer Sekte zu verkommen. Es bleibe dann nämlich eine geschlossene kleine Schar übrig, die nicht frömmer sei, aber antimoderner. »Das wäre schade. Vor diesem Hintergrund verstehe ich die mehrheitliche Forderung, auch Verheiratete zum Priesteramt zuzulassen; denn unsere Studie zeigt, dass unter den Pastoralreferenten und den meist verheirateten gemeindeerfahrenen Personen wesentlich mehr aufgeschlossenes Potenzial lebt als unter den jungen ehelosen Priestern.«

In Österreich wurden Konsequenzen gezogen. Nach Aussagen des Sprechers der Erzdiözese Wien, Erich Leitenberger, gegenüber Spiegel-Online sehe man sich die Kandidaten für das Priesteramt inzwischen sehr genau an: »Der Aspekt der psychosexuellen Gesundheit spielt dabei eine große Rolle.« Im letzten Jahr der Priesterausbildung behandelten zudem zwei Fachleute der Diözese explizit die Themen »sexueller Missbrauch« sowie »Nähe und Distanz in pastoralen Beziehungen«.

Insider bezweifeln, dass in Deutschland derart »verschärfte« Zulassungsbestimmungen begrüßt würden. Denn der Priestermangel ist hierzulande mittlerweile so groß, dass die Kirche über jeden Anwärter froh sein muss. »Das Betreuungsverhältnis ist schon jetzt denkbar schlecht«, sagt Christian Wiesner von der Initiative »Wir sind Kirche«. Er weist auch darauf hin, dass Benedikt XVI. den Zölibat mit einem Federstrich abschaffen könnte: »Die Ehelosigkeit ist aus der Bibel schwer abzuleiten und nur eine kirchenrechtliche Bestimmung, die jeder Papst mit einer Unterschrift kippen kann.« Bis dahin gilt wohl weiterhin der alte Seufzer gestandener Katholiken: Das mit dem Herrgott wäre schon in Ordnung, aber sein Bodenpersonal, ja sein Bodenpersonal …

Manchmal wäre aber auch das Bodenpersonal besser, wenn die Pfarrgemeinden es zulassen würden. Eine Schulfreundin erinnert sich genau, wie sich gerade die bigotten Gemeindemitglieder gegen einen hilflosen Pfarrer durchgesetzt haben und sie und ihre Familie letzten Endes aus der Kirche getrieben haben. Mit einem kirchengemeindlichen Intrigantenstadel, der von reaktionären Rechthabern und angeblichen Traditionsgetreuen getrieben wurde, wollten sie nichts mehr zu tun haben. Ihr ganz persönlicher Glauben ist ihnen erhalten geblieben, aber mit der Kirche haben sie abgeschlossen.

Anlass war die Erstkommunion der Tochter im Jahre 1986. Die Mutter war geschieden und wiederverheiratet, was bei den verschiedenen Elternversammlungen niemanden gestört hatte. Alle in dem Dorf bei Freiburg kannten ihre private Situation, zumal die Frau ortsbekanntes Mitglied des Gemeinderates war. Im Zuge der Kommunionsvorbereitungen wurde sie schließlich sogar zur Kommunionmutter gewählt. Nach einiger Zeit erschien dann der erst seit einem Jahr amtierende Pfarrer bei ihr und rückte nach etlichen gestotterten Anläufen endlich damit heraus, dass einige Eltern sie nicht mehr als Kommunionmutter haben wollten. Sie erinnerte daraufhin daran, dass alle ihre Situation kannten, und forderte ihn auf, sich doch beim Ordinariat in Freiburg zu erkundigen, ob ihrer Aufgabe aus kirchenrechtlicher Sicht etwas im Wege stehe. Der arme Pfarrer kam widerwillig dem Wunsch nach, bekam aber keine klare Anweisung. Ein solcher Fall sei bislang unbekannt. Dennoch bestand er darauf, dass sie sich von ihrem Amt zurückziehe. Sie willigte ein, bat aber zunächst mündlich darum zu erfahren, wer die Intrige inszeniert habe. Als der Pfarrer dem nicht nachkam, schrieb sie einen Brief, in dem sie darum ersuchte, die Eltern aufzufordern, ehrlich zu sagen, wer was warum wolle. Der Pfarrer kniff und las den Eltern den Brief nicht vor.

Die Tochter verstand die katholische Welt natürlich nicht mehr und trommelte ihre anderen Kommunikanten zusammen, um zum Pfarrer zu ziehen und zu betonen, dass sie ihre Kommunionmutter behalten wollten. Doch erfolglos, gegen traditionalistische Holzköpfe hatten Kinder keine Chance. Die Zehnjährige wollte dann lieber gleich auf die ganze Kommunion verzichten, was die Mutter aber doch nicht zuließ.

Der Pfarrer hatte in seiner Gemeinde versagt, weil er entweder genauso reaktionär dachte oder daran scheiterte, dass er seine Vorstellungen von der souveränen Rolle des hochwürdigen Herrn nicht mehr erfüllen konnte. Ein Machtwort zu sprechen war ihm nicht gegeben. Meiner Schulkameradin konnte er von da an allerdings nicht mehr ins Gesicht sehen. Und als er ihr später einmal mit dem Fahrrad begegnete, wäre er vor Schreck und Wegschauen beinahe gegen eine Wand gefahren. Die Beule wäre ihm wenigstens zur bleibenden Erinnerung vergönnt gewesen.

Neurosen aus dem Pfarrgarten

Wie im Beichtstuhl ein Leben verpfuscht werden konnte

Das Leben von Maria H. wäre ohne ihre streng katholische Erziehung ganz anders verlaufen. Sie hätte einen anderen Beruf statt Lehrerin gelernt, Sprachen studiert und hätte einen anderen Mann geheiratet. Sie wäre weniger verklemmt gewesen und nicht bestimmt von Schuldkomplexen und Zwängen. Und sie wäre nicht erst mit über 60 Jahren glücklich geworden, nachdem sie ihre Prägung aus der Kindheit endlich hinter sich lassen konnte und nun in einer neuen, nicht konventionellen Beziehung lebt. Davon ist meine Jugendbekannte absolut überzeugt.

Was bei ihr an Neurosen im Pfarrgarten gezüchtet worden ist, hätte jeden jungen Menschen und nicht nur Maria zeitlebens geschädigt. Aber nicht jeder ist bereit und fähig, diese Zwangsvorstellungen und Komplexe zu erkennen, zu formulieren und schließlich sogar zu überwinden. Denn sie hatten sich tief in ihre Seele eingeprägt. Ihr wurden Schuldkomplexe eingeredet, bis sie an sich selbst zweifelte und gegen ihre Wünsche, aber in Übereinstimmung mit einem so zerstrittenen wie autoritären Elternhaus und dem Kaplan der Kirchengemeinde ein Leben lebte, das sie eigentlich nicht wollte. Jahrzehntelang litt sie unter einem Waschzwang, weil ihr im Beichtunterricht eingeredet worden war, sie sei unrein, schuldbeladen und müsse stets beichten und büßen. Wie lange es bei ihr dauerte, all das hinter sich zu lassen, zeigt sich darin, dass sie im Gegensatz zu vielen Gleichaltrigen aus meiner Jugendzeit erst mit Mitte 50 nicht mehr zur Beichte ging. Die anderen hörten schon Jahrzehnte früher auf.

Es war ein Befreiungsschlag, der viel Überwindung kostete. Auch deshalb, weil die Konsequenzen einer gescheiterten Ehe und eines Lebens ohne Aussicht darauf, die eigenen, durchaus realisierbaren Träume erfüllen zu können, nicht einfach wie eine Altlast definiert und entsorgt werden konnten. Der Abschied von den Beichtstuhlneurosen führte sie an den Rand der Kirche. Heute besucht sie nur noch gelegentlich die Messe, die ein Pfarrer in einer süddeutschen Großstadt feiert, dessen Predigten von konservativen Katholiken als ketzerisch verdammt werden. Stadtluft scheint manches Mal durchaus frei zu machen.

Im Gegensatz zur dörflichen Engstirnigkeit und der allgegenwärtigen Kontrolle durch autoritäre Eltern, neidische Nachbarn und selbst ernannte Tugendwächter in der Kirchengemeinde, wie es in den 50er- und 60er-Jahren noch üblich war, erleichterte die Großstadt die Absetzbewegung vom Kirchensystem. Niemand beobachtete, ob man zur Sonntagsmesse ging und die Fastengebote einhielt. Mir ist in Hamburg nur einmal so etwas passiert: Mein sehr katholischer Chefredakteur bemerkte in der Betriebskantine, dass ich am Aschermittwoch das Standardessen, das Hamburger Fleischgericht Labskaus, aß, und meinte: »Aber Herr Oschwald, heute ist Fasttag.« Das war es dann auch ein für alle Mal. Weitere Gelegenheiten gab es nicht. Ich wurde bald darauf nach Rom versetzt.

Für mich war Beichten immer eine quälende Last, außer in den späteren Jugendjahren, als ich auf den Besuch im Beichtstuhl verzichtete und stattdessen ein persönliches Beichtgespräch mit dem Kaplan suchte. Doch das befriedigte auch nur einige wenige Male, und dann war es irgendwann definitiv vorbei. Zunächst tröstete beziehungsweise entschuldigte ich mich vor mir selbst mit der Ausrede, dass nach dem Zweiten Vatikanischen Konzil das allgemeine Sündenbekenntnis in der Messe als ausreichend erachtet wurde – wie bei den Protestanten – und niemand mehr außer bei Todsünden die Einzelbeichte ablegen müsse. Doch auch diese Rechtfertigung erschien mir bald als zu verlogen, denn ich glaubte einfach nicht mehr daran und ließ schließlich auch mit den Gottesdienstbesuchen nach, bis sie fast ganz aufhörten.

Todsünden war ich mir keiner bewusst, und glücklicherweise hatte mich auch kein drohender Pfarrer so eingeschüchtert, dass ich nur noch unter Selbstverleugnung mein katholisches Leben hätte führen können. Das war bei Maria anders. Aber auch bei einem Freund, der aus Aachen zugezogen war und der im Grunde bis heute noch nicht fassen kann, was ihm damals der Pfarrer eingetrichtert hatte. »Wer vor der Kommunion nicht beichtet, dem verbrennt die Hostie die Zunge.« Unfassbar, nicht nur aus rein menschlichen Überlegungen, dass solch eine Drohung ausgesprochen werden konnte, sondern auch unter religiösen Gesichtspunkten. Der Leib Christi in Gestalt einer Hostie sollte einem die Zunge verbrennen. Welcher Teufel hatte diesen Pfarrer wohl geritten?

Der Junge kam als fröhlicher Rheinländer leichter über diese Erfahrung hinweg als die extrem sensible Maria, die in der geringsten Verfehlung bereits eine Todsünde sah und ständig fürchtete, unweigerlich in die Hölle fahren zu müssen, wenn sie nicht beichtete. Das aber verschlimmerte alles noch, weil die Religionslehrerin und der Beichtvater sie in ihrer Schlechtigkeit noch bestätigten, um sie leichter auf den rechten katholischen Weg treiben zu können.

Rückblickend beurteilt sie heute noch als einschneidend für ihre religiöse Entwicklung den Beichtunterricht im zweiten Schuljahr der Grundschule. Da war sie gerade mal sieben Jahre alt. Die Lehrerin war eine unverheiratete ältere Frau – Anrede Fräulein Lehrerin –, auf die, ohne ihr zu nahe treten zu wollen, der Begriff alte Jungfer sehr gut passte. Maria erscheint sie heute als eine sehr ängstliche Person, die genau deshalb alles und vor allem alles Religiöse sehr eng sah und sehr genau nahm. Die Siebenjährige wiederum nahm aufgrund ihrer sensiblen Veranlagung alles, was sie erfuhr, sehr ernst. »Uns wurde damals offenbart, dass auch wir siebenjährigen Kinder schon zu Todsünden fähig waren. Diese durfte man beim Beichten ja nicht weglassen. Das war für mich fatal.«

Die erste Beichte war damit der Anfang einer ständig wachsenden Angst vor Gott. Maria hatte Angst, die Beichte nicht richtig gemacht zu haben und deswegen in die Hölle zu kommen, zumal sie in der Aufregung ihren Beichtzettel nicht gefunden hatte und ihre Sünden aus dem Gedächtnis aufsagen musste. Natürlich fürchtete sie, irgendwelche vermeintlichen Todsünden vergessen zu haben. »Die Beichte war mir von da an eine ungeheure Belastung, und ich hatte immer Angst davor, sie nicht richtig und würdig abzulegen, nicht genug zu bereuen usw. An Gottes Liebe und Großmut dachte ich dabei nie«, schrieb sie mir und erinnerte mich damit auch an meine eigene Erfahrung der Angst vor der allzu drohenden Liebe Gottes.

Da Maria zu ihren Eltern, die sich häufig vor ihr stritten, nicht genügend Vertrauen hatte – mit der bigott katholischen Mutter kam sie grundsätzlich nicht gut aus –, verschloss sie ihre Probleme in sich. »In der Pubertät verschärften sie sich, da ich alles Sexuelle gemäß der kirchlichen Leibfeindlichkeit als sündhaft ansah. Auch mein Religionslehrer in den ersten Jahren des Gymnasiums, Kaplan Birkenmeier, bestätigte mich darin, z.B. verurteile er das Lied ›Ich tanze mit dir in den Himmel hinein ...‹ Ich erinnere mich auch, dass er sagte, Zarah Leander sei Sünde. Ebenso verfestigte er in mir die Angst, unwürdig zu beichten und die Konsequenzen tragen zu müssen, mit einem Bild. Er sagte: ›Schaut meine Soutane an mit den vielen Knöpfen. Wenn einer der Knöpfe nicht richtig geknöpft ist, ist die ganze Soutane im Folgenden nicht richtig geknöpft.‹ Das sollte bedeuten: Wenn eine Beichte nicht richtig war, war das ganze Leben mit Gott verpfuscht.«

Auch die Erziehung in der Gruppenstunde der katholischen Jugend zeugte von einer gewissen Leibfeindlichkeit. Schon Küssen galt als Sünde. »Ich versuchte, die erwachende Sexualität zu verdrängen, was mir natürlich nicht gelang. So rutschte ich immer tiefer in die Angst, von Gott verdammt zu werden. Dazu trug auch der Mangel an Geborgenheitsgefühl bei, der durch das schlechte Verhältnis zwischen meinen Eltern bei mir verursacht wurde. Ergebnis: eine heftige Zwangsneurose, die mit etwa 14 Jahren begann und die sich auch in sichtbaren Zwangshandlungen äußerte, die meine Eltern endlich alarmierten. Die Therapie bei einem Freiburger Psychotherapeuten zeitigte schnell Erfolge, wurde aber von meiner Mutter aus Dummheit viel zu früh abgebrochen. Sie tat das, ohne mich zu fragen – ein Zeichen ihrer autoritären Einstellung mir gegenüber. Und ich wusste mich dementsprechend nicht zu wehren.

Fazit: mit 17 Jahren ein Zusammenbruch, dann nochmals Therapie, zunächst eine falsche, die nur Zeitverschwendung war und mich ein Schuljahr verlieren ließ. Allerdings halfen mir die Begegnung und Gespräche mit einem sehr verständigen Kapuzinerpater dabei, wieder etwas Fuß zu fassen. Dann konnte ich endlich meinen Willen durchsetzen und die Therapie bei jenem Freiburger Psychotherapeuten fortsetzen. Von da an ging es mit meiner Gesundung stetig aufwärts. Doch nicht schnell genug, Ängste hinderten mich daran, meiner eigentlichen Berufung, der Beschäftigung mit Fremdsprachen, zu folgen, und so wurde ich Grund- und Hauptschullehrerin, was mir aber nicht sehr zusagte. Erst mit 53 Jahren legte ich als Spätberufene noch ein Magisterexamen in Romanistik/Anglistik in Mainz ab, viel zu spät, aber immerhin …« So weit der sehr persönliche Rückblick.

Jetzt, im »höheren Alter«, streift Maria, wie sie selbst

schreibt, noch immer alte Zwänge ab, die sie damals so stark geprägt haben. »Ich gehöre zwar noch der katholischen Kirche an, bin aber sehr auf Distanz gegangen. Ich beichte schon lange nicht mehr und gehe seit einem Jahr selten zur Messe, eigentlich nur noch, wenn ein Theologieprofessor in meiner Pfarrei, der überaus intelligent ist und blitzgescheite ketzerische Predigten hält, die Messe feiert.« Immerhin gehört sie seit einem Jahr dem Bibelkreis an, den er leitet.

Sie lebt jetzt nicht nur in einer Fernbeziehung und hat sich nach der Scheidung auch über den »wegweisenden Rat« des ehemaligen Kaplans Dr. Theodor Seeger hinweggesetzt, der ihr anlässlich eines Besuchs nahelegte, sie solle »dem Sakrament der Ehe gerecht« werden »und für den Rest meines Lebens keusch bleiben«. Gesagt und empfohlen im 21. Jahrhundert – eine klassisch katholische Lehrmeinung.

Maria sieht in ihrem Lebenslauf »ein Paradebeispiel dafür, wie ein Leben Schaden erlitt durch eine religiöse Erziehung, die leibfeindlich war und mit einer Gesetzesmoral die Schäflein knechtete, vor allem bei einem Menschlein wie mir, mit einer gewissen Sensibilität und Angstbereitschaft ausgestattet und mit einem primär schon geschwächten Geborgenheitsgefühl«.

Geborgenheit fehlte mir auch, und sensibel bin ich bis heute, aber im Gegensatz zu Maria setzte meine katholische Prägung nicht schon in frühester Kindheit ein, sondern bestimmte eigentlich nur meine Jugendzeit von zwölf bis 20 Jahren.

Die konventionelle Beichte ging mir ziemlich bald schon auf die Nerven, da ich nie gerne auswendig lernte und sowieso individuelles Beichten und eigene Interpretationen der wortwörtlichen Buchstabentreue vorzog. Dem kam entgegen, dass wir in Hausach einen alten, pensionierten Pfarrer aus dem Ort zum Beichten zur Verfügung hatten, der schlecht hörte und keine Fragen stellte. Er sprach uns immer schnell frei, »Ego te absolvo«, und verhängte Standardstrafen. Erst einige Zeit später versicherte mir eine nahe Verwandte des Altpfarrers, dass er gar nicht so schlecht hörte, wie wir alle geglaubt hatten. Anscheinend war er nur gnädig gewesen und hatte seine Pflicht getan und unsere genauso gelassen hingenommen.

War dieser Pfarrer nicht da, verzichtete ich oft auf die Beichte, statt zum Kaplan oder gar zum Stadtpfarrer zu gehen. Oder wir testeten einen neu eingesetzten Pater erst einmal aus. Der Erste, der sich für die Prüfung opferte, signalisierte nach der Beichte den in den Kirchenbänken Wartenden, was auf sie zukäme. Ein Okay-Zeichen verriet, dass keiner vor dem Beichtstuhl flüchten musste, der Beichtvater also nicht insistiere und auch keine schweren Bußen auferlege.

Im Gegensatz zu mir, der ich nicht unter dem Zwang der Beichte litt, berichteten viele meiner Jugendkameraden einhellig, dass sie immer einen großen Druck verspürt hatten, der die ganze Woche auf ihnen gelastet hatte, da in gut katholischen Familien jeden Samstag gebeichtet werden musste. Gerechtfertigt war das selten. Ein Gleichaltriger log deshalb sogar hinterlistig eine ganze Sündenlitanei zusammen und bekannte am Ende der Beichte noch: »Ich habe gelogen.« Freispruch und Buße, aber zu bereuen gab es nichts, weil er ja nichts angestellt hatte. Später, als der Zwang in seiner Familie nachließ, wollte er nicht mehr in und mit diesem Repressionssystem leben. Zuerst ging er nicht mehr beichten, dann nicht mehr in die Kirche. Schließlich trat er aus und fühlt sich mit seinem persönlichen Glauben heute wie befreit. Er kann sogar wieder Weihnachtslieder singen, die ihm als Kind richtig verleidet worden waren. Still in Reih und Glied sitzend mussten die Lieder diszipliniert abgesungen werden. Und wehe, wenn einer den Text nicht ganz kannte, dann setzte es Ohrfeigen.

Als ich einmal auswärts in meinem Geburtsort Waldkirch beichtete und wie gewohnt frei bekannte, was mich bedrückte, und nicht das, was im Beichtspiegel stand, wunderte sich der Pfarrer sehr und fragte, wo ich denn so beichten gelernt hätte. So eigentlich nirgends. Ich beichtete einfach so, wie ich es für richtig hielt. Das beeindruckte den guten Hochwürden sehr, denn er war das Beichten nach Schema gewöhnt. Der Beichtspiegel aus dem Magnifikat, dem Gebets-, Gesang- und Messbuch der Erzdiözese Freiburg, lieferte die Vorlagen, und die meisten setzen bei der Sündenliste nur ein: mehrfach, selten oder gar eine genau Zahl, als hätten sie über ihre Verfehlungen Buch geführt. Manche Eltern ließen sich sogar die ausgefüllten Beichtzettel von ihren Kindern vorlegen, um die Richtigkeit zu überprüfen und Hilfestellung zu leisten. Beichtkind und Beichtvater erkannten sicherlich beidseitig die Inhaltsleere dieses Rituals, ließen es aber meist dabei bewenden. Ein Priester, dem ich erst später begegnete, bekannte, dass es für ihn eine der größten Enttäuschungen als junger Pfarrer gewesen sei, als er beim ersten Beichthören diese Standardlitaneien hatte anhören müssen und sich das Gesagte immer wieder bei den verschiedensten Beichtkindern wiederholte. Das Schema F bedrückte uns vor allem im sechsten Gebot, wo es eigentlich nur heißt: »Du sollst nicht ehebrechen.« Ein anscheinend unendlich weit interpretierbares und nützbares Gebot, wurde uns doch damit jede Annäherung an das andere Geschlecht zur Gewissensfrage gemacht. Zur Einführung wurde uns noch aufmunternd geschildert, dass der Leib des Menschen mit all seinen Gliedern von Gott geschaffen und damit gut sei. »Durch Schamhaftigkeit sollen Kräfte geschützt werden, die dem Wachsen und Werden des Menschen dienen. Wer keusch ist, beherrscht und bewahrt die geschlechtlichen Kräfte und Anlagen vor Missbrauch.« Danach hieß es schon konkreter:

Prüfe dich: Hast du Ehrfurcht vor dem Wachsen und Werden des Menschen?

Meidest du schlechte Gesellschaft?

Erstrebst du eine saubere Haltung im Zusammenhang von Jungmann und Mädchen?

Betest du genug um die Gnade der Reinheit?

Was tust du, wenn Kameraden oder Kameradinnen schamlose Witze erzählen?

Meidest du Bücher, Illustrierte oder Filme, die dich auf schlechte Gedanken bringen? (Woher soll man das wissen, wenn man sie nicht kennt?)

Frage dich:

Warst du unschamhaft? Durch unnötiges Entblößen? In Blicken? Im Reden? Durch Berühren? Allein? Mit anderen? Hast du Unkeusches gedacht? Gelesen? Gesprochen? Hast du unkeusche Berührungen oder Zärtlichkeiten ausgetauscht oder erlaubt?

Hast du in einem sündhaften Verhältnis gelebt?

Hast du Unkeusches allein getan?

Mit anderen, mit Ledigen, mit Verheirateten, mit Personen des gleichen Geschlechts?

Hast du andere verführt?

Was das Ganze praktisch für uns bedeutete, hing davon ab, wie in der Vorbereitung zur Beichte durch Religionslehrerin oder Pfarrer die Dinge beim Namen genannt wurden. Unser Kaplan Birkenmeier wetterte bei dieser Gelegenheit, als wäre der Griff in die löchrige Hosentasche zu den Geschlechtsteilen – Taschenbillard unter uns Jungen genannt – schon der Eintritt in die Hölle. Deren Flammen schlugen uns sofort spürbar ins Gesicht und konnten nur durch schnelles Beichten gelöscht werden.

Eine Offenbarung über die Beichtstuhlgeheimnisse und die Art und Weise, wie dort gerade im Bereich der Sexualität überholte kirchliche Moral postuliert wird, veröffentlichten zwei italienische Journalisten, Norberto Valentini und Clara Di Meglio, 1973 in ihrem Buch *Il sesso in confessionale* (übersetzt *Sexualität im Beichtstuhl*), das im Verlag Marsilio im erzkatholischen Padua erschienen ist. Die beiden hatten jahrelang als Schein-Sünder in den Beichtstühlen ihrer Heimat 632 Beichtgespräche auf Tonband aufgenommen und davon letztlich 112 publiziert.

Die damals noch nicht von Präfekt Joseph Ratzinger geleitete oberste Glaubensbehörde des Vatikans, die Glaubenskongregation, verhängte umgehend den Kirchenbann über die beiden, der sie von jeglichen Sakramenten und Segnungen ausschloss. Das kümmerte sie allerdings wenig, was wieder einmal beweist, dass die Exkommunikation als kirchliches Zuchtinstrument eben nur dort wirkt, wo die Betroffenen daran glauben und deshalb auch darunter leiden. Das ist heute mehrheitlich nicht mehr der Fall, da viele exkommuniziert sind, die aus der Körperschaft ausgetreten sind oder nach der Scheidung in einer neuen Ehe leben. Die Kirche hat durch ihre Übertreibungen auch hier Gläubige verloren und selbst Wohlwollende aus ihren Reihen getrieben. Das war 1973 zwar noch nicht so ausgeprägt, aber im Grund nicht viel anders. Die Italiener jedenfalls schockierten die Doppelmoral und das rüde Vokabular vieler Priester, wie der *Spiegel* damals beobachtete.

Valentini bekannte beispielsweise in der Mailänder Kirche San Giuseppe, dass er gerne Sex mit seiner Braut hätte, und bekam zur Antwort: »Sie dürfen keine intimen Beziehungen mit Ihrer Braut haben, bevor Sie verheiratet sind. Denn das Gesetz Gottes erlaubt das eben nicht.« Das Beichtkind insistierte jedoch und meinte, dass er und seine Verlobte die körperlichen Beziehungen wünschten, um sich über das Ausmaß der sexuellen Harmonie klar zu werden. Der Pfarrer erinnerte an die möglichen Folgen. Dann wurde es richtig peinlich.

Beichtender: »Wir passen eben auf. Wir verkehren nur miteinander, wenn meine Braut ihre unfruchtbaren Tage hat. Verstehen Sie?«

Danach wörtlich der Priester: »Aber habt ihr dann vollständigen Verkehr?«

Beichtender: »Ja, fast immer. Manchmal auch nicht.«

Priester: »Sie lassen ihn also drin?«

Beichtender: »Ja, warum?«

Pfarrer: »Aber mein Sohn, das kann der Herr nicht billigen, bevor ihr das Sakrament der Ehe empfangen habt.«

Beichtender: »Das wollte ich eben wissen, ob ich mich auf diese Weise schon außerhalb der Kirche befinde.«

Das wollte der Beichtvater nicht so drastisch sagen, empfahl ihnen aber, genau über ihr Verhalten nachzudenken, da die Gnade Gottes ein Geschenk sei, das nicht so einfach verspielt werden dürfe.

Der Journalist blieb dabei: »Als Verlobte wollen ich und meine Braut ausprobieren, ob wir uns charakterlich verstehen, gefühlsmäßig, aber auch sexuell.«

Priester: »Aber da genügt doch eine voreheliche ärztliche Untersuchung. So könnte man das Problem vernünftig lösen. Und …«

Beichtender: »Die ärztliche Untersuchung vor der Heirat hilft da gar nichts. Da zählt nur die direkte Erfahrung.«

Priester: »Einverstanden, mein Sohn. Aber jetzt, da ihr die Erfahrung gemacht habt, genügt es doch?«

Beichtender: »Je länger die Erfahrung währt, desto wertvoller wird sie.«

Priester: »Hören Sie, mein Sohn, ich könnte Ihnen die Absolution erteilen, aber Sie müssen Ihr Gewissen mit Gott ins Reine bringen.«

Beichtender: »Aber entschuldigen Sie, Pater, ich studiere Medizin. Und bis zum 30. Lebensjahr kann ich mir aus wirtschaftlichen Gründen eine Heirat nicht leisten. Glauben Sie wirklich, dass ein Mann so lange unberührt bleiben kann?«

Priester: »Nein, sicher nicht, ein paar Irrtümer kann man verzeihen.«

Beichtender: »Aber es ist doch Heuchelei, wenn man eine Notwendigkeit, ein wichtiges Bedürfnis als Irrtum bezeichnet.«

Priester nach langer Pause: »Nun, wenn einer es wirklich nicht aushält, dann gibt es ja andere Mittel.«

Beichtender: »Welche anderen Mittel, die Masturbation?«

Priester: »Ich weiß nicht, nun, aber wenn einer es gar nicht mehr aushält, gibt es ja die Straßenmädchen. Verstehen Sie?«

Beichtender: »Pater, empfehlen Sie mir das?«

Priester: »Mein Sohn, ich empfehle Ihnen gar nichts. Ich habe das nur so gesagt. Jedenfalls, wenn Sie es für richtig und aufrichtig halten, dann machen Sie so weiter. Im Grunde verstehe ich Sie. Im Grunde ist es für den Mann weniger gefährlich als für die Frau. Wenn Ihre Braut einverstanden ist und wenn Sie auch nichts Böses dabei finden, dann gut. Ich erteile Ihnen die Absolution. Zufrieden?«

Beichtender: »Ich danke Ihnen, Pater.«

Als Buße erlegte der Pfarrer dem wenig einsichtigen Beichtkind fünf Ave Maria auf, eine geradezu barmherzig milde Übung. Unbeachtet blieb, dass der Pfarrer in dem Gespräch handfest gegen Bestimmungen des Kirchenrechts von 1917 verstoßen hatte, das noch bis 1983 galt. Darin heißt es: »Der Priester, der Beichte hört, soll sich davor hüten, neugierige und überflüssige Fragen zu stellen. Das betrifft vor allem das sechste Gebot.«

Gleich auf ein vertrauliches »Du« ging der Beichtvater bei der Beichte der Journalistin Clara Di Meglio in der Kirche San Michele in Palermo über. Frauen scheinen eine distanzierte Anrede aus klerikaler Sicht wohl nicht wert zu sein. Sie bekannte jedenfalls, verheiratet zu sein und seit über vier Jahren von ihrem Mann getrennt zu leben, und zwar wegen ihrer Schuld. Jetzt habe sie einen Mann kennengelernt, dem sie sehr zugetan sei und mit dem sie eine Familie gründen wolle. Sie sei glücklich und trotzdem plagten sie deswegen Schuldgefühle.

Der Pfarrer wollte zunächst wissen, ob sie Kinder habe. Nach der Verneinung wollte er den Grund dafür erfahren. Die Aussage, dass ihr Mann keine gewollt hatte, weckte offenbar die sexuelle Neugier des Pfarrers auf der Suche nach Sündhaftem. Was er denn mache, um keine zu bekommen, lautete die nächste scheinheilige Frage.

Die Antwort: »Er hat aufgepasst.«

Das wollte Hochwürden genauer wissen: »Zog er ihn heraus, bevor es ihm kam?«

»Hm, ja.«

Da hatte er endlich den Todsündenfall: »Du weißt, dass diese Art, die Zeugung von Kindern zu verhindern, eine sehr schwere Sünde ist? Und jetzt ging alles schief. Dann kommt ihr zum Pfarrer und weint: ›Und was mache ich jetzt? Ich will wieder eine Familie, denn ohne das Ding zwischen den Beinen kann ich nicht sein.‹ Ist's nicht so? Und wenn dann alles schiefgeht und ihre keine Kinder habt, rennt ihr weinend zum Pfarrer und klagt, dass ihr eine Familie haben wollt.«

Beichtende: »Ich würde sagen: Nein. Ihre Art, die Dinge zu sehen, ist sehr oberflächlich und überhaupt nicht barmherzig, finde ich.«

Priester: »Ah so, dann geh doch, wenn es dir nicht gefällt, klare Antworten zu hören. Was dachtest du denn, dass ich dir sagen würde? Bravo, meine Tochter, das hast du sehr gut gemacht, mach es ruhig noch einmal.«

Beichtende: »Nein, gewiss nicht. Ich habe jedoch erwartet, dass Sie sich ein bisschen in das Problem vertiefen würden.«

So vorwurfsvoll angegangen wechselte der Pfarrer schließlich doch zum Sie: »Aber, entschuldigen Sie, haben Sie mir Ihre Geschichte nicht schon erzählt?«

Beichtende: »Es gäbe noch viel zu sagen ... zum Beispiel, dass es mein Mann war, der keine Kinder wollte.«

Priester: »Gewiss, ich verstehe alles. Aber sagen Sie, dieses Monstrum von einem Mann, wer hat es denn geheiratet? Sie oder ich? Wer hat ihn sich ausgesucht? Sie oder ich? Waren Sie vorher nicht verlobt? Was haben Sie während der Verlobungszeit gemacht?«

Beichtende: »Während der Verlobungszeit habe ich meinen zukünftigen Mann vielleicht zehnmal gesehen. Und da ich den Wunsch äußerte, ihn besser kennenzulernen, hat mein Vater mich mit meinem Beichtvater von damals sprechen lassen, der mir sagte, dass ich nur ein bisschen mit ihm sprechen dürfe und dass alles, was ich mir erlauben könnte, ohne eine tödliche Sünde zu begehen, ein Kuss auf die Stirn sei.«

Priester: »Aber wer war dieser Verrückte, der Ihnen so was gesagt hat?«

Beichtende: »Mein Beichtvater von damals.«

Da wechselte der irritierte Pfarrer lieber das Thema und ging stattdessen auf die jetzige Situation ein: »Waren Sie schon im Bett mit diesem ... diesem Neuen? Oder handelt es sich nur um eine Sympathie?«

Beichtende: »Nein, ich war schon im Bett mit ihm.«

Priester: »Dieses Mal haben Sie keine Zeit verloren, was?«

Beichtende: »Pater, seit vier Jahren hatte ich keinen Geschlechtsverkehr mehr.«

Priester: »Und Sie hatten Lust dazu? Nun, die Kirche wird Ihnen nicht erlauben, diesen Weg fortzusetzen. Verstehen Sie? Wenn Sie wieder eine Familie schaffen wollen, dann müssen Sie bereit sein, auf Gottes Gnade zu verzichten und eine Tochter des Teufels zu werden. Nur unter dieser Bedingung der ewigen Verdammung können Sie den traurigen Weg fortsetzen, den Sie eingeschlagen haben.«

Beichtende: »Aber was soll ich tun? Ich bin kaum 31 Jahre alt, Pater.«

Priester: »Es ist nicht Ihre Schuld, aber es ist auch nicht meine Schuld, und noch weniger ist es Gottes Schuld. Sie können sich höchstens über den Verrückten aufregen, der Ihnen geraten hat, Ihren Verlobten nicht einmal näher anzugucken, bevor Sie ihn geheiratet haben. Ich kann nur sagen, dass die Kirche in diesem Fall keinen Ausweg bereit hat. Entweder verhalten Sie sich wie eine vernünftige Frau, die ihre Triebe unterdrückt, oder Sie fallen in Sünde.«

Bei der Frage, ob die Scheidung eine Lösung sei, flippte der Beichtvater fast aus: »Ah, das habe ich erwartet. Schlimmer als schlimm. Für die Kirche existiert die Scheidung nicht. Verstehen Sie, also denken Sie erst gar nicht daran.«

Die anderen Beichtenthüllungen bestätigten diese Mischung aus verständnisloser, unmenschlicher Sexualmoral und der Berufung auf Gottes Willen, sobald die Priester sich in die Enge getrieben fühlten. Sie konnten sich damals auch sicher sein, dass die meisten diese Argumentation so akzeptierten. Obwohl ja gerade die kirchliche Sexualmoral sich durchaus gewandelt hat, wenn man einmal das leibfreundliche Mittelalter und dann die vom 19. bis in die 50er-Jahre des 20. Jahrhunderts hineinreichende leibfeindliche Verklemmtheit betrachtet. Man müsste Gott schon sehr wechselhafte Launen unterstellen, wenn er jedes Mal damit zufrieden gewesen sein sollte.

All diese Geschichten und Überlegungen verstärkten meine Zweifel an der gängigen Beichtpraxis nur noch mehr. Vielen von uns dämmerte auch langsam, dass es bei der Beichte nicht nur darum ging, Sünden zu bekennen, zu beichten und Absolution zu erhalten. Vielmehr keimte zunehmend der Verdacht, dass die Beichte für den Pfarrer auch ein Mittel war, um seine Gemeinde sehr genau kennenzulernen und darüber informiert zu sein, was sich im Dorf abspielte.

Noch schlimmer als die normalen Gläubigen traf es jene, die in kirchlichen Einrichtungen lebten und kaum eine Möglichkeit hatten, sich der totalen Kontrolle ihres Alltags, ihres Privatlebens und ihrer Seelen zu entziehen. Das Bekenntnis im Beichtstuhl war dann nur der Gipfel dieser Überwachung, ob es der einzelne Pfarrer so wollte oder nicht.

Die Macht des Pfarrers erwächst aus dem Beichtstuhl. Nicht ohne Grund kennt der Klerus in katholischen Ländern sehr gut die Stimmung in der Gesellschaft. Erkennbar war dies auch in Ländern mit antikirchlichen Unterdrückungsregimen wie früher im Ostblock. So wussten die Pfarrer etwa im oberflächlich katholischen Polen unter kommunistischer Herrschaft besser als jeder andere über die Realität der Polen Bescheid. Einen Geheimdienst brauchte es dazu nicht. Als ich dies in einem Buch über Spione im Vatikan zusammen mit dem Fernsehjournalisten Werner Kaltefleiter beschrieb, urteilte der päpstliche Nuntius in Berlin per Brief, wir hätten keine Ahnung von der katholischen Kirche. Er irrte. Wir haben zu viel Ahnung.

Wo man hinspuckt, steht ein Lehrer

Die alles kontrollierende Enge einer kleinen Schulstadt

Mein Vater kehrte gerne im Dorfwirtshaus außerhalb von Hausach ein, in der Beize im sogenannten Dorf, wo eine alte Kirche neben dem Friedhof und gegenüber das Wirtshaus standen. Lange blieb in der Beize kein Besucher allein. Die Leute setzten sich zueinander, politisierten oder schwätzten, wie es an Stammtischen so üblich ist. Regelmäßig fand sich auch ein Studienrat ein, der in der Nachbarschaft sein Einfamilienhaus gebaut hatte. Irgendwann kam die Sprache auch auf mich, zumal gelegentlich Berichte von mir, vor allem aus der Zeit als dpa-Korrespondent in Rom, in der Heimatzeitung erschienen und ich im Kirchenfunk oder den Magazinsendungen des Südwestfunks sprach. Anerkennend bekannte der Herr Studienrat meinem Vater: »Ihr Sohn hat es aber weit gebracht, wenn man bedenkt, dass er aus der Eichenstraße kommt.«

Es war eigentlich als Kompliment gedacht und war doch nur eine herablassende Bemerkung eines Spießers, der es zum Schuldirektor gebracht hatte.

Die Eichenstraße in Hausach war eine Eisenbahnersiedlung einen Steinwurf vom Bahnhof entfernt, durch die der Herr Lehrer täglich fuhr, erst mit dem Fahrrad, später mit einem Zweitakter DKW. Dabei ignorierte er stur die spielenden Kinder, die Schüler, aber auch die Eltern, denn kleine Bahnbeamte und ihre Familien waren nicht seine Welt, da er aus einer begüterten Bauernfamilie stammte. Seine anerkennend gemeinte Bemerkung war also nichts anderes als eine von Arroganz triefende Herablassung, denn es ging ja nicht nur um mich, sondern auch um meinen Vater, einen Bahnbeamten.

Aus der Bemerkung sprach vieles. Wer da unten aufgewachsen war, gehörte eigentlich zeitlebens zur Unterschicht und sollte gefälligst auch dort bleiben. Die hierarchisch vertikale Ordnung musste schließlich gewahrt werden, wenn die Arrivierten ihre Position und ihren Standesdünkel behalten wollten. Am entschiedensten vertraten oft jene eine solche Meinung, die selbst aus einfachen Verhältnissen stammten und sich emporgedient hatten, eben Staatsdiener wie der Studienrat geworden waren. Die meisten verdrängten und vergaßen dann sehr schnell ihre eigene Herkunft.

Im Gymnasium Hausach zählten einfache Kinder so gut wie nichts, Arbeiterkinder noch weniger und am allerwenigsten Bauernbuben, zumal diese den damals noch verpönten Dialekt sprachen und schon deshalb von den meisten Lehrern für dumm gehalten wurden. »Für was braucht ein Bauer das Abitur« war nicht nur damals die ätzende Stellungnahme, wenn ein Junge aus dem Tal Lernschwierigkeiten hatte. Noch vor wenigen Jahren, also im 21. Jahrhundert, erfuhr ich, dass ein Lehrer einen solchen Jungen mit ähnlichen Formulierungen abgekanzelt hatte. Ich konnte es kaum glauben und gehe davon aus, dass eben dieser Lehrer nicht in der Lage wäre, den bürokratischen Papierkram zu bewältigen, den ein Bauer heute erledigen muss, geschweige denn die Techniken der modernen Landwirtschaft zu beherrschen. Höhere Dummheit von Akademikern kann man ein solches Verhalten nur nennen.

Vor diesem Hintergrund des Standesdenkens war der Aufstieg aus der Eichenstraße natürlich ein erstaunliches Erfolgserlebnis, das nicht so recht in den Lehrerhorizont passen wollte – und von einigen Damaligen bis heute als unseriös beäugt wird. Denn dummerweise wurde ich Journalist, was aus der Sicht der meisten meiner Lehrer ein eher halbseidener Beruf war und logischerweise für Emporkömmlinge wie mich maßgeschneidert zu sein schien.

Die einzigen Lehrer, die uneingeschränkt den Schülern aus der Unterschicht zur Seite standen, waren die Religionslehrer, vor allem wenn es sich um Pfarrer handelte. Sie wussten nämlich nur zu gut, woher die Kirche ihren Klerikernachwuchs bezog. Kinderreiche Bauernfamilien und überhaupt kleine Leute mit vielen Kindern bildeten schon immer das ergiebigste Reservoir für Neupriester, da sie oft keine andere Möglichkeit hatten, ihren Kindern eine höhere Schulbildung zukommen zu lassen. Und wenn das staatliche Gymnasium mit seinen bildungsbürgerlichen Auslesemechanismen die Kinder scheitern ließ, war die Kirche mit ihren Internaten gerne zur Aufnahme bereit, wohl wissend, dass später nicht alle die Investition zurückbezahlen würden und statt sich weihen zu lassen lieber heirateten oder der Kirche ganz den Rücken kehrten.

Hausach war in meiner Jugend voll von Lehrern. In einem Aufsatz über ihre Heimatgemeinde, den die Schüler als Hausaufgabe schreiben sollten, notierte ein Gymnasiast über die Schulstadt: »Wo man hinspuckt, steht ein Lehrer.« Das war nicht übertrieben. Ein Gymnasium mit bald 1000 Schülern, Handelsschule, Grund- und weiterführende Schulen bei nur wenigen Tausend Einwohnern brachten die hohe Dichte automatisch mit sich. Nicht alle Lehrer blieben allerdings länger, einige hatten gar keine Lust, in dem Schwarzwaldstädtchen zu versauern, stemmten sich daher gegen jegliche Integration und indirekt auch gegen ihre ländlichen Schüler. Wir sollten spüren, dass sie Städter waren, was heute nur noch lächerlich erscheint. Anderen merkte man dagegen ihre Herkunft bald nicht mehr an. Sie bauten sich ihre Häuschen und pflegten ihren Bildungsauftrag über die Schule hinaus als Teil der kleinstädtischen Elite.

Unser Gymnasium war stolz darauf, dass jahrelang kein Abiturient durchgefallen war. Natürlich nicht, denn die Schulleitung setzte alles daran, dass Wackelkandidaten gar nicht erst in die Oberstufe gelangten. Ihren Bildungsauftrag ignorierend übte sich die Mehrheit der Lehrer als gnadenlos aussortierende Pauker. Nur eine Minderheit würde ich aus heutiger Sicht als Pädagogen bezeichnen. Die Pauker folgten der Devise: Man siebe alle aus, die nicht dazugehören. Als sträfliche Vernachlässigung und Mobbing durch Lehrer würde man das heute wahrscheinlich bezeichnen. Damals hat das wunderbar funktioniert und viele Lebensentwürfe zerstört, bevor sie überhaupt angegangen werden konnten.

Dieses Aussieben funktioniert leider noch heute, und auch baden-württembergische Bildungspolitiker sind so auch noch pervers stolz auf das Versagen der Schule, obwohl diese damit ihren Auftrag nicht erfüllt, allen gleiche Chancen zu bieten. Sie freuen sich, wie damals der Herr Direktor, der sich rühmte, dass alle Abiturienten bestanden hatten. Da störte es nicht, dass allenfalls ein Viertel der Sextaner, also des ersten Jahres, bis zur Oberprima durchgekommen waren.

In unserer Schule gab es keine Geschlechtertrennung und auch keine konfessionelle. Zweimal in der Woche versammelten sich die katholischen Schüler in einem eigenen Klassenraum und die evangelischen in einem anderen. Andere Möglichkeiten gab es nicht, autoritär war der Unterricht in beiden Fällen. Auch die Trennung in Mädchen- und Jungengymnasium gab es bei uns nicht, und der Versuch, eine reine Jungenklasse zu bilden, wurde nach einem Jahr aufgegeben.

Wir bekamen sechs Mädchen zugewiesen, damit wir Lausbuben anständiger werden sollten – ein pädagogischer Irrtum, denn die Mitschülerinnen standen uns in nichts nach.

Gab es aufgrund einer Verfehlung vonseiten des Pfarrers oder des Lehrers eine Ohrfeige, so folgte der zu Hause bei den meisten ganz sicher eine von der Hand des Vaters. So wurde das Vertrauen in die Elterngeneration aus vielen von uns buchstäblich herausgeprügelt. Offene Gespräche mit den Eltern waren eine Seltenheit, zumindest wissen heute die wenigsten davon zu erzählen. »Wenn ich heimkam und beichtete, dass ich eine Ohrfeige bekommen hatte, gab es gleich wieder eine vom Vater«, erzählte ein Gleichaltriger. »Du wirst sie verdient haben.« Punkt, basta. Rückhalt bei den Eltern gab es nicht, zumindest nicht bei den meisten meiner Altersgenossen. Das Wort des Pfarrers war ehernes Gesetz, und die Schule folgte diesem Gesetz der unpädagogischen Erziehung mit Strenge, Gehorsam und Gewalt. Wen Gott liebt ... Und die Pfarrer und Lehrer spielten in diesem Punkt gerne Herrgott. Nachdenken war da nicht nötig, die Konformität mit der wahren Kirche reichte als Legitimation.

Schule und Kirche waren gleichermaßen autoritär strukturiert, selbst wenn nicht jeder Lehrer ein Kirchgänger war. Die Schule war das getreue Abbild ihrer Umwelt: Der Pfarrer hat recht, und der Lehrer hat recht. Diskussionen waren grundsätzlich unerwünscht. Es hätten ja schließlich unangenehme Fragen gestellt werden können in einer Zeit, in der jeder seine jüngste Vergangenheit, die Kriegs- und Nazizeit, noch nicht verarbeitet hatte. Besser nicht fragen, dann brauchte auch niemand zu antworten. Wir wurden in diesem Sinn unkritisch erzogen. Das Dritte Reich wurde im Schulunterricht erst gar nicht behandelt. Stattdessen ließ der Geschichtslehrer uns Bismarcks Sozialgesetze so lange durchkauen, bis wir aus Zeitmangel gerade noch den Beginn des Ersten Weltkriegs durchnehmen konnten. Für die deutsche Geschichte danach reichte das Schuljahr dann einfach nicht mehr. Und das Bedauern des fast hörbar aufatmenden Studienrats über das ach so kurze Schuljahr klang selten verlogener.

Erst 60 Jahre später war die Zeit offenbar reif dafür, dass Schüler sich nicht mehr für dumm verkaufen ließen oder das Verdrängen hinnehmen wollten. Schüler der Hausacher Graf-Heinrich-Schule dokumentierten unter dem Titel »Hausach im Nationalsozialismus« etwa das Schicksal von Ratsschreiber Vetterer – dem Urgroßvater eines der Schüler –, von deportierten Bürgern, an die die sogenannten Stolpersteine, Messinggedenktafeln, die in den Boden eingelassen wurden, erinnern, oder von Zwangsarbeitern in der Stadt. Dann waren da zwei Themenkreise, die die Jugendlichen besonders stutzig machten: Warum ist Adolf Hitlers Ehrenbürgerschaft bis heute nicht offiziell aberkannt worden, und warum gibt es in Hausach eine Wilhelm-Zangen-Straße? Mit dem Wunsch, dies zu bereinigen, präsentierten sich die Schüler dem Stadtrat.

Dem einstigen Generaldirektor von Mannesmann, dem größten Industriebetrieb am Ort, Wilhelm Zangen, widmete die Stadt 1955 eine Straße. Und das, obwohl Zangen laut Recherchen der Schüler die Firma Wolf Netter und Jacobi arisiert hatte und verschleppte Fremdarbeiter sowie mehr als 8000 Zwangsarbeiter auf dem Gewissen hatte. »Und Mannesmann hat Gasflaschen zur Vernichtung ›unwerten Lebens‹, produziert!«, erinnerten die jungen Rechercheure Christina Radtke und Matthias Lehmann. Der alte Name Rosenstraße dagegen stelle – wenn auch zufällig – die Assoziation zum Widerstand gegen das Naziregime her.

Die Stadträte zeigten sich nolens volens aufgeschlossen und bewiesen eine Gesprächsbereitschaft, die zu meiner Hausacher Jugendzeit nicht denkbar gewesen wäre.

Pfarrer und Lehrer hatten damals keinerlei Verständnis für die Schüler, und beide Gruppen hatten ihre Vergangenheit nicht verarbeitet. Dazu gehörten Erfahrungen aus Krieg und

Kriegsgefangenschaft und eine autoritäre Befehlsstruktur, die Widerspruch nicht ertragen konnte. Darin waren sich Ex-Nazis, die es durchaus gab, auch wenn keiner es zugeben wollte, und Nichtnazis einig. Die ehemals Braunen konnten ihr Obrigkeitsdenken und die damit verbundene Strenge auch unter den neuen Bedingungen einer demokratisch werdenden Gesellschaft nicht verbergen. Mit Demokratie konnten sie daher nicht viel anfangen, und zur Erziehung zur Demokratie waren sie erst recht nicht fähig. Dass auch Schüler eine Menschenwürde haben, war ihnen anscheinend vollkommen fremd, da sie doch in der Zeit schlimmster Menschenverachtung erzogen und Lehrer geworden waren. Bei den Pfarrern lag Autoritarismus im System. Sie wurden in der Überzeugung ausgebildet, als geweihte Männer jede Unterordnung verlangen zu dürfen. Und die Schüler zahlten die Zeche dafür.

Die neuen, jungen Lehrer, die als Referendare oder Assessoren nach Hausach kamen, traten auf, als würde sie all das nicht betreffen. Sie verhielten sich wie die Mehrheit der Bevölkerung, deren Motto hieß: vergessen, verdrängen und neu anfangen. Nur ein Lehrer, zuerst Studienassessor, dann Studienrat, durchbrach diese Barriere, unser Klassenlehrer Manfred Lindinger. Ihm und einem Arbeitskreis über das Dritte Reich verdanke ich eine sehr gute Kenntnis der schlimmen Vergangenheit und die Fähigkeit, später als Journalist etwa die Berichterstattung im Frankfurter Auschwitz-Prozess seelisch gut zu überstehen. Seine Motivation waren Erlebnisse als junger Soldat am Kriegsende mit der Erschießung von Kriegsgefangenen. Sein Lehrmittel war Alan Bullocks (1914–2004) 1952 erschienenes Hitlerbuch *Hitler: A Study in Tyranny,* lange ein Standardwerk. Bei ihm war der Wunsch spürbar, aus der Vergangenheit zu lernen und nie wieder Totalitarismus in Deutschland entstehen zu lassen. Menschenverachtung war ihm fremd. Er engagierte sich in der Jungen Union und versuchte, uns von den Vorzügen und der

Notwendigkeit der Demokratie und des Systems der neuen Bundesrepublik zu überzeugen, bei mir mit nachhaltiger Wirkung. Dank ihm entwickelte ich mich zum Demokraten mit einer Freiheitsliebe, die gerade im Verhältnis zur katholischen Kirche zwangsläufig zu Konflikten führen musste.

Anderen Lehrern schaute die braune Vergangenheit förmlich noch über die Schultern. Ein Studienrat zum Beipiel ließ mich vor der Klassentür stramm stehen, als er mich etwas fragen wollte. Das Geradestehen bereitete mir nach einer OP im Unterleib große Mühe, und ich war deshalb sogar vom Turnen befreit, aber er schnauzte mich nur an, als müsse er mich auf dem Kasernenhof zum Hitlerjungen schleifen. Er hatte anscheinend trotz der Ruinen um ihn herum nichts hinzugelernt. Vermutlich war er an unser Provinz-Gymnasium versetzt worden, weil Lehrer dringend gesucht wurden und er hier weniger auffallen würde. Und beim Blick vom Gymnasium auf den Hof der benachbarten Volksschule musste er sich in seinem Weltbild bestätigt fühlen: Jungen und Mädchen aus meiner früheren Klasse marschierten in Zweierreihe und Gleichschritt über den Hof. Marschmusik fehlte allerdings. Das war 1953/54.

Die restlichen Lehrer waren meist auch nicht besser oder schülerfreundlicher: Der Mathematiklehrer verurteilte Schüler zu Strafarbeiten, die das x nicht von links oben nach rechts unten (oder umgekehrt?) schrieben, und weigerte sich, in Schülern, vor allem in Schülerinnen, etwas anderes als Stoffwechselobjekte zu sehen. Formeln gegen Noten. Der Geschichtslehrer verbiss sich in Bismarck. Der Deutschlehrer schwelgte in Schachtelsätzen und lehnte es ab, einen nüchtern geschriebenen Aufsatz von mir über die Mängel der politischen Parteien zum Landeswettbewerb von Schüleraufsätzen einzureichen. Mein Klassenlehrer tat es dann widerstrebend, und ich gewann einen ersten Preis. Und der Religionslehrer bewegte sich auf gesichertem Kirchenboden und lehrte den altmodischen Katechismus. Die Kirchentüren waren offenbar noch so dicht, dass sich kein frischer Wind hineinverirrte. Das Zweite Vatikanische Konzil kam erst zehn Jahre später. Und nochmals 40 Jahre später bestätigte Joseph Ratzinger, inzwischen Papst Benedikt XVI., schon in den ersten Wochen seines Pontifikats diesen wenig modernisierten Katechismus.

Was sollten wir über unseren Glauben wissen? Was im Kleinen Katechismus stand: also die zehn Gebote, vor allem alle Kapitalsünden, die Bergpredigt ohne praktische Konsequenzen, Glaube, Hoffnung und Liebe, Vaterunser, Ave Maria, Glaubensbekenntnis, der Engel des Herrn. Es galt, den rechten Glauben zu vermitteln, Wissen über andere Religionen, unverklärte Kirchengeschichte, Religionskriege, Kreuzzüge, Dogmenentstehung, Inquisition, die Geschichte der Päpste – all das behandelten wir nicht. Natürlich nur zu unserem Wohle, um uns vor schädlichen Irritationen zu bewahren. Ebenso fehlte trotz des täglichen Zusammenlebens mit Protestanten die Ökumene gänzlich. Wen wunderte es da, dass die kirchenkritische Wirklichkeit die meisten später unvorbereitet traf.

Gott lernten wir in der Kinderbibel als alten Mann mit Bart kennen, der angeblich gütig über uns wachte und dennoch seinen Sohn ans Kreuz hatte schlagen lassen aus lauter Liebe zu uns. Schöne Liebe, aber wir glaubten es, obwohl es uns unheimlich war. Im Religionsunterricht verbarg sich Gottvater dann hinter einem gemalten Dreieck im Strahlenkranz und wurde als ein alles durchdringendes Auge symbolisiert. Das Auge, das alles sieht. Der christliche Big Brother war überall und ließ uns selbst im dunkelsten Winkel nicht unbeobachtet. Er verfolgte uns, ohne aber wirklich auf uns aufzupassen. Wenn etwas schiefging, dann hatte er das natürlich gewollt. Denn auch das gehörte zur väterlichen Gottesliebe. Geborgen konnte man sich bei diesem Gottesverständnis nicht fühlen, eher in ständiger Angst, ertappt zu werden, wenn sich die Hand durch ein Loch im Hosensack in die Geschlechtszone wagte. Ob Gott uns wohl wirklich in die Unterhose schaute? Der Kaplan ließ solche Zweifel nicht aufkommen. Sonst hätte ja die ganze Angstmacherei ihre pädagogische Wirkung verfehlt. Wen wundert es vor diesem Hintergrund, dass die meisten Christen heute in Umfragen antworten, sie würden eher an ihren Schutzengel glauben als an Gott.

Die Bibel oder wenigstens das Neue Testament kamen nur fragmentarisch zur Sprache. Wichtiger als die Urquellen, so umstritten sie auch immer sein mögen, war der Katechismus. Befürchteten die Lehrplangestalter vielleicht unbewusst das, was Dave Silverman, Präsident der American Atheists, nach der Lektüre einer Studie über das religiöse Wissen der Amerikaner in der *New York Times* lakonisch feststellte: »Ich habe meiner Tochter eine Bibel gegeben. Auf diese Weise macht man jemanden zum Atheisten.« Die Studie hatte Erstaunliches offenbart. Ausgerechnet die Amerikaner, die zum überwiegenden Teil tiefreligiös sind, wussten erstaunlich schlecht Bescheid, wenn es um den eigenen Glauben oder den ihrer Mitmenschen ging. Die Untersuchung des unabhängigen amerikanischen Pew Research Centers bescheinigte den Atheisten und Agnostikern, dass sie in Sachen Religion besonders gut informiert seien, es folgten Juden und Mormonen. Widerlegt wurde dadurch ein verbreitetes Vorurteil gegenüber Nichtgläubigen: Nicht an die Existenz von Göttern zu glauben hängt offenbar nicht damit zusammen, zu wenig über Religion zu wissen. Die Ergebnisse stützen vielmehr die Behauptung mancher Atheisten und Agnostiker, dass gerade ein großes Wissen über Religion viele Menschen am Glauben zweifeln lässt. Die Wissenschaftler des Centers in Washington hatten im Juni 2010 telefonisch 3412 erwachsene US-Bürger interviewt und ihnen dabei Fragen zu ihrem Glauben und ihren politischen Ansichten gestellt. Christen beantworteten im Durchschnitt zwischen 11,6 und 17,6 der 32 Fragen korrekt – Atheisten und Agnostiker hingegen durchschnittlich 20,9 Fragen. Es ging vor allem um Inhalte der Bibel oder um Götter, Feste und Persönlichkeiten, die in den verschiedenen Religionen eine wichtige Rolle gespielt haben oder noch spielen. So wurde zum Beispiel danach gefragt, welches das erste Buch der Bibel ist, wo Jesus geboren worden sein soll, um was für ein Fest es sich beim Ramadan handelt und wann der jüdische Sabbat beginnt.

Sogar Fragen zum Inhalt des Alten Testaments beantworteten Atheisten und Agnostiker besser als Christen, von Juden, Mormonen und evangelikalen Protestanten wurden sie allerdings noch übertroffen. Bezüglich des Neuen Testaments kannten sich Protestanten, insbesondere die Evangelikalen, und Mormonen besonders gut aus. Die Katholiken aber waren nicht besser als die Nichtgläubigen. Gerade mal jeder zweite Katholik wusste, was bei der Eucharistie passiert. Bei den Protestanten waren es noch deutlich weniger. Nicht einmal jeder zweite Protestant wusste, dass die Reformation auf Martin Luther zurückgeht. Unter den Nichtgläubigen wussten das mehr als zwei Drittel.

Den Forschern fiel auf, dass im Durchschnitt jene Menschen mit höherer Bildung auch mehr über Religion wussten. Und wer die Bibel nicht als Wort Gottes betrachtete, lag häufiger richtig als jene, die dies zwar taten, die Heilige Schrift aber auch nicht wörtlich nehmen wollten. Am schlechtesten schnitten jene ab, die davon ausgingen, die Bibel stamme Wort für Wort von Gott. Atheisten und Agnostiker kannten sich in fast allen Bereichen besser aus als Christen. Scheinen sich mangelnde Information und Verdummung für die Kirchen also auszuzahlen? Der Religionsunterricht widerlegt diesen Verdacht nicht.

Von dieser Untersuchung aus dem Jahre 2010 wussten wir in den 50er- und 60er-Jahren natürlich nichts. Religionsunterricht nahmen wir auch nicht so ernst. Manche machten während dieser Stunden unter der Bank ihre Hausaufgaben für andere Fächer. Da Noten in Religion nicht relevant waren, fehlte dem Lehrer dieses Druckmittel. Einige Schüler erweckten nur allzu deutlich den Eindruck, dass der Unterricht für sie nur eine leidige Pflicht darstellte. Die Chancen haben sie jedenfalls kaum erkannt. Wie wichtig er für uns hätte sein können, für unsere Wertesystem, für unser Denken, erschloss sich keinem Schüler und wohl auch keinem Lehrer im Gymnasium.

Wir gingen wie selbstverständlich zum Religionsunterricht und fanden nichts dabei, dass er ein halbwegs normales Unterrichtsfach war. Die Religionslehrer, oft Pfarrer, wurden vom Staat bezahlt, alle Steuerzahler kamen also für den kirchlichen Religionsunterricht auf, obwohl darin nicht Religionskenntnisse vermittelt wurden, sondern im Grund aus kirchlicher Sicht evangelisiert, missioniert werden sollte. Aber Mission war nicht Sache des Staates. Ein neutraler Ethikunterricht, in dem alle Religionsgemeinschaften dargestellt werden, wäre wohl damals schon die bessere Alternative zum Pauken von Gebeten, Geboten und Riten gewesen. Ein Religionsunterricht, in dem Religionen neutral beschrieben und verglichen werden. Wo Ansätze in diese Richtung versucht wurden, wehrten sich die Kirchen damals vehement. Das ist heute zum Glück anders. Aber die Chance wird noch nicht genügend genützt. So werden im staatlich finanzierten Religionsunterricht zum Beispiel immer noch keine ausreichenden Kenntnisse über den Islam vermittelt.

Dass unsere Geschichtslehrer das Dritte Reich aus Verlegenheit geschickt umgangen, mag aus der Zeit heraus vielleicht noch verständlich sein, aber warum haben die Religionslehrer die Chance verpasst, die ganze Kirchengeschichte zu lehren mit all dem, was das Christentum für Europa bedeutet und den Werten, die daraus entstanden sind? Aber auch mit dem Hinweis auf die autoritären Züge und die Tatsache, dass durch Missachtung demokratischer Aufbrüche und der Menschenwürde totalitärem Denken der Weg bereitet wurde. Die Kirchen berufen sich heute auf ein christliches Abendland, dazu beigetragen haben sie weitaus weniger, als sie hätten leisten können. Nicht vergessen werden darf dabei, dass die Menschenrechte mit Religionsfreiheit, Selbstbestimmung und Demokratie gegen den Widerstand der katholischen Kirche erkämpft worden sind.

Das wäre Unterrichtsstoff. Dazu würde auch gehören, gegen alle Totalitarismen und Freiheitsberaubungen vorzugehen, indem die eigene Geschichte aufgearbeitet wird. Niemals wieder dürfte es heißen: »Gott will es«, wenn im Namen des Christentums ganze Kulturen vernichtet werden, wie es zu Zeiten der Kreuzzüge und der Ausrottung der Indios in Südamerika geschehen ist. Vielleicht könnte ein solcher Unterricht auch vor neuen Bedrohungen durch Religionen wie den entarteten Islam schützen. Wer überzeugen will, darf aber nicht lügen und die eigene Vergangenheit vertuschen.

Ich fühlte mich in den höheren Klassen im Religionsunterricht für dumm verkauft. Zweifel lassen sich in diesem Alter kaum verhindern, sie gehören zur persönlichen Entwicklung. Und sich gerade mit ihnen auseinanderzusetzen wäre meiner Meinung nach Pflicht des Religionsunterrichts gewesen. Zu sehen, dass die eigene Kirche ihre Ungewissheit und ihre historischen Mängel bekennt, wäre am Ende für den Umgang mit Zweifeln hilfreicher gewesen als das Verschweigen. Doch wer sich im Besitz der einzigen richtigen Wahrheit glaubt, kann wahrscheinlich nicht anders.

Schwarz blieb schwarz

Wenn der Pfarrer Wahlkampf treibt

Aus heutiger Sicht lässt sich kaum mehr sagen, was nach dem Krieg bis in die 50er-Jahre hinein in der politischen Landschaft eines katholischen Schwarzwaldortes schlimmer war: sozialdemokratisch oder evangelisch sein, ein Linker oder ein Protestant? Die Fronten waren genau festgesteckt und schwarze Mehrheiten von über 60 Prozent keine Seltenheit. In den Kommunen setzten sich vielleicht gerade deshalb die Freien Wähler durch, Bürgerparteien, die nicht ideologischen Linien, sondern dem gesunden Menschenverstand folgten und die wählbare Persönlichkeiten suchten. Doch sobald es über die Kommunalinteressen hinausging, dann stimmte die ideologische Ordnung wieder.

In den Gemeinden waren die Schotten für Andersdenkende dicht. Ein Lied davon kann Wolfgang Schäuble singen, dessen Vater den Sprung über die Kleinkariertheit wagte und daran kläglich scheiterte. Sogar das erzbischöfliche Ordinariat in Freiburg hatte interveniert, erinnerte sich der Finanzminister Schäuble in einem Interview der *Süddeutschen Zeitung,* »als die CDU Ende der 40er-Jahre meinen Vater als Bürgermeisterkandidaten in einer Kleinstadt aufgestellt hat. Ein Evangelischer, das wäre gegangen. Aber ein Katholik, der in schwerer Sünde lebte, das ging nicht. Mein Vater hat zu meiner Mutter gesagt: ›Wenn ich sterbe, gehst du wegen der Beerdigung am besten gleich zum evangelischen Pfarrer.‹ Und als er starb, da war tatsächlich der katholische Pfarrer nicht da, wir überlegten, ob wir nicht den evangelischen Amtsbruder aufsuchen sollten ... Es kam dann doch der katholische Pfarrer.« Schäubles Vater lebte in schwerer Sünde, weil er als Katholik mit einer Protestantin verheiratet war und die Kinder evangelisch aufziehen ließ. Damit war er automatisch aus der Kirche ausgeschlossen.

Schäuble sen. sollte in der Kleinstadt Haslach Bürgermeister werden, doch laut der Erinnerung alter Haslacher soll damals nicht nur das Ordinariat interveniert haben, und es soll auch nicht nur an dem sündigen Verhältnis allein gelegen haben, dass aus der Wahl letztlich nichts wurde. Schäubles Vater wurde als Protestant wahrgenommen. Die Familie stammte aus dem schwäbischen Urach und wohnte im evangelischen Hornberg, wo es zudem noch mehr Sozialdemokraten gab als sonst. So einer durfte keinesfalls Haslacher Bürgermeister werden. Ratschläge, es im katholischen Haslach erst gar nicht darauf ankommen zu lassen, habe er zunächst in den Wind geschlagen, später zog er seine Kandidatur zurück und beendete schließlich auch sein parteipolitisches Leben.

Zu dieser Zeit galt noch, was später zum erfolgreichsten Wahlkampfspruch der Christdemokraten wurde: keine Experimente. Mit einer bedeutenden Ausnahme allerdings, von der Schäuble sen. jedoch noch nicht profitieren konnte. Mit dem Wirtschaftswunder kam der Wohlstand. Und die D-Mark, Bundeskanzler Konrad Adenauer und der Kölner Kardinal Frings boten in der rheinisch-katholischen Bundesrepublik neue Identifizierungsmöglichkeiten. Die katholische Schwärze konnte auf Dauer aber nicht verhindern, dass der Konservativismus letztlich ökumenisch wurde. Denn die Nachkriegspolitik hatte eingesehen, dass das Gegeneinander der Konfessionen in politischen Lagern, am ausgeprägtesten im katholischen Zentrum, überwunden werden musste. Mit der Gründung der christlichen Unionsparteien nach dem

Krieg schlossen sich daher erstmals Angehörige beider Konfessionen zu einem politischen Bündnis zusammen. Das sicherte zwar satte politische Mehrheiten, wirkte sich aber langfristig nicht unbedingt zum Vorteil der Kirchen aus. Deren politische Wirkung mit christdemokratischer Parteilichkeit zu verknüpfen zahlte sich nicht aus. Identifikation mit politischen Programmen kann nie wirklich christlich bedeuten. Man stelle sich vor, dass CDU/CSU-Beschlüsse an den Leitlinien der Bergpredigt gemessen würden, da müssten beide Parteien auf der Stelle schließen.

Solche Überlegungen gab es in den 50er-Jahren noch nicht. Beiden Kirchen war es gelungen, sich nach dem Krieg als moralische Instanz zu präsentieren, die die NS-Diktatur aufrecht und moralisch unbeschadet überstanden hatte. Das stimmte in dieser Absolutheit natürlich nicht, wurde aber dennoch recht widerspruchsfrei von der Allgemeinheit akzeptiert. Immerhin war dies ein Ausgangspunkt für den Neuanfang, der sich als tragfähig genug erwies und deshalb von der breiten Bevölkerung akzeptiert wurde. Politik und Kirche waren daher in der Bundesrepublik der 50er-Jahre eng miteinander verflochten. Ob bei Wahlen oder politischen Debatten, die Kirchen, so schien es, redeten immer mit. Andererseits bahnten sich tiefgreifende Veränderungen an, die sich in bisher geschlossenen konfessionellen Milieus nur langsam durchsetzten. Die Einheimischen wehrten sich gegen die Auflösung ihrer Gesellschaft und konnten sie doch nicht verhindern. Durch die Millionen Vertriebenen, die sich über die ganze Republik verteilten, wurden die klassischen konfessionellen Milieus aufgelöst. Der Historiker Christoph Kleßmann, ehemaliger Direktor des Zentrums für Zeithistorische Forschung in Potsdam, stellte in einem Gespräch mit dem Deutschlandfunk 2008 rückblickend fest: »Die spezifische Verankerung der Kirchen in sozial-moralischen Milieus und diese relative Abgeschlossenheit von katholischen und protestantischen Milieus, die ist durch die Kriegsfolgen eben massiv aufgebrochen worden, sodass im Grunde in der Gesellschaft, in mehr oder minder allen Regionen, eine erhebliche Durchmischung stattgefunden hat zwischen Katholiken und Protestanten und auf diese Weise eben dann auch die alte Trennung nicht mehr durchzuführen war. Es ist dann eigentlich erstaunlich, wie lange trotzdem versucht wurde, ein spezifisch katholisches oder eben auch ein spezifisch protestantisches Milieu und auch ein entsprechendes Profil aufrechtzuerhalten.«

Zunächst aber dominierten in der Union die Katholiken mit dem Parteivorsitzenden und Bundeskanzler Konrad Adenauer an der Spitze. Die katholische Kirche witterte daher Morgenluft und setzte auf die CDU, um ihre Vorstellungen eines restaurativen, christlich geprägten Abendlandes durchzusetzen. Sie kämpfte damals massiv gegen die interkonfessionelle Ehe, die sogenannte Mischehe, die noch 1958 als »fürchterliches Übel« angesehen wurde, vor dem Bischöfe und Priester in Hirtenbriefen und Gemeindepostillen unermüdlich warnten. Am liebsten hätte die Kirche die Unionsparteien auch dafür eingespannt, doch so weit reichte ihre Macht dann doch nicht. In den Christparteien waren derartige Konfessionsstreitereien inzwischen undenkbar. Aber Homosexualität und Ehebruch wurden nach wie vor bestraft, wenn sie bekannt wurden. Schwule nannten wir als Jugendliche »175er« nach dem entsprechenden Strafparagrafen. Gegen sie wurde gewettert und gehetzt. Wir fanden damals auch nicht den Mut, den Film *Die Sünderin* mit Hildegard Knef anzusehen, obwohl ihn in Deutschland sieben Millionen Menschen anschauten. Wir aber nicht, denn die katholische Kirche hatte ihn mit lautstarken Protesten zum ersten großen Nachkriegs-Sitten-Skandal hochgereizt, was die Knef letztlich dazu bewegte, in die USA auszuwandern.

Die katholische Kirche versuchte aber nicht nur, allen Bürgern ihre Moral aufzudrücken, sie wollte mit Staatshilfe auch die Bekenntnisschule, also die konfessionshomogene Grund- und Volksschule, durchsetzen. Die Schulfrage wurde daher das zentrale politische Kampfobjekt der katholischen Kirche in den Bundesländern. Jedoch erfolglos, gerade auch weil es einwandfrei und fraglos gut funktionierende nichtkonfessionelle Schulen sogar in Gegenden gab, die als erzkatholisch galten, wie in meiner badischen Heimat.

Der Vatikan hatte direkt nach 1945 der Deutschen Bischofskonferenz noch signalisiert, dass der Erhalt der Konfessionsschule »einen Kampf wert« sei, so die tatsächliche Formulierung, die in Bischofskreisen zirkulierte. Nach einer massiven öffentlichen Kampagne der katholischen Kirche hat sich schließlich die katholische Elternmehrheit in Nordrhein-Westfalen tatsächlich für die Konfessionsschule entschieden und damit einen Prozess in Gang gesetzt, der bis zur Verabschiedung der nordrhein-westfälischen Verfassung 1950 und des nordrhein-westfälischen Schulgesetzes gesichert hat, dass Konfessionsschulen, also eigentlich ein Relikt aus dem frühen 20. Jahrhundert oder aus dem 19. Jahrhundert, nach 1945 wieder eingerichtet wurden.

Als die niedersächsische SPD-Landesregierung die Bekenntnisschule 1954 abschaffte und die überkonfessionelle Gemeinschaftsschule zur Regelschule erklärte, rief die katholische Kirche Eltern und Schüler zu einem Warnstreik auf, dem mehr als 10 000 Schüler folgten. Die Bundesregierung zog 1955 sogar vor das Bundesverfassungsgericht, um in Einklang mit der katholischen Kirche gegen das niedersächsische Schulgesetz vorzugehen, das die Gemeinschaftsschule statt der Bekenntnisschule vorsah – und scheiterte 1957.

1957 markierte überhaupt einen Höhepunkt und damit auch schon das abzusehende Ende der geschlossenen katholischen Gefolgschaft der CDU. Bei der Bundestagswahl fuhr die SPD eine schwere Niederlage ein, und die CDU konnte dank der vehementen Unterstützung katholischer Würdenträger die absolute Mehrheit und das bis heute höchste Wahlergebnis ihrer Geschichte erzielen. Die Aufforderung an die SPD, sich programmatisch neu zu orientieren, hätte nicht klarer ausfallen können. Dieser Prozess endete 1959 im Godesberger Programm.

Christliche Kreise wurden aber auch dann von der SPD nur langsam angesprochen. Die als dringliches Ziel erachtete Abwehr des Sozialismus, die bis zum Hass führte, wie ich mich noch aus meinen Zeiten in der Jungen Union erinnere, hatte schon verhindert, dass Zentrum und SPD sich gegen Hitler verbündeten, um ihn aussichtsreich zu bremsen. So tief sitzende Vorurteile, wie sie auch von Papst Pius XII. gefördert worden waren, konnten aber nicht von heute auf morgen überwunden werden. Hirtenbriefe wie der des Münsteraner Bischofs Michael Keller, der 1957 dazu aufgerufen hatte, bei der Bundestagswahl die Unionsparteien zu wählen, klangen den katholischen Wählern noch in den Ohren: »Es bleibt die Feststellung, dass zwischen dem gesellschaftlichen Ordnungsbild, wie es die SPD vertritt, und dem christlichen Ordnungsbild so wesentliche Unterschiede bestehen, dass wir Ersteres ablehnen müssen. Deshalb muss die Frage, kann ein katholischer Arbeiter es mit seinem Gewissen vereinbaren, sozialdemokratisch zu wählen, mit einem eindeutigen Nein beantwortet werden. Es ist unmöglich, gleichzeitig ein guter Katholik und ein wirklicher Sozialist zu sein.«

Viele katholische Arbeiter folgten diesem Aufruf. Für sie war die SPD eine atheistische Partei und deshalb nicht wählbar. Ich erinnere mich an ähnlich lautende Aufrufe im Erzbistum Freiburg und an Predigten, die unverhohlen die SPD verdammten. Eine Distanzierung von der bischöflichen Lehrmeinung war damals jedoch undenkbar. Bei mir führte das Ganze allerdings langsam zur Entfremdung von der Kirche, deren politische Vorstellungen einen jungen, politisch interessierten Katholiken nicht mehr befriedigen konnten. Noch rührte ich zunächst allerdings fleißig die Werbetrommel für die CDU. 1960 schrieb ich im Blättle, einem zweiwöchentlich erscheinenden Heftchen, das wir mit 150 Exemplaren für je zehn Pfennige als Mitteilungsblatt der Katholischen Jugend Hausach verkauften: »Warum fällen wir kein entscheidendes Urteil, wenn es um unser Selbst, unsere Freiheit – unsere Gemeinschaft geht? Im Volksmund heißt es: Politik verdirbt den Charakter. Ich kümmere mich deshalb nicht darum und entschließe mich nur vorübergehend, wenn ich volljährig bin und ich wählen soll. Die meisten fallen dann natürlich wegen ihrer Unbekümmertheit und Unkenntnis auf oberflächliche Versprechen der Wahlpropaganda herein. Sie stellen ihren Egoismus in den Vordergrund, obwohl dies übernatürlich sein muss, weil der Mensch nur in der Gemeinschaft bestehen und sich voll entfalten kann. Geht deshalb jemand schon in der Zeit, in der er sich eine eigene Meinung bildet und beginnt selbstständig zu denken, einer politischen Entscheidung aus dem Weg, bedeutet dies, dass er sich von der Gemeinschaft ausschließt und sich damit eigentlich die Grundlage für sein Leben entzieht.

Der Wegweiser und Maßstab aber, die es ermöglichen, sich rechtzeitig zu entscheiden, ist nicht etwa, wie vielfach behauptet, die politische Erfahrung, sondern einzig und allein unser christlicher Glaube. Die Entscheidung wird echten Christen in diesem Fall nie schwerfallen, weil keine noch so geschickte Wahlpropaganda von Sozialismus und Kommunismus ihm etwas vorgaukeln kann oder ihn einzuwickeln vermag; er kennt die christliche Nächstenliebe!«

So verquast idealistisch sah ich mit 17 Jahren ganz im Sinne der Bischöfe die Politik. 1961 war ich dann wochenlang unterwegs, um Propagandafilme im Wahlkampf vorzuführen, darunter auch ein Machwerk, *Das falsche Pferd*, das so übel gegen die SPD polemisierte, dass es schließlich von der CDU selbst aus dem Wahlkampf gezogen wurde. Als mir diese gehässige Stimmungsmache mit allen Mitteln so richtig bewusst wurde, fühlte ich mich politisch missbraucht. Ich wollte nicht auf Propaganda hereinfallen und selbst Hetze betreiben erst recht nicht. Die Mitgliedschaft in der Jungen Union schlief dann mit der Zeit immer weiter ein. Meinen Kreisgeschäftsführer, der mich als Nachwuchsfunktionär aufbauen wollte, musste ich leider enttäuschen.

Wahrscheinlich hätte ich damals radikal mit der Adenauer-Partei gebrochen, wenn ich bereits gewusst hätte, was ich zusammen mit meinem Kollegen Werner Kaltefleiter bei den Recherchen zu unserem gemeinsamen Buch über die Spionage gegen die katholische Kirche 2006 herausgefunden habe. Adenauer war über eine Audienz bei Papst Johannes XXIII. schwer enttäuscht, weil der gerade erst ins Amt gekommene Papst ihn in seiner Politik gegen die Sowjetunion nicht unterstützen wollte. Johannes XXIII. suchte vielmehr den Weg des Dialogs mit Moskau und empfing daher auch prominente Sowjets in Rom. So begann die vatikanische Ostpolitik, die Adenauer jedoch zutiefst zuwider war. Der Katholik Adenauer war ein Machtmensch, der kleinlich und persönlich beleidigt bei Bedarf über die Interessen der Katholiken und ihrer Kirche hemmungslos hinwegging. Das beste Beispiel dafür lieferte er 1960. Die katholische Kirche hatte zum Eucharistischen Weltkongress nach München eingeladen, einem Hochfest für Kirchgänger. Ich war mit Freunden aus der katholischen Jugend in Hausach in München dabei und erinnere mich noch, als wäre es gestern gewesen, an die Eucharistiefeier und die Botschaft des Apostolischen Delegaten, der im Auftrag des Papstes zu uns sprach. Wie wäre es aber erst gewesen, wenn der Papst selbst da vorne hätte stehen und zu uns sprechen können? Es hätte ein unvergessliches Ereignis werden können, das den noch immer international gedemütigten Deutschen Hoffnung und Trost hätte spenden können, aber auch Mut machen und die Kirche in Deutschland nachhaltig stärken. Papst Johannes XXIII. wollte auch nach München kommen, und das in einer Zeit, in der päpstliche Auslandsreisen noch die große Ausnahme waren. Aus Verärgerung über die mangelnde Unterstützung seiner Sowjetblockade legte der Bundeskanzler dem Papst jedoch alle möglichen Knüppel in den Weg, bis in Rom der Eindruck entstand, dass der Papst in Deutschland nicht willkommen sei. Der Besuch wurde daraufhin abgesagt, ein Verdienst des verärgerten rheinischen Machtkatholiken Konrad Adenauer.

1963 war Adenauers Zeit schließlich gezählt und die der absoluten CDU-Herrschaft auch. Die Gefolgstreue der Katholiken bröckelte. Ich wehrte mich zunächst noch gegen meinen persönlichen Bruch mit dem Katholischsein, das eben auch hieß, für die CDU zu stimmen. Teile der evangelischen Kirche waren wegen seiner Politik der forcierten Westbindung und der Wiederaufrüstung der Bundesrepublik schon auf Distanz zu Adenauer gegangen. Und jetzt war auch Bewegung in die katholische Einheitsfront geraten. Im Januar 1958 waren auf Einladung der Katholischen Akademie in München führende Sozialdemokraten und Katholiken zusammengetroffen, um gemeinsam über Christentum und Sozialismus zu konferieren. Das Treffen fand in der Presse ein großes Echo.

Ich konnte damals noch nichts mit den Namen anfangen, die da plötzlich in der Öffentlichkeit auftauchten. Später sollten sie wegweisend werden für mein soziales Denken. Die Jesuitenpater Gustav Gundlach und Oswald von Nell-Breuning waren Autoren katholischer Sozialenzykliken, die leider in der eigenen Kirche nur viel gepriesen, aber kaum umgesetzt wurden. Der bedeutende Moraltheologe Gundlach gab sich reserviert, aber der Sozialreformer Oswald von Nell-Breuning reagierte sehr positiv auf die SPD-Annäherung. Die Entwicklung war jedenfalls klar: Die traditionelle Bindung von Katholizismus und Christdemokratie, wie sie in den 50er-Jahren noch bestand, hatte einen Riss bekommen. Prominente linke Katholiken wie der Schriftsteller Heinrich Böll und der Publizist Walter Dirks plädierten für einen christlichen Sozialismus, waren aber als sogenannte Nonkonformisten in der katholischen Gesellschaft noch lange Zeit isoliert.

Seither hat sich die politische Landschaft wesentlich verändert. Engagierte Katholiken arbeiten unangefeindet und selbstverständlich ebenso in der SPD wie bei den Grünen. Und die CDU ist längst nicht mehr Heimat der Katholiken, selbst wenn sich manche Mitglieder so aufführen, als müssten sie sich der Not leidenden Kirche annehmen. Wie es etwa das baden-württembergische CDU-Vorstandsmitglied Thomas Volk tat. Zu meiner Zeit waren die Kirchen allsonntäglich noch voll, heute gibt es einen solchen Zulauf nur noch an Heiligabend. Diese Tatsache beflügelte Volk, den Kirchen vorzuschlagen, zur weihnachtlichen Mitternachtsmette nur Kirchenmitglieder zuzulassen, um Überfüllungen und Platzprobleme zu verhindern. »Ich bin dafür, dass Messen am 24. Dezember nur für Kirchensteuerzahler offen sind«, sagte Volk. Wer nicht in der Kirche sei, müsse auf Gottesdienstbesuche an diesem Tag eben verzichten. Selten hat ein Politiker mit einer Aussage so viel Unverständnis für den eigentlichen Auftrag der Kirche, aber auch für das Denken in einer katholischen Sonderwelt bewiesen. Die Deutsche Bischofskonferenz äußerte sich denn auch sehr klar dazu: »Als missionarische Kirche freuen wir uns über jeden, der die Weihnachtsbotschaft hören will.«

Kein Wunder, dass Papst Benedikt XVI. im Jahr 2010 einen Rat für die Evangelisierung Europas gegründet hat. Denn der missionarische Geist ist wohl weitverbreitet abhandengekommen. Er sollte aber seine Bischöfe ermahnen, sich möglichst von der Parteipolitik fernzuhalten. Eine einseitige Einmischung kann nur übel enden. Die Kirche ist schließlich für alle da. Außerdem hat sie nicht das Recht, ihre moralischen Vorstellungen per Gesetz allen Bürgern aufzuzwingen.

Trotzdem können die Oberhirten neuerdings der Versuchung nur schwer widerstehen, sich in die Tagespolitik einzumischen. Abtreibungsgesetze und soziale Einschnitte liefern da gerne den Anlass. Das Echo ist allerdings außer bei Eiferern gering. Je mehr die Kirchen sich mit Mahnungen und Forderungen zu Wort melden, desto weniger wird ihnen zugehört. Und der eine oder andere Skandal wie zum Beispiel die Kindesmissbräuche unterhöhlt ihr Wort noch mehr, selbst dort, wo sie vielleicht zu Recht die Stimme erhebt. Die Zeiten, in denen Bischöfe mithilfe des Bundeskanzlers zumindest Teile ihrer politischen und gesellschaftlichen Forderungen per Gesetz durchsetzen und den Menschen aufdrängen konnten, sind mit Konrad Adenauer gestorben. Dessen muffige, antiintellektuelle und auf das reuelose Vergessen der jüngsten Vergangenheit angelegte Politik hat der Kirche jedoch mehr geschadet als genützt, denn sie musste zwangsläufig zu Aufbegehren führen. Die staatlich verordnete »saubere Leinwand«, eine Initiative zur Vermeidung der als moralisch bedenklich erachteten Sexualisierung gerade im Filmbereich, hat beispielsweise nur dazu geführt, dass sich der Druck erhöhte, diese Bevormundung endlich abzuschaffen. Adenauers menschenverachtende Gängelung erwies sich als Machtinstrument nur kurzfristig erfolgreich. Dass sich die katholische Kirche damit gemein machte, hat die Glaubwürdigkeitskrise von heute mit eingeleitet.

Der katholische Dichter Heinrich Böll hat in seiner Rezension über den Memoirenschreiber Konrad Adenauer formuliert: »Was ich am allerwenigsten begreife: dass je irgendeiner irgendetwas an Adenauers Gedanken ›christlich‹ finden und als solches empfehlen konnte. Ich begreife es nicht, und das mag an mir liegen. Mag sein, das Christentum hat eine bürgerliche Variante, die ich nie begriffen habe, obwohl ich ringsum keine andere als diese Variante erblicke. Es mag sogar sein, dass wir uns noch nach Adenauer sehnen werden. Er ist ein Autokrat, er konnte es sich leisten, manchmal gnädig zu sein. Die Nachdrängenden würden nicht nur ungnädig, sie würden gnadenlos sein.«

Im Oktober 2010 versicherte Angela Merkel in Berlin bei einer Tournee in ihrem Kampf gegen den Niedergang der Christdemokraten: »Wir fühlen uns dem christlichen Menschenbild verbunden, das ist das, was uns ausmacht.« Wer das nicht akzeptiere, »der ist bei uns fehl am Platz«. Gleichzeitig sollten die Deutschen über ihre Werte und die zunehmende Entfremdung von Religion sprechen, um sich über ihr Land und ihre Gesellschaft zu vergewissern.

Von der Entfremdung der Christdemokraten von christlichem Verhalten hat sie mit keinem Wort gesprochen. Genau genommen hat sie mit ihrem dummen Geschwätz, wie ich es empfunden habe, alle aufgeklärten Demokraten, Verteidiger der Religionsfreiheit und der Menschenrechte, alle Atheisten und Agnostiker aus der deutschen Gesellschaft ausgeschlossen. Deren Grundwerte stehen nämlich im Gegensatz zu den christlichen Kirchen, und die katholische hat sie bis heute nicht wirklich akzeptiert.

Protestanten waren des Teufels

Unser Rätsel: Was treiben die Evangelischen Verbotenes miteinander?

Voller Inbrunst hing Jürgen Haberstroh am Seil im Glockenturm der Buchholzer Dorfkirche. Er war zwar evangelisch, aber sein katholischer Cousin, der Ministrant war, nahm ihn gerne mit, wenn die Glocken zum Gottesdienst geläutet werden mussten. Die Gemeinde wusste schließlich auch nicht, dass da ein evangelischer Bengel die Schwengel in Bewegung setzte, vielleicht wäre es ihr auch egal gewesen. Auf jeden Fall durften sich die beiden Buben nicht von Pfarrer Ritter erwischen lassen, sonst setzte es für Jürgen Prügel, an die er sich heute noch immer erinnert. Dann findet er Worte für den anscheinend vom Teufel getriebenen Dorfpfarrer seiner Kindheit, die zwar sicherlich gedruckt werden dürften, aber keineswegs freundlich sind.

Ein evangelischer Siebenjähriger läutet katholische Glocken – furchtbar. Für Pfarrer Ritter schrillten da sofort sämtliche Alarmglocken, denn der Bub gehörte, wie es noch immer in erzkatholischen schwäbischen Gemeinden heißt, dem wüsten Glauben an. Und Ritter hatte es sowieso auf diesen Buben und seinen älteren Bruder abgesehen, da sie für ihn einen Schandfleck des Dorfes darstellten. Wo es nur ging, bekamen sie daher Ohrfeigen, auch wenn der Anlass noch so gering war, wie beispielsweise das Glockenläuten. Und Religionsunterricht bekamen die beiden natürlich gesondert.

»Wir waren die einzigen Protestanten in der Gemeinde.«

In der Nachkriegszeit war die Familie für einige Jahre von Freiburg aufs Land zugezogen, bis sich in der Stadt die Wohnverhältnisse wieder verbessert hatten. Unser Pfarrer ließ keine Gelegenheit aus, gegen die vom Teufel beherrschten Protestanten zu wettern. Und uns katholischen Kindern verbot er eindringlich, je zu versuchen, etwas vom evangelischen Religionsunterricht mitzubekommen. Denn was dort gelehrt wurde, war eine Todsünde, die uns unweigerlich in die Hölle führte. Die hohen Schulfenster, unter deren Sims man sich an der Außenwand der Schule bequem verstecken konnte, luden uns allerdings geradezu dazu ein, gelegentlich doch mit Bangen und Herzklopfen dem evangelischen Unterricht zuzuhören. In späteren Jahren, als mehr Protestanten auf unsere Schule gingen, hatte dieses Lauschen schon Tradition. Und eine Schulfreundin erklärte es ganz banal: »Die Evangelischen hatten einfach zu schöne Kirchenlieder.«

Die kindliche Neugier überwog also, und da der Pfarrer sowieso ständig mit ewiger Verdammnis drohte, nahmen ihn die Robusteren unter uns schon bald nicht mehr wirklich ernst. Bei den Sensibleren erzeugten die Drohungen allerdings oft Schuldkomplexe. Doch für die meisten waren sie der Beginn eines Weges, der sie Schritt für Schritt von einer solch intoleranten Kirche wegführte. Pfarrer Ritter war gewiss eine extreme Erscheinung, aber wir kannten nur ihn. Und seine Oberen im nahen Freiburg ließen ihn schließlich auch gewähren. Dachten sie denn nicht genauso?

An keinem Tag im Jahr war der Unterschied zwischen Katholiken und Protestanten deutlicher zu spüren als am Karfreitag. In katholischen Familien herrschte an diesem Tag geschäftiger Hochbetrieb, während die Evangelischen ihren höchsten Feiertag mit Gottesdienst und Abendmahl in feierlichem Sonntagsstaat begingen. Bei uns hingegen wurden die Fenster aufgerissen, die Möbel zur Seite gerückt und kraftvoll der Osterputz begonnen. Das war so üblich, auch wenn mir, wenn ich als Kind nach dem Grund für den Karfreitagsputz fragte, niemand wirklich einen nennen konnte. Es war eben der letzte Tag vor Ostern, an dem der Putz noch ohne Hetze erledigt werden konnte. Am Karsamstag mussten die letzten Einkäufe erledigt werden, und da blieb keine Zeit, um noch mit Putzeimer und Besen alles für das höchste katholische Fest, den Ostersonntag, auf Hochglanz zu bringen. Evangelisches Gedenken der Kreuzigung stand also gegen katholische Feier der Auferstehung.

Das war in Buchholz so und natürlich erst recht später im mehr durchmischten Hausach. Wir Kinder aus der Eichenstraße stammten aus evangelischen und katholischen Familien, die durchweg nicht zu den frommsten gehörten. Uns einte, dass wir alles Eisenbahnerkinder waren. Am Ende unserer Straße stand die evangelische Kirche und erinnerte daran, wie die ersten Protestanten nach Hausach gekommen waren. Es waren Arbeiter gewesen, die im Auftrag des Großherzogs die Bahnlinie Offenburg–Konstanz bauten. Und Hausach wurde zum Abzweigpunkt einer Stichbahn ins schwäbische Freudenstadt, aber vor allem der Beginn der steilsten Strecke der bis heute für Touristen attraktiven Schwarzwaldbahn. Hier bekamen jahrzehntelang die großen oder schnellen Züge eine zweite Lokomotive, um die Reisenden schnell und zuverlässig zum Bodensee zu bringen. In Bahnbetriebswerk und Lokschuppen wurde viel Personal beschäftigt, und so entstand eine ganze Bahnhofssiedlung mit Eisenbahnern, die zu einem großen Teil evangelisch waren. Da sie natürlich seelsorglich betreut werden mussten, wurde gleich schräg gegenüber dem Bahnhof die evangelische Kirche errichtet.

Für uns Jungkatholiken war das ein seltsames Gebäude. Nicht, dass sich die Kirche äußerlich so sehr von katholischen unterschieden hätte, außer dass auf der Turmspitze ein Kreuz den religiösen Charakter des Bauwerks signalisierte, während das katholische Gotteshaus ein Hahn zierte. Nein, aber wir gingen aus irgendwelchen Ängsten vor der Fremdartigkeit immer möglichst schnell an der Kirche vorbei. Was trieben die wohl da drinnen? Abendmahl mit Brot und Wein? Bei uns gab es nur Kommunion mit Hostien, der Wein blieb dem Pfarrer vorbehalten. Das erschienen uns seltsame Bräuche, obwohl die evangelischen Schulkameraden, die wir dann vor allem später auf dem Gymnasium trafen, nicht anders waren als wir. Wir nahmen sie lediglich als etwas anderes wahr, weil die meisten eben nicht aus Hausach stammten und als »Fremde« sowieso erst einmal auf Distanz gehalten wurden.

Als ich bei der Vorbereitung zu diesem Buch in Offenburg einen Vortrag hielt und von dieser Kindheitserfahrung erzählte, machte ich eine interessante Entdeckung. Denn eine Zuhörerin lachte plötzlich auf und erzählte dann dasselbe, aber gerade umgekehrt. Sie war evangelisch, und die Katholiken waren in ihrer norddeutschen Heimat eine kleine Minderheit gewesen. Auch sie war als Kind um das katholische Gotteshaus herumgeschlichen und hatte sich sehr über all die katholischen Sitten und Riten gewundert: die Pfarrer in ihren seltsamen Verkleidungen, mit weiten, goldbestickten Umhängen und kunstvoll genähten Figuren auf dem Rücken, der Duft nach Weihrauch und die Weihwasser schwenkenden, ebenfalls verkleideten Ministranten ... Katholiken mussten seltsame Leute sein.

Als Kinder trauten sich die wenigsten von uns in eine Kirche von Andersgläubigen hinein. All die Warnungen, Schreckensbilder und Vermutungen ängstigten uns und beschäftigten unsere Phantasie. Doch warum sollten wir Katholiken sie korrigieren, wo doch die Abneigung unserer Gemeinden und der Pfarrer spürbar war? Wir waren schließlich die Besseren mit dem rechten Glauben, und es war empfehlenswert, unter sich zu bleiben. Wir lebten also in einer Sonderwelt, ohne es richtig zu bemerken. Man ging bei katholischen Kaufleuten einkaufen, mied evangelische Mädchen, tanzte nur auf katholischen Veranstaltungen, wenn beispielsweise die Pfarrjugend in Nachbarorten einlud. Sport trieb man möglichst in der katholischen DJK oder in den Vereinen, in denen nur Katholiken zu finden waren. Man mied evangelische Spielkameraden und blieb einfach unter sich. Die anderen natürlich genauso. Und diese Parallelwelten hatten Bestand, weil in der Zeit meiner Kindheit bis in die Jugend hinein die Trennung nicht nur hingenommen wurde, sondern auch gewollt war und die einzige Möglichkeit zu sein schien, friedlich miteinander auszukommen.

Im Schulalltag des Gymnasiums spielte der konfessionelle Unterschied dagegen kaum mehr eine Rolle. Warum das so war, überlegten wir nicht. Baden hatte schon im 19. Jahrhundert ein sehr fortschrittliches Schulsystem aufgebaut und die Religion gegen den Protest der Kirchen zurückgedrängt. Daher gab es kaum Konfessionsschulen, und die badische Simultanschule wurde allgemein zum Vorbild. Für uns Schüler war es normal, dass wir am Dienstag und Freitag in der zweiten Stunde unsere beiden Klassen teilten. Es gab dann nicht mehr eine A und eine B, sondern eine Gruppe besuchte den katholischen Unterricht, die andere den evangelischen. Und die Schule legte großen Wert auf Religionsfrieden. Für Schulen mit einem größeren Einzugsbereich ging das auch gar nicht anders. Denn die konfessionelle Landschaft im mittleren Schwarzwald war bunt gemischt. Hausach war wie die Nachbarstädtchen Haslach und Wolfach überwiegend katholisch. Doch talaufwärts lag Gutach, dann Reichenbach und im Kinzigtal Kirnbach, alles lutherische und reformierte Gemeinden, um die ein ordentlicher Katholik einen Bogen machte. Das galt sogar in der Zeit, als wir am Samstag zum Tanzen ausschwärmten. Selbst da besuchten wir lieber Lokale in katholischen Orten und durchfuhren die evangelischen Dörfer nur. Jegliche Form der Mischbeziehung sollte möglichst vermeiden werden, dieses Gebot schien unausgesprochen über unseren Wochenendtouren zu schweben.

Beim Besuch einer Heimatredaktion Ende der 90er-Jahre erinnerte ich an die katholisch-evangelische Trennungslinie unserer Jugendzeit im Glauben, dies wäre längst überwunden und vergessen. Doch eine Jungredakteurin musste mich enttäuschen und erzählte, dass sie genügend Familien in der nächsten Umgebung kenne, in denen die Eltern bis heute vehement jede katholisch-evangelische Ehe ihrer Kinder verhindern würden. Das Glück der Kinder hatte vor der Konfession zurückzutreten, so als wären die anderen Heiden.

Ein Mörder hätte bis in die 70er-Jahre im katholischen Hausach möglicherweise mehr Gnade gefunden als ein Protestant. Gegen Evangelische waren gerade die bigottesten Kirchgängerinnen nicht nur lieblos, sondern unbarmherzig hasserfüllt. Als ein fast auf die Stunde gleichaltriger Schulkamerad von mir es wagte, eine evangelische Arbeitskollegin aus dem Nachbarort zu heiraten, spuckte seine Mutter Gift und Galle gegen die Schwiegertochter. Und nachdem der junge Mann beim Fußballspiel unglücklich gestürzt war und von da an bis zu seinem Tod vor wenigen Jahren querschnittgelähmt im Rollstuhl saß, hatte seine eigene Mutter nur ein Urteil übrig, wie sich die Witwe erinnert: »Das ist Gottes Strafe dafür, dass du eine Evangelische geheiratet hast.« Eine Aussage, die diese durch und durch katholische Mutter in der zweiten Hälfte des 20. Jahrhunderts machte, als sie in einer durchaus gemischtkonfessionellen Kleinstadt wohnte. Und kein Pfarrer hat ihr anscheinend im Beichtstuhl die schwere Sünde vorgehalten. Dann hätte die Familie des Sohnes ja womöglich ein Zeichen der Reue erkennen können – aber nichts.

Während ich über diese bösartig fromme Schwiegermutter nachdachte, musste ich an einige Gleichaltrige denken, die ich beim Ehemaligentreffen 2010 in der »Blume« in Hausach vermisst hatte. Darunter waren manche, die evangelisch geheiratet hatten. Jetzt wunderte es mich nicht mehr, dass sie vom katholischen Milieu ihre Kindheit nichts mehr wissen und über familiäre Nöte nicht sprechen wollten.

Das Thema Mischehe beschäftigte mich lange Zeit und verschaffte mir einen meiner größten journalistischen Erfolge, über den ich mich bis heute freue, der aber auch eine Krise in meiner beruflichen Beziehung zur Kirche (siehe Kapitel 14: Wer die Wahrheit schreibt, fliegt raus) auslöste. Ich bin auch stolz darauf, weil es mir gelungen ist, mit korrekter Berichterstattung etwas Gutes zu bewirken.

Bewusst wurde mir das 1970 bei einer evangelischen Synode in Stuttgart, bei der ich meinen Freund und Kollegen Henk Ohnesorge von der *Welt* traf. Er stand inmitten einer Gruppe von Leuten, von denen ich die meisten nicht kannte. Als er mich vorstellte, zuckte ein Mann bei der Nennung meines Namens zusammen und drehte sich zu mir herum. »Sie sind das also. Es sieht so aus, als benütze der Heilige Geist mitunter sogar Journalisten.« Der Mann war Oberkirchenrat Wilhelm Gundert, der Referent der Evangelischen Kirche in Deutschland (EKD) für ökumenische und damit katholische Fragen. Und die Erklärung für seinen Ausruf lieferte er gleich hinterher. Aufgrund meiner zutreffenden Darstellung des enttäuschenden neuen Mischeherechts von Papst Paul VI., das ich als administrative Maßnahme ohne wirkliche inhaltliche Erleichterung für die konfessionell gemischten Partner dargestellt hatte, sah sich die deutsche katholische Bischofskonferenz gezwungen, bei den Durchführungsbestimmungen den angerichteten Imageschaden zu mildern. Die betroffenen Menschen hatten vorab damit gerechnet, dass die Dispens-Vorschrift, nach der Katholiken Protestanten nur heiraten durften, wenn sie vorher die Erlaubnis unter der

Zusage eingeholt hatten, die Kinder katholisch zu erziehen, endlich aufgehoben würde. Doch sie blieb bestehen. Früher musste sie allerdings in Rom beantragt werden, jetzt durfte der zuständige Bischof dispensieren. Von wirklicher Ökumene war diese Verwaltungsvereinfachung natürlich Welten entfernt.

Doch nicht einmal dieser Erleichterung, die Rom als Durchbruch verkaufen wollte, schlossen sich alle deutschen Bischöfe an. Viele weigerten sich nach wie vor hartnäckig, auch nur den kleinsten Schritt auf die »getrennten« Brüder zuzugehen. Bis 1966 galt nach den Worten des Frankfurter Theologen Pater Johannes Günter Gerhartz, der spätere Generalsekretär des Jesuitenordens und Leiter des Priesterkollegs Germanicum in Rom: »Wer sich nicht vor einem katholischen Pfarrer trauen ließ, wurde nicht gültig getraut.« Mit der Mischeheninstruktion vom März 1966 konnte die römische Glaubenskongregation von dieser Form dispensieren. Ein Katholik konnte sich also auch von einem protestantischen Pfarrer gültig trauen lassen, musste aber zusichern, dass die Kinder katholisch erzogen wurden. Der evangelische Partner musste also noch immer versprechen, die katholische Erziehung seiner Kinder nicht zu verhindern. Das schwerste Problem in einer gemischtkonfessionellen Ehe blieb damit also erhalten.

Dispensen erteilte Rom relativ leicht, wenn die Vorlagen zu den einzelnen Fällen aus ihren Heimatbistümern geschickt begründet eingereicht wurden. Nach 1970 brauchte Rom dann nicht einmal mehr gefragt werden, denn die Dispens lag in den Händen der Bischöfe. Doch die legten den Heiratswilligen oft mehr Hindernisse in den Weg als das ferne Rom. Die Verwaltungsvereinfachung und damit angestrebte Beschleunigung der Verfahren bewirkte in einzelnen Fällen also das genaue Gegenteil von Ökumene. Mischehen wurden von manchem Bischof sogar stärker behindert als vorher von Rom.

Selbst bis in den 70er-Jahre durften solche Paare nur mit

der Erlaubnis des Bischofs heiraten. Ein junger Katholik aus dem Bistum Hildesheim wollte Anfang der 70er-Jahre seine evangelische Freundin heiraten. Eine katholische Trauung wäre nur möglich gewesen, wenn die Braut eine ganze Reihe von Bedingungen akzeptiert hätte, vor allem die gesicherte katholische Kindererziehung. Die junge Frau lehnte aber eine solche katholische Trauung ab. Eine andere Möglichkeit als die evangelische Trauung sah sie nicht. So schien für beide eine kirchliche Heirat unmöglich. Dann fanden sie aber einen katholischen Pfarrer, der ein ganzes Dutzend von zerstreuten Pfarreien im Diasporabistum betreuen musste und mit den konfessionellen Problemen bestens vertraut war. Als Bischof Heinrich Maria Janssen zur Firmung in seine Pfarrei kam, erinnerte der Gemeindepfarrer den Oberhirten an die neuen Mischehen-Dispensmöglichkeiten. Bischof Janssen erteilte nur widerstrebend die Erlaubnis. Das Paar erhielt die amtliche Genehmigung und konnte gültig evangelisch kirchlich heiraten. Die *Hannoversche Allgemeine Zeitung* berichtete damals dreispaltig, dass zum ersten Mal seit der Reformation ein Katholik aus Niedersachsen von einem evangelischen Pastor in der evangelischen Kirche gültig getraut worden war. Bischof Janssen muss darüber mächtig erschrocken sein, denn er ermahnte umgehend seinen Klerus, diesen Fall nicht an die große Glocke zu hängen, damit die wörtlich »laxen« Katholiken keinen Gebrauch davon machten.

Trotz dieser damals verbreiteten amtskirchlichen Renitenz würdigten deutsche Kirchenzeitungen zum 40. Jahrestag von *Matrimoniae mixtae* am 31. März 2010 das Dekret von Paul VI. als einen »Triumph der Liebe«. Mit einem Federstrich sei eine Hürde für Ehen zwischen Katholiken und Nichtkatholiken gefallen und die noch heute gültige kirchenrechtliche Grundlage für Ehen über Konfessions- und Glaubensgrenzen hinweg geschaffen worden. Der Anteil gemischtkonfessioneller Familien ist seither enorm gestiegen, was einen vor 40 Jahren unerwünschten und beträchtlichen Beitrag zur Ökumene darstellt.

Die Bestandsaufnahme von 1970 war eindeutig. Der Geist der ökumenischen Öffnung nach dem Zweiten Vatikanischen Konzil (1962–1965) bereitete unabwendbar den Boden für diese Wende. Der Vatikan konnte dies nicht verhindern, auch wenn er konfessionsübergreifende Verbindungen mit einer gehörigen Portion Misstrauen betrachtete und Gläubige von sogenannten Mischehen möglichst abzuhalten versuchte. Wenn dies nicht ging, sollte der nichtkatholische Partner zu einem Übertritt bewegt werden. Wer als Katholik seine Kinder allerdings nicht katholisch taufen ließ, der zog sich automatisch die Exkommunikation zu, wie es Wolfgang Schäubles Vater ertragen musste. Stufenweise rückte Paul VI. (1963–1978) dann von dieser harten Praxis ab. 1966 setzte die Instruktion *Matrimonii sacramentum* (Das Ehesakrament) die schwerste Kirchenstrafe für Verstöße gegen die Mischehen-Normen außer Kraft. Vier Jahre später folgte das Motu proprio *Matrimoniae mixtae* mit seiner umfänglichen, aber noch immer nicht ausreichenden Würdigung der neuen Realität und 17 konkreten Artikeln, die im Wesentlichen auch in das neue Kirchenrechtsbuch von 1983 eingingen. Demnach verlangt eine Ehe zwischen einem Katholiken und einem Nichtkatholiken die ausdrückliche Erlaubnis des zuständigen Ortsbischofs. Und der katholische Partner muss noch immer ausdrücklich die Gefahr des Glaubensabfalls ausschließen und sich für eine Erziehung der Kinder im katholischen Glauben einsetzen.

Das Dispensunwesen blieb also erhalten. Denn ganz wollte die katholische Kirche nicht auf die Kontrolle durch Dispens verzichten. Die Gläubigen sollten nicht in ihre individuelle Freiheit entlassen werden. Der Vatikan erkannte zwar, was eigentlich selbstverständlich ist, das »natürliche Recht« auf

Eheschließungen unabhängig vom Glauben der Partner an, sorgte sich aber, dass die Bekenntnisverschiedenheit »in die lebendige Zelle der Kirche, wie die christliche Familie mit Recht genannt wird, eine gewisse Spaltung hineinträgt«. Also empfahl er immer noch, konfessionsverschiedene Ehen zu vermeiden, wo es nur ging.

Überzeugte Protestanten wie Katholiken wittern und unterstellen auch heute noch jedem Glaubensabfall, der eine Mischehe eingeht. Sie huldigen einem geschlossenen Kirchenbild, das paradoxerweise das Konzil selbst gezeichnet hat. Die Familie sei eine »Hauskirche«. Doch was die Konzilsväter bar jeder Kenntnis der modernen Gesellschaft so formuliert hatten, erwies sich als Bumerang. Ökumenisch aufgeschlossene Menschen, wie sie etwa im Netzwerk Ökumene organisiert sind, folgerten daraus, die Abendmahlsgemeinschaft pflegen zu dürfen, die auch 40 Jahre später zwischen den Konfessionen noch nicht möglich ist, ein weiterer Grund, warum sich viele Menschen enttäuscht und alleingelassen von der Institution Kirche abwenden oder sich auf ihr Gewissen berufen und die amtlichem Vorgaben ignorieren. Viele Pfarrer stimmen ihnen innerlich sicherlich zu und sind froh, wenn sie überhaupt noch zur Kirche gehen.

Die Konsequenzen aus der verweigerten Ökumene zog im November 2010 der Saarbrücker Theologe Gotthold Hasenhüttl. Er trat nach siebenjähriger erlebter Gnadenlosigkeit, wie die Bewegung »Wir sind Kirche« formulierte, aus der katholischen Kirche aus. »Ich kann diese fundamentalistische Institution nicht mehr mittragen«, begründete der 76-jährige Theologie-Professor den Schritt gegenüber der Nachrichtenagentur dpa. Hasenhüttl war 2003 vom Priesteramt suspendiert worden, nachdem er am Rande des Ökumenischen Kirchentags in Berlin Protestanten zu einer Eucharistiefeier nach katholischem Ritus eingeladen hatte. Hasenhüttl musste feststellen, dass die Hierarchie der römisch-katholischen Kirche das Ansehen der Institution über den konkreten Menschen stellt und eine echte Ökumene nicht anstrebt. Anfang 2006 entzog dann der damalige Trierer Bischof Reinhard Marx, der gerade erst als Münchner Erzbischof Kardinal geworden ist, Hasenhüttl zudem die Lehrerlaubnis.

Der römische Fundamentalismus hat die Fortsetzung der realen Ökumene nicht verhindern können. 2009 hatte jeder Dritte, der vor einem katholischen Traualtar erschien, einen nichtkatholischen Partner an der Seite. Nach den jüngsten verfügbaren Zahlen suchten von 171 500 standesamtlich getrauten Paaren in Deutschland nur 48 840 auch den Segen der katholischen Kirche, also gerade einmal 28 Prozent. Unter diesen Umständen sind Seelsorger schon froh, wenn Brautleute sich überhaupt zu einer religiösen Feier entschließen, gleich in welcher konfessionellen Kombination.

Deutschland ist in diesem Punkt wegen seiner besonderen konfessionellen Mischung und dem im internationalen Vergleich hohen Anspruch der Theologie gewiss ein Sonderfall und wurde deshalb in der Konzils- und Nachkonzilszeit misstrauisch beobachtet. Immer wieder warnen bis heute römische Kurienvertreter bis hinauf zum deutschen Papst davor, deutsche Verhältnisse zu verallgemeinern. Die Warnung mag ja berechtigt sein für den Fall, dass sich Deutsche zu wichtig nehmen und meinen, die ganze Welt ticke wie sie. Wenn sich aber deutsche Verhältnisse als Nährboden für neue Entwicklungen besonders eignen, dann sollte man sich nicht von allgemeinen Vorurteilen leiten lassen und die Entwicklungen im »Labor Deutschland« leichtfertig abtun, was leider häufig in Rom passiert, das sich erst recht als Nabel der Welt versteht.

Damit sei abschließend noch ein Blick auf die Ewige Stadt geworfen. An eine Teufelserscheinung glaubte eine italienische Familie, die an einem schönen Sonntag in Rom ihrer Sonntagspflicht nachgehen wollte und in die gerade am Weg ihres Stadtbummels auf der anderen Seite der Mauer stehende Kirche trat. Sie öffnete das Haupttor und blickte auf einen schwarz gekleideten Mann am Altar. Im schwarzen Talar zelebrierte aber nicht der Leibhaftige, für den sie ihn hielten, sondern Pfarrer Hans-Michael Uhl den Sonntagsgottesdienst.

Was die pflichtbewussten Italiener nicht wussten: Sie waren per Zufall in der Evangelisch-Lutherischen Christuskirche der deutschen evangelischen Gemeinde in Rom gelandet. Pfarrer Uhl, der heute in meiner Heimatstadt Hausach Religion unterrichtet, schmunzelt noch immer, wenn er sich an die verdatterten Gesichter der Italiener erinnert. Ebenso blieb ihm in Erinnerung, wie ihm nach einer evangelisch-katholischen Trauung der katholische Brautvater erfreut mitteilte: »Endlich sehe ich mal einen evangelischen Pfarrer. Die habe ich bisher nur aus Westernfilmen als die Totengräber gekannt.«

In Rom evangelisch zu sein verlangt eine gewisse Bereitschaft, in mancher katholischen Inszenierung nur großes Theater zu sehen, ohne sich davon blenden zu lassen. Eine Papstmesse ist etwas, an dem sich Film- und Theaterregisseure ein Vorbild nehmen könnten. Das kann wirklich unter die Haut gehen und immer wieder sogar die von Pomp und Weihrauch wenig verwöhnten Protestanten faszinieren. Umgekehrt wissen katholische Prälaten oft überhaupt nicht, wie es in einem lutherischen Gottesdienst zugeht. Uhl erzählt, dass da »mancher, der neugierig in die evangelische Kirche kam, etwas mitmachte, was er nicht verstand, was er für vereinbar mit dem Katholizismus hielt, obwohl er eigentlich unbewusst Verbotenes tat, beispielsweise ahnungslos beim Abendmahlsempfang seinen Posten riskiert«.

Rom ist eben ignorant und weit von der andersgläubigen Welt entfernt. Es lässt sich in seiner daraus entstandenen

Fehlsicht auch nicht korrigieren. In einem so katholischen Land wie Italien von Protestantismus zu sprechen ist deshalb mühsam und kann einfach nicht richtig verstanden werden, vom einfachen Volk schon gar nicht. Ein Beispiel dafür ist die Begegnung, die ich mit meiner biederen katholischen Portiersfrau hatte. Sie hätte so gerne einmal einen Protestanten gesehen und war schwer enttäuscht, als sie erfahren musste, dass ich keiner war. Schade, sonst hätte sie vielleicht endlich entdeckt, dass Evangelische vielleicht doch keine Hörner auf dem Kopf tragen und keinen Klumpfuß nach sich ziehen.

Die Pille in der Tasche

Die Angst vor dem Kuss und die Geburtenkontrolle

»Zu Hunderttausenden kamen am Sonntag katholische Frauen aus ganz Italien auf den Petersplatz in Rom, umjubelten den Papst, die Pille in der Tasche« – noch nie hat eine Zeitung so präzise und treffend die geschwundene Autorität des Papstes und die Krise durch die überholte Sexualmoral der katholischen Kirche auf den Punkt gebracht. In einem einzigen Satz hat der Vatikanist der größten italienischen Zeitung *Corriere della Sera*, Fabrizio de Santis, im Frühjahr 1979 alles Wesentliche gesagt. Eine Meisterleistung der journalistischen Beobachtung und Formulierung.

Der umjubelte Papst war der erst wenige Monate zuvor am 16. Oktober 1978 gewählte Johannes Paul II. Er ließ sich von den Massen feiern, ohne je zu verstehen, dass der Beifall seiner Person und nicht seiner Lehre galt, schon gar nicht der von ihm vertretenen Sexualmoral. Diese hatte schon Papst Paul VI. 1968 in seiner Enzyklika *Humanae vitae* zum Ausdruck gebracht und so die größte Glaubwürdigkeitskrise der katholischen Kirche im 20. Jahrhundert verursacht. Die Krise dauerte 1978 an und hat sich in den seither folgenden Pontifikaten noch verschärft.

Verwundern konnte das niemanden, denn gerade in puncto Sexualmoral wurde in der Kirche immer geheuchelt. Lehre und Wirklichkeit wollten nie so recht zusammenpassen, und wenn sie passend gemacht wurde, litten die Betroffenen meist unter Persönlichkeitsstörungen. Ungläubiges Staunen, Kopfschütteln und Gelächter erntete damals schon ein Freund von mir, als er von seiner in die USA ausgewanderten Cousine und ihrem Ehemann, einem erzkatholischen ehemaligen Kämpfer der faschistischen kroatischen Ustascha erzählte, der vermutlich mit kirchlicher Hilfe seiner sicheren Verurteilung nach Übersee entfliehen konnte. Sie hatte acht Kinder zur Welt gebracht. Als dann aber die Wechseljahre einsetzten und Sex daher nicht mehr mit dem Wunsch nach Empfängnis zu rechtfertigen war, bezog das Ehepaar zwei getrennte Schlafzimmer. Sex könnte ja sündhaft Spaß machen und nicht nur zum Zeugen von Nachwuchs dienen, war wohl die Befürchtung, die hinter der nächtlichen Trennung stand. Von den acht Kindern geht heute keines mehr in die Kirche.

Die katholische Kirche sorgt sich eben nur um die Fortpflanzung und darum, dass der Einzelne nicht seiner Lust folgt, sondern ordentlich funktioniert, schrieb der frühere Bundesanwalt beim Bundesgerichtshof, Manfred Bruns, 2004. »Dagegen kümmert es sie nicht, ob der Einzelne mit dieser Ordnung psychisch zurechtkommt oder ob er an ihr zerbricht. Wen diese Ordnung überfordert, der muss sein Kreuz auf sich nehmen.«

Vor diesem Hintergrund mag es wahrlich sensationell erscheinen, dass Papst Benedikt XVI. in dem Interview-Buch *Licht der Welt* seines deutschen Hausschreibers Peter Seewald im November 2010 scheinbar einen eingeschränkten Gebrauch von Kondomen erlaubte. Der Papst meinte, dass die katholische Kirche die Verwendung von Kondomen »natürlich nicht als wirkliche und moralische Lösung« ansehe. »Sich allein auf den Präservativ zu konzentrieren, heißt die Sexualität zu banalisieren.« Aber wenn Prostituierte sich und andere so schützten, könne dies »ein erster Schritt zur Moralisierung« sein und dabei helfen, ein Bewusstsein dafür zu entwickeln, »dass nicht alles gestattet ist und man nicht alles tun kann, was man will«.

Dann schränkte er ein, dass dies aber nicht der Weg sei, um die tödliche HIV-Infektion wirklich zu besiegen. Im Kampf gegen die Immunschwächekrankheit Aids brauche es eine »Humanisierung der Sexualität«. An anderer Stelle im Buch fragte er im Hinblick auf Verhütung: »Wie viele Kinder wurden getötet, die eines Tages hätten Genies sein können, die der Menschheit etwas Neues, einen neuen Mozart oder technische Entdeckungen hätten geben können?« Künstliche Empfängnisverhütung bleibt also grundsätzlich verboten, auch wenn der Papst Umstände erkennt, in denen Kondome seltsamerweise helfen, die Menschen zu moralisieren. Es wirkt schon sehr eigenartig, wenn der Papst den Geschlechtsakt als Möglichkeit sieht, moralisches Bewusstsein zu bilden. Schließlich gilt seine Erlaubnis nicht für jedes Paar, sondern beispielsweise für Prostituierte.

Eine erfüllte Sexualität ohne Kinderwunsch und deshalb mit Kondom und den Sex mit Huren zu vergleichen ist aber eigentlich eine Unverschämtheit. Solch haarsträubende Argumentation belegt jedoch mehr als alles andere, wie sehr der Papst mit seiner Lehre in dieser Frage in der Sackgasse steckt, und beweist seinen Realitätsverlust. In Sackgassen gibt es aber eigentlich nur einen Ausweg: die Umkehr. Doch das geschieht hier nicht. Optimistisch gedeutet könnte die neue Position als der Einstieg zum Einstieg in eine neue Sexualmoral verstanden werden. Um im Bild zu bleiben würde ich sagen, dass der Papst vor der Wand am Ende der Sackgasse steht, sich umschaut, sich aber nicht umdreht.

In Sexualfragen gilt daher leider nach wie vor: Frage nie Papst oder Kirche! Nachdem sich die Aufregung über den päpstlichen Kondom-Kommentar gelegt hatte, blieb nichts übrig. Denn in Ausnahmefällen hatte ja schon vor über 40 Jahren Papst Paul VI. die Pille als Arzneimittel bei Hormonstörungen in Erwägung gezogen. Solche Sonderfälle hat es immer gegeben. So existieren ja auch katholische verheiratete Pfarrer, Konvertiten beispielsweise oder Mitglieder der unierten Orthodoxie. Solche Sonderfälle haben aber nie den Zölibat gelockert. Warum sollte daher der Papst jetzt wegen einiger Ausnahmen bei Kondomen künstliche Empfängnisverhütung zulassen? Die Heuchelei geht also weiter.

Religion hat sich in der gesamten Menschheitsgeschichte nicht von Sexualität trennen lassen. Der Trieb musste angeblich gebändigt werden, weil er den Menschen sonst zerstören würde. Diese Argumentation war die hilflose Antwort auf die Angst vor einer souveränen Sexualität, die davon ausgeht, dass es nicht nur um Fortpflanzung, sondern auch um Liebe und Glück geht. Mit Verboten versuchten alle Kultureinrichtungen, die Sexualität ihren rituellen Gesetzen zu unterwerfen. Vermutlich hing ihre Macht zu sehr von der Verdammung der Sexualität ab. Nur mit der Dämonisierung konnten sie religiöse Ängste schüren und nützen. Schon gar nicht erkannt wird von denen, die Angst vor der Sexualität schüren, die Tatsache, dass kein noch so beglückender Sex ein dauerhaftes Heil, eine haltbare Bindung oder eine belastbare Beziehung hervorbringt, wenn zwischen den Partnern sonst keine Liebe, Zuneigung und Verständnis bestehen. Eigentlich wäre die Relativierung des Sex eine wahrhaft kirchliche Aufgabe. Die Kirche scheint dem aber nicht gewachsen zu sein und verdammt Sexualität daher lieber, als sich ehrlich damit auseinanderzusetzen. Wen wundert es da, dass sogar die Ehe jahrhundertelang gegenüber einem keuschen Leben als minderwertig galt. Der Pflichtzölibat wurde im 12. Jahrhundert eingeführt und manifestierte folgerichtig die Aufteilung der mittelalterlichen Gesellschaft in den ehelosen Stand der Kleriker (Mönchen, Nonnen und Priester) und den minderwertigeren Stand der Laien.

Wie widersprüchlich die katholische Kirche argumentiert, zeigt sich schon im Ehesakrament. Sie verteidigt einerseits die kirchliche Eheschließung vor Gott und der Welt, ohne die keine dauerhafte Verbindung eingegangen werden darf. Gleichzeitig annulliert sie aber jede Ehe, die nicht sexuell vollzogen worden ist. Somit ist aber eigentlich nicht das Sakrament das wesentliche, heilsstiftende Element, sondern der Geschlechtsakt.

Die Enzyklika *Humanae vitae* platzte mitten in eine heiße Zeit und löste 1968 auf dem Katholikentag in Essen eine Rebellion von katholischen 68ern aus. Die Mairevolte der 68er-Studenten in Paris war schon vorbei, Blumenmädchen kamen immer mehr in Mode, und die Parole »Make love, not war« fand auch in Deutschland großes Gehör, als am 25. Juli Papst Paul VI. gegen den Rat der Experten der Hippie-Stimmung die kalte Dusche verpasste. Weltweite Proteste erntete seine Enzyklika, die bald als Entsetzlika verspottet wurde. Beim Katholikentag in Essen kurz danach waren fast alle für die Pille, das päpstliche Verbot verteidigte niemand. Junge Katholiken hatten sich schon vor dem Katholikentag zur Katholischen außerparlamentarischen Opposition (Kapo) formiert, und das Pillenverbot veranlasste sie, das Zwangssystem in der katholischen Kirche zu verdammen, das »von einer kleinen, radikalen, geistig vermoderten, klerikalen Minderheit mit stalinistisch anmutenden Mitteln ... am Leben gehalten« werde.

In Essen wollten die Kapos verhindern, dass der Katholikentag dem Pillenverbot applaudierte. Deshalb schlugen sie Plakate an: »Wir reden nicht über die Pille – wir nehmen sie.« Deshalb forderten sie am ersten Tag des Katholikentags Papst Paul VI. öffentlich auf, freiwillig zurückzutreten. Mit Transparenten »Sich beugen und zeugen«, »Gehorsam und neurotisch« zogen sie durch die Hallen. Zum Schluss erklärten fast alle 5000 Teilnehmer des Ehe-Forums bei nur 90 Gegenstimmen und 58 Enthaltungen in einer Entschließung, dass sie der päpstlichen »Forderung nach Gehorsam ... nicht folgen können«. Stattdessen sei »eine grundsätzliche Revision der päpstlichen Lehre in diesem Punkt« erforderlich. Diese Forderung ist bis heute unerfüllt geblieben, und unter Benedikt XVI. besteht auch keine Aussicht darauf. Allerdings ist das auch nicht mehr notwendig, denn es kümmert sich sowieso keiner darum, was der alte Mann in Rom anmahnt.

Gegen ein Verhütungsverbot wehrte sich in den Jahren nach 1968 lautstark vor allem die beginnende Frauenbewegung mit ihren Zielen eines von Fremdbestimmung und dem Zwang nach Reproduktion befreiten Lebens der Frau. Die heftige Kritik an diesem »Rückfall ins Mittelalter« rührte zu dieser Zeit nicht nur von der grundsätzlichen Ablehnung her. Zum ersten Mal hatten die Frauen eine praktische Grundlage für ihre freie Entscheidung erhalten, von der alle Generationen vor ihnen nur träumen konnten. Denn kurz zuvor, 1960, war die erste Antibabypille in den USA auf den Markt gekommen, und schon ein Jahr später konnten auch deutsche Frauen das Präparat schlucken.

Die Frauen ignorierten den Schlag ins Gesicht durch die »Pillen-Enzyklika«, in der unter dem Titel »Über die rechte Ordnung der Weitergabe des menschlichen Lebens« Papst Paul VI. jede Form von Verhütung verbot. »Pillen-Paul«, wie wir ihn nannten, formulierte: »Ebenso ist jede Handlung verwerflich, die entweder in Voraussicht oder während des Vollzugs des ehelichen Aktes oder im Anschluss an ihn beim Ablauf seiner natürlichen Auswirkungen darauf abstellt, die Fortpflanzung zu verhindern, sei es als Ziel, sei es als Mittel zum Ziel.« Papst Paul VI. bekräftigte mit seiner letzten und wohl umstrittensten Enzyklika eigentlich nur das, was seine Vorgänger auch schon gelehrt hatten. Nämlich dass jeder eheliche Akt nur dann sittlich gut sei, wenn er der Weitergabe des Lebens diene. Die katholische Kirche vertrat noch immer die Ansicht des antiken, von Benedikt XVI. hoch geschätzten Augustinus (354–430 n. Chr.), dass Sexualität eine Folge der »Erbsünde« und deshalb an sich »sündig« sei. Nur die Absicht, Nachkommen zu zeugen, könne sie legitimieren. Die gesellschaftlich gelockerte Sexualmoral bedrohte deshalb die katholische Kirche in fundamentaler Weise.

Die Leibfeindlichkeit der katholischen Kirche wurde mit dieser Bedrohung vor Augen nach außen weiter vertreten, obwohl eine vom Pontifex selbst einberufene Expertenkommission aus Medizinern, Sozialwissenschaftlern und Theologen sich mit 64 zu vier Stimmen für die Pille und andere Verhütungsmittel ausgesprochen hatte. Die Eheleute sollten selbst nach ihrem eigenen Gewissen eine mögliche Empfängnis regeln. Aber Paul VI. hörte nicht auf die Experten und auch nicht auf die Pastoralinstitution des Konzils, die in der Gewissensentscheidung der Eheleute für eine verantwortbare Kinderzahl eine grundlegende Pflicht bewusster sittlicher Eheführung sah. Eine Gruppe von fünf Kardinälen, darunter auch der Krakauer Karol Wojtyła, der spätere Papst Johannes Paul II., legte Paul VI. wenig später allerdings ein gegenteiliges Gutachten vor, das letztlich die Basis für die Enzyklika wurde. Dieses »Gutachten der Minderheit« greift auf die Lehräußerungen von Pius XI. (1922–1939) und Pius XII. (1939–1958) zurück und erschien am 25. Juli 1968 als Lehrschreiben *Humanae Vitae*. Von verantwortlicher Elternschaft war da keine Rede mehr, dafür von Kinderzeugen ohne Vorbehalt.

Die Enzyklika besiegelte papstamtlich die längst bestehende Heuchelei. Eine nicht repräsentative Zufallsbefragung unter deutschen Pfarrern meiner Heimat ergab, dass die aufgeschlosseneren unter ihnen forderten, den Gebrauch in der Beichte zu bekennen, mehr aber nicht. Die Absolution wurde dann ohne Wenn und Aber erteilt. Sie erfüllten damit die Vorschrift, standen selbst aber wohl nicht dahinter.

Ich konnte das Ganze weder als Jugendlicher noch kann ich es heute verstehen. Die Autorität des Papstes litt aus meiner Sicht nicht nur unter der Ablehnung der künstlichen Empfängnisverhütung, sondern machte auch aus einer Methode eine Moral. Denn natürliche Empfängnisverhütung wurde erlaubt, also die Nutzung der unfruchtbaren Tage der Frau. »Unfälle« gab es bei der natürlichen wie bei der künstlichen. Also könnte man die künstliche gut katholisch ebenso gut als offen für Empfängnis durchmogeln, weil sie diese ja nicht völlig ausschließt. Verstehe die hier vorgenommene Unterscheidung, wer will. Doch dazu muss man wohl ein vertrockneter Kardinal oder Papst sein.

Der Kölner Gynäkologe Jürgen Klinghammer erinnerte sich in einem Gespräch mit dem Deutschlandfunk zum 40. Jahrestag der Enzyklika 2008 an die Zeit, als er sich 1976 in Köln mit seiner eigenen Praxis niederließ. Er habe dort einen älteren Kollegen gehabt, der sehr katholisch gewesen sei. Selbst der habe die Pille verschrieben, allerdings ausschließlich an verheiratete Frauen. Dieser Kollege sei aber eher die Ausnahme gewesen. In seinen mehr als drei Jahrzehnten als praktizierender Frauenarzt habe er keine Patientin erlebt, die die Pille aus religiösen Gründen abgelehnt habe. Wohl seien einige verunsichert gewesen und hätten vielleicht sogar ein schlechtes Gewissen bei der Einnahme der Pille gehabt, aber, so Klinghammer, »die Sicherheit der Empfängnisverhütung war für die Frauen wichtiger als das Dogma der katholischen Kirche«.

Die Kritik an der »Pillen-Enzyklika« war so heftig, dass mit ihr der große Auszug aus der katholischen Kirche einsetzte. Selbst die deutschen katholischen Bischöfe relativierten in ihrer »Königsteiner Erklärung« vom 30. August 1968 die Äußerungen des Papstes und ließen die Möglichkeit offen, Empfängnisverhütung mit dem eigenen Gewissen auszumachen. Sie bekamen dafür Ärger aus Rom und später mit

Kardinal Ratzinger, der die Männer der Königsteiner Erklärung sein Leben lang mit Misstrauen verfolgte. Bischof Karl Lehmanns Ernennung zum Kardinal wurde auf Ratzingers Betreiben deshalb sogar um Jahre verzögert.

Am 28. Juni 2005, schon im ersten Jahr seines Pontifikates, approbierte Benedikt XVI. den Katechismus mit den alten Empfehlungen zum sechsten Gebot. Ausdrücklich stimmte er solchen Definitionen zu wie: »Welche Hauptsünde gegen die Keuschheit gibt es? Sünden, die entsprechend der jeweiligen Natur des Gegenstandes schwer gegen die Keuschheit verstoßen, sind: Ehebruch, Selbstbefriedigung, Unzucht, Pornographie, Prostitution, Vergewaltigung, homosexuelle Handlungen. Diese Sünden sind Ausdruck des Lasters der Unkeuschheit. Wenn sie an Minderjährigen begangen werden, wiegen solche Handlungen noch schwerer, weil sie gegen deren psychische und moralische Unversehrtheit verstoßen.« Das steht in einem Katechismus, der in dieser schon gemäßigten Form 1992 formuliert worden ist. Hat ihn kein Missbrauchs-Pfarrer je gelesen oder fühlten sie sich als Gottesmänner vielleicht davon ausgenommen? Weiter im Katechismus: »Auch wenn es im biblischen Text des Dekaloges heißt: Du sollst nicht die Ehe brechen, folgt die Überlieferung der Kirche den sittlichen Weisungen des Alten und des Neuen Testaments insgesamt und bezieht das sechste Gebot auf alle Sünden gegen die Keuschheit.« Viel Raum also für repressive Interpretationen, aber auch für Rückfragen nach der Rechtfertigung kirchlicher Moral, wenn man die Un-Sittengemälde des Alten Testaments und Jesu Umgang mit der Ehebrecherin nur als einzelne Beispiele heranzieht.

Frauenarzt Jürgen Klinghammer bescheinigte dem Ratzinger-Papst, dass er das Lehrschreiben *Humanae Vitae* zwar noch einmal bestätigt habe, aber im Grunde habe das niemand wahrgenommen. Auch in den einschlägigen gynäkologischen Zeitschriften sei das überhaupt kein Thema gewesen. Heute lasse sich eben »keine Frau mehr vorschreiben, wie sie verhütet oder ob sie überhaupt verhütet«. Für den Arzt ist die Antibabypille das dritte Medikament, das die Welt im positiven Sinne vollkommen verändert hat – neben Aspirin und Penizillin.

An dieser Stelle möchte ich noch einmal zehn Jahre vor das verhängnisvolle Jahr 1968 zurückgehen, um die Veränderungen zu verdeutlichen. Mit sich fast überschlagender Stimme giftete eine junge Studienrätin im Gymnasium Hausach meine Mitschülerin Ursula an: »Mach sofort deinen unkeuschen Knopf zu.« Wir waren so etwa 15 oder 16 Jahre alt, mitten in der Pubertät und hatten – vor allem natürlich die männlichen Schüler – wohl bemerkt, dass Ursula mehr in der Bluse hatte als andere Klassenkameradinnen. Aber dass ihr offener oberster Blusenknopf unkeusch sein sollte, wäre uns solchen Hinweisen keineswegs abgeneigten Jungen nie eingefallen. Immerhin war es Sommer, und die Bluse war selbst mit offenem Knopf noch mehr als verhüllend, zugeknöpft könnte man sagen. Dem Fräulein Lehrerin, das wohl etwas weniger körperlich gesegnet war, war der Busen aber offenbar ein Stein des Anstoßes, wiewohl ihr ansonsten keineswegs ein so züchtiger Lebenswandel nachgesagt wurde, wie der asexuelle Ausraster vermuten hätte lassen können.

Es war ein schriller Befehl, wie alles, was irgendwie mit Sexualität zu tun hatte, nie normal kommuniziert wurde. Aufklärung fand nur unter Jugendlichen statt, von älteren Kameraden oder Geschwistern. Und wohl dem, der sich ergänzend eine *Bravo* leisten konnte. Von den Eltern war in dieser Beziehung so gut wie nichts zu erwarten. Sie waren so sprachlos wie die ganze Gesellschaft, die sich nur entrüsten, aber nichts positiv formulieren konnte. So sehr ich mich auch anstrenge, mir fällt kein Aufklärungsunterricht oder ein aufklärendes Gespräch von Lehrer- oder Elternseite ein, in dem die Worte Penis, Vagina, Glied oder Scheide vorgekommen wären. Auch Nacktheit war unmöglich und sündhaft verboten. Und es galt als schändlich, wenn jemand mehr als geziemend zeigte. Die Alten setzten darauf, dass die Jungen »es« irgendwie doch mitbekommen würden, denn bei ihnen hatte es schließlich auch so funktioniert.

Ich erinnere mich gut an die Erzählung einer Tante, der jüngsten Schwester meiner Mutter, die als jüngstes von zwölf Geschwistern eines Tage ihrer Mutter unsicher, ängstlich und doch neugierig eröffnete, dass sie ihre Periode habe. Die Reaktion der Mutter: zuerst eine Ohrfeige, dann die Frage: »Woher weißt du das?« Es reicht ja noch, mag man daraus folgern, Bescheid zu wissen, wenn man ungewollt schwanger geworden ist. Schweigen statt sprechen, verdrängen statt offen reden, tabuisieren. Viele Mädchen glaubten ernsthaft, sie hätten sich verletzt, als sie ihre erste Monatsblutung bekamen. In so einer Atmosphäre galt ein leichter Ausschnitt freilich schon als Todsünde, und Ursulas offener Blusenknopf war gleichbedeutend mit dem Tor zur Hölle.

Unsere Aufklärung folgte der Lehranleitung für den Religionsunterricht, die wir zur damaligen Zeit natürlich nicht kannten. Darin hieß es, bildliche Darstellungen, etwa von Positionen, seien unbedingt zu vermeiden. Nur nicht konkret werden. Die Geschichte von den Bienen und dem Bestäuben war zwar schon abgeschafft, aber viel besser war das neue Drumherumreden voller Andeutungen auch nicht. Wer nicht bereits anderweitig Wissen gesammelt hatte, dem half das nicht viel weiter. Und eine über allem schwebende Angst konnte uns so auch keiner nehmen, die Angst vor einer Schwangerschaft. Die Furcht vor den Folgen der Sexualität dämpfte unsere Lust vehement, zumal wir in großer Unsicherheit blieben. Bekam man etwa schon von einem Kuss ein Kind? Selbstverständlich glaubten wir nicht daran, aber konnte man wirklich sicher sein? Glücklich konnte sich preisen, wer im elterlichen Bücherschrank ein Aufklärungsbuch entdeckte und es heimlich lesen konnte. *Unter vier Augen* war so ein Werk, das mit heutigen natürlich nicht zu vergleichen ist. Zum Glück hat sich das alles heute verändert, und Aufklärungsunterricht ist inzwischen selbst in katholischen Schulen Teil des Lehrplans. Doch Papst Benedikt XVI. ist den verklemmten Vorstellungen treu geblieben. In seiner Neujahrsansprache 2011 verurteilte er tatsächlich sogar den Sexualkundeunterricht als Angriff auf die Religion. Da schüttelten selbst katholische Nonnen nur verwundert den Kopf.

Besser als eine Jugendfreundin kann niemand auf den Punkt bringen, was in der katholischen Kirche mit ihrer Sexualmoral falsch gelaufen ist. Sie empfindet, wie sie mit 66 Jahren schrieb, die autoritäre, verklemmte katholische Erziehung »bis heute als so zerstörerisch wie den sexuellen Missbrauch«.

Wenn der Pfarrer an der Haustür klingelt

Der Austritt und das Geld: Kirchensteuer, Spenden und Geheimnisse

Es war kurz vor Ostern 1974, und die Portiersfrau in unserem ziemlich zentral gelegenen Wohn-Palazzo in der Via Messina gleich hinter der Porta Pia in Rom druckste zögerlich herum. »Dottore Oschwald« – hier ist jeder Dottore, der den Anschein erweckt, sein Geld nicht mit den Händen verdienen zu müssen – »sind Sie katholisch?« Ja, natürlich.

Das war das Signal für einen unerwarteten Besuch. Denn wenige Tage später stand der Pfarrer mit Ministrant in Messgewändern vor der Wohnungstür, schob sich gleich an uns erstaunt blickenden Bewohnern vorbei und schwenkte Weihrauch und Weihwasser durch die Räume. Als wir die Frage, ob wir Kinder hätten, verneinten, stürmte er in und durch unser Schlafzimmer und segnete es noch intensiver. Die Absicht war klar. Es hat allerdings nicht viel geholfen, denn unser Sohn kam erst drei Jahre später zur Welt.

Danach setzte der Pfarrer sich im Wohnzimmer auf einen Sessel, und wir servierten ihm, da wir vorsorglich von der Portiersfrau über seine Vorliebe aufgeklärt worden waren, Cognac und überreichten ihm am Ende die erwartete Summe an Lire. Danach zog er auf seiner jährlichen Betteltour wohlgestimmt zur nächsten Wohnung, um sich den Lebensunterhalt zu sichern.

So funktionierte in den 1970er-Jahren in Italien das Eintreiben des Kirchgeldes, da es keine Kirchensteuer gab. Die Pfarrer lebten von Spenden und den österlichen Hausbesuchen. Und sie lebten nicht gut davon. Heute hat sich das geändert. Die italienische Kirche ist dank eines Konkordats von 1984 (mit dem sozialistischen Regierungschef Bettino Craxi) wohlhabend geworden. Denn jeder Italiener zahlt acht Promille von seinem zu versteuernden Einkommen, kann den Empfänger der Abgabe aber frei wählen, das Geld also der katholischen Kirche oder anderen zum Empfang berechtigten Einrichtungen widmen. Wo kein Begünstigter genannt wird, verteilt der Staat das Geld entsprechend dem Anteil bei den Angaben auf den Steuererklärungen. Wem am meisten namentlich zugewiesen wird, der bekommt auch hier die größte Summe. Die katholische Kirche erreicht so 90 Prozent aller Promille-Abgaben. Sie verfügt zudem über ausreichend andere Einnahmen, zum Beispiel aus riesigem Grundbesitz, allein in Roms Zentrum gehören ihr mindestens ein Drittel aller Häuser. Manche schätzen sogar 50 Prozent. Und dank dem Konkordat von 1929 bezahlt sie keine Steuer auf Grund und Mieteinnahmen.

Trotz des Reichtums der Kirche und den heute gut gestellten Pfarrern fehlen vor allem auf dem Land überall Priester. Außerhalb von Rom füllen Schwarzafrikaner und Asiaten aus den römischen Priesterkollegs zeitweise die Lücken auf. Die italienische Kirche treibt wohlhabend genauso in die Krise wie die deutsche, der es schon immer besser ging als fast allen anderen. Den sonntäglichen Gottesdienst besuchen mittlerweile auch in Italien nicht mehr Gläubige als in Deutschland, und gerade die Römer gelten durchaus als kirchenkritisch. Auf den Papst lassen sie allerdings nichts kommen. Als ich eine Nachbarin fragte, was sie denn von Benedikt XVI. halte, schmunzelte sie nur: »Ich sage nichts, ich bin Römerin.« Klar doch, ein deutscher Papst zieht sicherlich mehr spendable Pilger nach Rom als der polnische Vorgänger, dessen heimischer Anhang in klapprigen Bussen und mit Vesperbroten anreiste, kein gutes Geschäft für die Tourismusindustrie. Dafür verkauften sich seine kitschigen

Devotionalien in den ersten Ratzinger-Jahren noch immer besser als die des neuen Pontifex.

Nach meiner Zeit in Rom wurde ich nach Paris versetzt. Wir wohnten anfangs in Noisy-le-Grand am Ostrand der Millionenstadt in einem ultramodernen Neubauviertel neben einem alten, typisch nordfranzösischen Dorf, in dem auch das Pfarrhaus lag. Dabei handelte es sich um ein schmales, älteres Dorfhaus, das von der Größe her für eine mittlere Familie ausgelegt war und in dem vier Priester mit strenger, vom Zweck bestimmten Arbeitsteilung zusammenlebten. Einer kochte, führte den Haushalt und war dafür von Seelsorgerpflichten weitgehend entbunden. Der zweite war in der weitläufigen Gemeinde unterwegs, um die direkte, persönliche Seelsorge zu pflegen. Der dritte kümmerte sich hauptsächlich um die katholischen Organisationen, die in Frankreich nicht von der Pfarrei abhängen, sondern als eigenständige Vereine operieren müssen. Und der vierte schließlich arbeitete in einem Krankenhaus als Pfleger, »damit wenigstens einer von uns ein festes Einkommen und Versorgung hat. Notfalls müssten wir von ihm leben«, erklärte mir der »Haushaltsvorstand« bei einem Gespräch in seiner Küche.

Frankreichs Kirche ist arm, dennoch wollte keiner der vier genannten Pfarrer mit der deutschen Wohlstandskirche tauschen. »Was meinen Sie, wie wir an Glaubwürdigkeit verlieren würden. Wir predigen Armut und sind arm, aber überzeugend.«

Einige Zeit später drehte ich einen Film für das dritte Programm des WDR über die Finanzen der französischen Kirche. Im Zuge der Dreharbeiten war auch ein Interview mit dem Bischof von St. Denis im Norden von Paris zugesagt. Wir hatten vereinbart, uns beim bischöflichen Ordinariat zu treffen. Er nannte uns die Adresse in der Nähe der Kathedrale von St. Denis, der Grabeskirche der französischen Könige, die seit der Säkularisierung dem französischen

Staat gehört. Der Bischof feiert die Messe dort nur als Mieter, wie es in allen französischen Kirchen der Fall ist, die nicht erst in jüngster Zeit in kirchlicher Eigenregie neu gebaut worden sind.

Wir trafen pünktlich ein und bewunderten den imponierenden Palast in der Straße, der aber, wie sich schnell herausstellte, nicht das bischöfliche Ordinariat war, sondern die Departementsfiliale der französischen Nationalbank, der Banque de France. Genau gegenüber versperrte eine Schranke die Zufahrt, und dahinter stand ein eingeschossiger Fertigbau, wie er in Deutschland auf größeren Baustellen für die Unterkunft von Bauarbeitern und Baubüros verwendet wird. Das war der Sitz des Bischofs. Als wir noch etwas ungläubig das Gebäude musterten, bog ein dunkelblauer Renault 4, einer jener praktischen kastenförmigen Kleinwagen, die in Frankreich jahrelang das Straßenbild prägten, um die Ecke. Am Steuer saß ein Mann mittleren Alters, der passend zu unseren Vorstellungen eines echten Franzosen eine Baskenmütze trug – der Bischof. Auch er wollte auf Nachfrage mit seinen deutschen Amtsbrüdern nicht tauschen.

Materielle Sicherheit gegen evangelische Armut. Je reicher die Kirche, desto geringer die Anziehungskraft und die Mitgliederzahl. Das ist zumindest meine Erfahrung. Bürokratisch genau gemessen wird die Zahl der Gläubigen sowieso nur in Deutschland, wo Standesämter und Kirchensteuer die totale Erfassung ermöglichen. In anderen Ländern gilt lediglich der subjektive Eindruck, wenn die Kirchen leer bleiben. Gezählt wird nicht, und Prozentangaben über den Anteil der Gottesdienstbesucher im Vergleich zur Gesamtmitgliederzahl gibt es auch nicht.

In Frankreich mit fast nur katholischer Bevölkerung und wenig Protestanten, inzwischen aber zunehmend Moslems, galten für die Einwohner seit jeher andere Maßstäbe als in Deutschland, wenn sie nach ihrem Glauben befragt wurden. Bei Umfragen oder in persönlichen Gesprächen mit mir antworteten die meisten, sie seien »catholique«. Katholisch sein trifft aber für fast jeden zu, da es sowieso keinen behördlich erklärten und damit feststellbaren Kirchenaustritt gibt. Man bleibt eben fern, wenn man nicht mehr will. Wer sich aber zum katholischen Glauben bekennt, der antwortet mit »catholique pratiquant«, also praktizierender Katholik.

Um den finanziellen Bedürfnissen nachzukommen, wirbt die französische Kirche alljährlich öffentlich mit Anzeigenkampagnen für Spenden und kündigt einen Zahlungstermin an. Die Bischöfe rufen zum »Denier du culte« auf, und die Betreiber kirchlicher Aktivitäten in sozialen oder karitativen Bereichen weisen auf die notwendigen Mittel hin, weil der Staat dafür gemäß der scharfen Trennung von der Kirche nicht einspringt. Dann sind alle Katholiken aufgefordert, ihrer Pfarrei Geld zu überweisen. Die Zahlungsbereitschaft hat inzwischen allerdings ziemlich nachgelassen. Daher versuchen die Bischöfe, den armen Bistümern mit einem interdiözesanen Finanzausgleich zu helfen, damit deren Klerus nicht total verarmt. Viel Geld fließt aus den berühmten Wallfahrtsorten in die Kirchenkasse, vor allem wenn dort oft geheiratet wird, denn im Gegenzug für die Trauung wird ordentlich gespendet, eine gut bezahlte Dienstleistung sozusagen.

Die deutschen Kirchen können da richtig neidisch machen, wenn man nur auf das Geld blickt. Knapp acht Milliarden Euro Kirchensteuern zahlen die 52 Millionen Mitglieder der evangelischen und der katholischen Kirchen, hat die Evangelische Kirche in Deutschland (EKD) 2009 ausgerechnet, um gegen die sich häufende Kritik an der Kirchensteuer zu argumentieren. Denn schließlich zahlten die 17 Millionen Raucher immerhin 14 Milliarden Euro Tabaksteuer.

Doch was ist viel, was ist wenig? Wer bestimmt eigentlich, was mit dem Geld der Kirche geschieht? Wer verwaltet es und wer kontrolliert das? Und warum muss es überhaupt so geregelt sein? Geht es nicht auch ohne Zwangseintreibung der Steuer? Viele Fragen, die mich seit der Rückkehr aus dem Ausland 1988 beschäftigen und wegen der Kirchenkrise bei Bekanntwerden der Missbrauchsskandale mehr als zuvor zur Diskussion stehen. Und letztlich ein gesamtgesellschaftliches Thema sind, denn in Deutschland kommen auch Atheisten nicht drum herum, die Kirchen finanziell zu unterstützen. So hat der Bayerische Rundfunk herausgefunden, dass alle Bayern zusammen rund 60 Millionen Euro jährlich an die Kirche zahlen, egal welchem Glauben jemand zugehört, ob er nie eingetreten oder ausgetreten ist. Das sind Gelder aus dem allgemeinen, von jedermann zu zahlenden Steueraufkommen ohne Kirchensteuer. Die Grundsanierung der Münchner Frauenkirche schlägt zum Beispiel mit geschätzten zwei Millionen Euro öffentlichen Mitteln zu Buche. Und auch der bauliche Unterhalt von Kloster Andechs geht auf Staatsrechnung. Bischöfe, Erzbischöfe und weitere Geistliche bekommen ihr komplettes Gehalt aus der Staatskasse, auch »bestimmte Funktionsträger in der evangelischen Landeskirche« erhalten Zulagen oder Zuschüsse, erklärte Ludwig Unger, Pressesprecher des Kultusministeriums, dem Bayerischen Rundfunk. Rund 700000 Euro bezahle das Bayerische Kultusministerium jährlich »für Gehälter und Ähnliches«. Bischof Mixa erhielt beispielsweise nach Recherchen der Redaktion von *Panorama* ein Beamtengehalt der Besoldungsgruppe 6, dies entspricht rund 7900 Euro monatlich.

Seit der Weimarer Verfassung von 1919 ist in Deutschland zwar die Kirche vom Staat per Gesetz getrennt. Diese Trennung wurde mit allen bestehenden Privilegien im Reichskonkordat des Heiligen Stuhls mit Adolf Hitler 1933 bestätigt. Hitler wollte die Kirche damals nicht gegen sich aufbringen, kam ihr daher weitgehend entgegen und sparte sich die »Lösung der Kirchenfrage« für die Zeit nach dem Endsieg auf. Dazu ist es glücklicherweise nicht gekommen, und so durfte die Kirche, auch die evangelische, ihre unter anderen Umständen erhaltenen Vorteile behalten und will daran bis heute natürlich nicht rütteln. Nirgends kann sie sich auf günstigere materielle Bedingungen stützen als in Deutschland, zumal die Trennungslinie zum Staat nicht immer sehr geradlinig verläuft. So wird die Kirchensteuer zum Beispiel ja schließlich vom Staat eingezogen und an die Kirchen weitergeleitet.

Auch erhielt die katholische Kirche ein Mitspracherecht bei der Besetzung sogenannter Konkordats-Lehrstühle an Universitäten. Neben den katholisch-theologischen Lehrstühlen sind ebenfalls die von Philosophie, Pädagogik, Soziologie und Politologie davon betroffen, obwohl es eigentlich absolut nicht einzusehen ist, dass sich die Kirche bei der Besetzung von Lehrstühlen für Philosophie einmischen darf. Dass die Kirche über die Auswahl der Theologen, die ihre Priester ausbilden, entscheidet, ist selbstverständlich. Aber warum müssen diese Professoren von allen Steuerzahlern finanziert werden? Warum beschränkt sich kirchliche Theologie nicht auf kircheneigene und auch von der Kirche unterhaltene Hochschulen?

Für alles muss die Säkularisation von 1803 an als Begründung herhalten. Vor mehr als 200 Jahren musste die Kirche Macht und Ländereien an die weltlichen Herrscher abgeben. Bis dahin lebten die Kirchenoberen ausschließlich von den Erträgen aus dem Kirchenvermögen. Den Kirchen wurden damals viele Güter und Immobilien widerrechtlich abgenommen. Die Fürsten haben sie alles geben lassen, obwohl es letzten Endes auch nur Kriegsgewinn mithilfe Napoleons war. Das bisweilen zweifelhaft erworbene Kirchenvermögen – haben die Kirchen je etwas korrekt gekauft? – wurde an zweifelhafte neue Besitzer verschenkt, die es mitunter auf dem schnellsten Weg versilberten. In den Konkordaten wurde der Kirche im Gegenzug reichlich und vor allem nachhaltige Entschädigung zugesagt. *Panorama* bezifferte die Summe, die jährlich in Deutschland aufgrund alter Rechtstitel zusätzlich zur Kirchensteuer an die Kirche fließt, auf 400 bis 500 Millionen Euro, die alle Steuerzahler berappen müssen.

1919 garantierte die Weimarer Verfassung in Artikel 137 das Besteuerungsrecht der Religionsgemeinschaften. Das Hitler-Reichskonkordat schrieb das Recht fest, und die Bundesrepublik übernahm es im Grundgesetz mit dem Artikel 140. Es hat den Kirchen zwar Wohlstand und Sicherheit gebracht, die Distanz zu den Gläubigen aber wachsen lassen. Die Kirchenvertreter krallen sich geradezu an die überholte Regelung der Zwangssteuer, obwohl das deutsche Modell klar gegen vatikanische Rechtsvorschriften verstößt. Das Problem, das sich vielen Gläubigen stellt, ergibt sich aus dem Selbstverständnis der Kirchen: Mit missionarischen Gemeinden haben sie nicht mehr viel zu tun. In Deutschland sind sie Körperschaften des öffentlichen Rechts, und nur diese, nicht die reinen Glaubensgemeinschaften, sind Partner des Staats beim Einzug der Kirchensteuer. Jeder Katholik ist aber automatisch Mitglied der Körperschaft und muss damit seine Zwangsabgabe abliefern. Jeder ist aber auch getauft und trägt damit das unvergängliche Merkmal eines Kirchenmitglieds, das nicht getilgt und nicht durch einen Kirchenaustritt annulliert werden kann. Hier steht Glauben gegen Geld. Die deutschen Bischöfe haben sich pragmatisch auf die Seite des Geldes gestellt und somit ihre Glaubwürdigkeit verspielt. Und dies in einer Zeit, in der aufgebrachte Gläubige aus den Kirchen austraten, aber eben nur aus der Körperschaft. Mit ihrem Glauben hatte dieser Schritt bei vielen nichts zu tun, und den Vorwurf, den ihnen die Amtskirche und deren Anhänger entgegenhielten, sie wollten nur Steuern sparen, wiesen sie zurück. Sie wollten mit der Institution nichts mehr zu tun haben und dafür natürlich auch keinen Cent mehr überweisen. Einige spendeten da lieber denselben Betrag an wohltätige Organisationen.

Ein Kirchenaustritt zählt für die katholische Kirche grundsätzlich nur, wenn er vor einer kirchlichen Instanz als Glaubensabfall deklariert wird. Der Gang zum deutschen Standesamt oder zum Amtsgericht genügt da nicht. Den Bischöfen behagt diese Auslegung allerdings überhaupt nicht, da sich die Katholiken so von der Kirchensteuer verabschieden, aber weiterhin Katholiken bleiben können.

Das unbedingte Festhalten an der Kirchensteuer ist umso unverständlicher, als die katholische Kirche auch heute noch vom Erlös aus ihren Anlagen leben könnte, also ganz ohne Gläubige. Diese Tatsache fördert natürlich die Entfremdung von den Gläubigen. Jesus kam zu Fuß oder auf dem Esel, die Bischöfe »per pedes episcoporum« – mit einem Mercedes.

Neid im Kloster

Der Franziskaner von Bourges

Gespannt und grübelnd habe ich in den 60er-Jahren zwei Reisen für den Internationalen Bauorden nach Frankreich unternommen, die damals zu den eher schwierigen und heiklen Missionen zählten. Der Bauorden ist eine Organisation, die sich um internationale Jugendbegegnungen, Friedensdienste und Hilfsprojekte kümmert und soziale und gemeinnützige Einrichtungen durch Bau- und Renovierungsarbeiten unterstützt. Am rechten Kotflügel meines Autos hatte ich einen Wimpel der Compagnons Bâtisseurs, der Baugesellen, wie die Bauorden-Helfer in Frankreich heißen, angebracht. Meine erste Fahrt führte mich in die Gegend von Oradour-sur-Glane, eine zweite in die Normandie. Damals hätte ich mir nicht vorstellten können, dass ich 15 Jahre später in Paris leben und nochmals 30 Jahre danach an die denkwürdige Zeit meiner Arbeit für den Bauorden in Frankreich angenehm erinnert werden würde.

Ich war 21 Jahre alt und hatte schon einiges über den Zweiten Weltkrieg in Frankreich erfahren. Im Sommer 1964 war das allerdings nicht viel. Doch ich hatte von einem Kriegsverbrechen in Oradour-sur-Glane gelesen, was mich sehr bedrückte, da ich einen Einsatz des Bauordens in der Nähe besuchen wollte, um eine Reportage über unsere Hilfe dort zu schreiben. Es war genau 20 Jahre her, dass am 10. Juni 1944 gegen 14.00 Uhr 150 Mann der SS-Division »Das Reich« in Oradour ankamen und den Ort umstellten.

Kaum eine Stunde später trieben die SS-Leute alle Einwohner auf dem Marktplatz zusammen. Wer zu krank war, um auf den Marktplatz zu gehen, wurde gleich in seinem Haus erschossen. Eine Stunde lang mussten die Bewohner auf dem Marktplatz stehen, dann wurden die Frauen und Kinder von den Männern getrennt und in die Kirche weggeführt. Die Männer wurden in mehrere Scheunen getrieben, dann eröffneten die SS-Männer das Feuer. Nicht alle waren gleich tot. Viele starben erst in den Flammen, nachdem die Soldaten Stroh und Reisig auf die Leichenberge getürmt und diese angezündet hatten. In einer Scheune überlebten sechs Männer das Massaker und versuchten zu fliehen. Doch der erste war zu früh dran und wurde von den SS-Männern an der Friedhofsmauer erschossen. Einer der fünf Davongekommenen, Robert Hebras, erzählte später: »Mein linker Arm und meine Haare haben schon gebrannt. Es war ein furchtbarer Schmerz, deshalb musste ich aus der Scheune hinaus ... Dann haben wir uns in der Scheune dahinter versteckt. Da kamen zwei SS-Leute herein. Einer stieg auf eine Leiter und hat das Stroh dort mit Streichhölzern angesteckt ... Wir sind dann aus der brennenden Scheune in die nächste gekrochen. Es gelang uns aber nicht, aus dem Ort hinauszukommen. Wir haben uns dort in Kaninchenställen verborgen. Auch die begannen schließlich zu brennen. Ungefähr um sieben Uhr abends haben wir uns hinausgewagt ... Ich bin dann weitergelaufen in Richtung Friedhof und von dort in die Felder. Sie haben mich nicht entdeckt. Von dort sah ich, dass alle Häuser in Flammen standen. Ganz Oradour brannte.«

In die Kirche, in der die Frauen mit den Kindern eingeschlossen waren, trugen die SS-Männer eine Kiste mit einer Gasbombe. Nach der Explosion verbreitete sich beißender, stechender Rauch überall. Dann feuerten die SS-Männer von der Kirchentür aus mit Maschinengewehren in die Menge und warfen Handgranaten. Nur eine einzige Frau konnte sich von all den Frauen und Kindern Oradours, die man in der Kirche zusammengetrieben hatte, retten, die 47-jährige Bäuerin Marguerite Rouffanche.

642 Menschen, darunter 240 Frauen und 213 Kinder, wurden an diesem Samstagnachmittag niedergemetzelt und verbrannt. Das älteste Opfer war die Witwe Marguerite Foussat, die zwei Monate später 91 Jahre alt geworden wäre. Das jüngste Opfer war der am 2. Juni 1944 geborene Yves Texier, der gerade einmal acht Tage alt geworden war. 20 der ermordeten Kinder waren nicht einmal ein Jahr alt, fünf Männer und sechs Frauen waren älter als 80 Jahre.

Die Baugesellen waren katholische Studenten um die 20 Jahre, damals aus ganz Westeuropa, und ich war kaum älter. Alle Franzosen konnten also sehen, dass wir zwar Kriegskinder der Jahrgänge 1940 bis 1944 waren, aber nicht wirklich am Krieg teilgenommen hatten. Und jetzt halfen wir bauen, eine kleine Geste der Versöhnung, aber immerhin eine tatkräftige. Drei bis vier Wochen lang waren die jungen Leute freiwillig in ihren Ferien ins Limousin, wo Oradour liegt, gekommen, um Bedürftigen und kirchlichen Einrichtungen unentgeltlich beim Bau notwendiger Wohnungen, katholischer Schulen oder Jugendzentren zu helfen. Unsere Hilfe wurde dankbar angenommen. Der Schnitt zwischen den Generationen hatte damals immerhin schon funktioniert. Keiner wurde angefeindet. Wer nichts mit uns zu tun haben wollte, blieb einfach fern. Meine dahin gehenden Sorgen waren unbegründet.

Ähnlich erging es mir im folgenden Jahr in der Normandie, wo der Krieg besonders viele Opfer gekostet hatte und die Deutschen absolut nicht willkommen waren. Der französische Zweig des Bauordens hatte allerdings die Projekte zuerst nach Bedürftigkeit und nicht nach Verständigungspotenzial ausgesucht. Dennoch erlebten wir auch hier keine Feindseligkeiten oder Zurückweisungen, gelegentlich aber betonte

Zurückhaltung. Der höchst sympatische Kapuziner Abbé Pierre, damals bereits eine nationale Ikone für Hilfsbereitschaft, hat mit seiner Emmaus-Organisation ebenfalls mitgeholfen. Über ihn habe ich 30 Jahre später mein erstes Buch, eine Biografie, geschrieben.

Versöhnung und Verständigung standen natürlich als Motive hinter allen deutsch-französischen Aktionen dieser Zeit. Das galt auch für uns. Die meisten Baugesellen waren davon sogar mehr motiviert als von der reinen Hilfsarbeit. Wir, der Internationale Bauorden, haben beides gerne gefördert und dankbar jede Chance genutzt.

Meine zweite denkwürdige Frankreich-Dienstreise: Wir halfen bei der Errichtung einer katholischen Schule in der Hafenstadt Granville, da in Frankreich der Staat zwar die Lehrer für die katholischen Schulen bezahlt, aber nicht für die Gebäude aufkommt. Gewöhnlich bekochten zwei Mädchen als Helferinnen in notdürftig hergerichteten Küchen in einer Gemeinde- oder Turnhalle die Baugesellen.

Es war üblich, dass die Köchinnen und Baugesellen einzeln oder zu zweit von den Eltern der Schulkinder gelegentlich zum Abendessen eingeladen wurden. In Granville waren die beiden Köchinnen bei einer ehemaligen Widerstandskämpferin und jetzigen Lehrerin zu Gast. Ein tief bewegende Begegnung. Ähnliches berichteten die anderen Bauhelfer von ihren Einladungen. Kein Besuch an diesem Abend klammerte die blutige jüngste Geschichte aus.

Unter den Baugesellen befand sich auch ein Bäcker aus dem Rheinland, der kein Französisch konnte und gerne zu einem Bauern gegangen wäre, zu dem die Studenten nicht unbedingt wollten. Mir war das nur recht. Ich fragte, ob ich mitkommen dürfe, obwohl ich ja nur Gast für wenige Tage war und daher nicht selbst am Bau mithalf. Außerdem mag ich

Bauern. Dem Bauern, Michel Chemin, war es egal, wer kommen würde. Seine Frau kam relativ spät nach der Stallarbeit, um uns abzuholen. Ich fuhr mit meinem Auto hinter ihr her zu einem außerhalb liegenden Gehöft. Das Haus bestand aus Naturstein, der Hof war ziemlich morastig, alles wirkte sehr rustikal. Auf der Weide standen etliche Pferde, das Hobby des Bauern, der später fast nur noch von der Pferdezucht lebte.

Bei ihm wurde an diesem Abend aber nicht über die Verbrechen der Deutschen in Frankreich geredet, sondern Monsieur Chemin drängte es geradezu, von seiner Zeit als Besatzungssoldat in Deutschland zu erzählen. Er war im Schwarzwald gewesen, und zwar in Waldkirch, meiner Geburtsstadt. Er habe dort einmal einer Mutter geholfen, deren Kind beinahe aus dem Kinderwagen gefallen wäre. Ob ich das vielleicht hätte gewesen sein können? Wir nahmen es einfach mal an. Die Vorstellung war ja auch zu schön.

Nachdem wir ein opulentes Menu mit allem, was auf einem normannischen Bauernhof zu haben war – vom grünen Spargel bis hin zu Crevetten aus dem nahen Atlantik –, genossen hatten, verschwand Michel Chemin so gegen 3.00 Uhr früh plötzlich und kam dann mit einer Flasche Cognac zurück. Sie war angebrochen, aber noch halb voll. Da sie nur zu Familienfeiern geöffnet wurde, lag das letzte Mal schon eine Weile zurück. Es war ein Cognac meines Geburtsjahres 1943, mit dem wir auf unsere Freundschaft anstießen.

Durchweg versöhnliche Erlebnisse eines jungen Deutschen also in einem Frankreich voller Vorbehalte. Auf meiner Route lag auch eine Stadt, in der ein Deutscher schon im Krieg den Weg für diese Versöhnung, die ich in den 60er-Jahren erleben durfte, vorbereitet hatte. Die Provinzstadt Bourges würdigte diesen Deutschen, der geholfen hatte, wo er im Krieg helfen konnte. Es war ein Franziskaner, der in seinem eigenen Orden allerdings geschnitten und gemobbt wurde, da er Gutes getan hatte, ohne seine Oberen um Erlaubnis zu fragen. Er hatte Gutes getan und in seinem Kloster so nur Neid und Missgunst geweckt.

Leider wusste ich 1963/64 noch nichts von ihm, sonst wäre Bourges für mich nicht nur ein Durchgangsort geworden, sondern ich hätte mir die Zeit für einen sicherlich eindrucksvollen Aufenthalt genommen. Ich hätte dann eine Geschichte erzählen können, eine Reportage mit Interviews. Heute muss ich sie anhand von Zeitzeugen rekonstruieren, die mit jenem Deutschen verwandt oder bekannt sind.

Alfred Stankes Leben ist schnell erzählt. In Bourges findet sich viel Material über ihn. Er gilt als Zeichen des Lichts in den dunkelsten Jahren der deutschen Besatzung in Frankreich. Die Stadt ernannte ihn zum Helden und würdigt ihn in einem Denkmal. In Deutschland findet sich davon keine Spur. Alfred Stanke wurde am 25. Oktober 1904 in Danzig als Sohn eines polnischen Vaters Stanicewski geboren. Der Junge germanisierte seinen Namen in Alois-Joseph Stanke, um bei der deutschen Reichsbahn arbeiten zu können. Mit 16 Jahren trat er dem Franziskanerorden bei, mit 20 wurde er nach Rom geschickt. Nach seiner Rückkehr nach Deutschland sorgte er sich um die Kranken in einem Krankenhaus der Clarissen in Köln. 1936 wurde er von den Nazis zehn Tage lang eingesperrt und dann 1940 zur Wehrmacht eingezogen und als Gefängniswächter nach Bourges abkommandiert. Bruder Alfred musste mitansehen, wie Gefangene gefoltert wurden, und schwor sich, den Opfern zu helfen, wo es nur ging. Als Stanke 1944 wegen seiner inzwischen aufgefallenen Menschlichkeit nach Dijon versetzt wurde, empfanden das die Häftlinge als »wahre Katastrophe«. Nach Kriegsende wurde Stanke von der französischen Befreiungsarmee gefangen genommen, an die Amerikaner ausgeliefert und am 18. Juni 1945 auf Intervention vieler französischer Freunde aus der Kriegsgefangenschaft entlassen. Sein Orden wollte von ihm nichts mehr wissen. Er lebte fortan in einem Franziskanerkonvent im Elsass, wo er 1975 bei einem tragischen Brand schwer verletzt wurde und schließlich starb.

An der Gefängnismauer in Bourges wurde eine Tafel angebracht: »Wo er Hass gefunden hat, hat er Liebe gegeben.« Frankreich gedachte seiner am 25. September 2000 sogar mit einer Briefmarke. In Deutschland ist er weitgehend unbekannt geblieben, nicht zuletzt wegen einer kirchlichen Intrige. Aber gegen kirchliche Intrigen waren in den 60er- und 70er-Jahren offenbar selbst Prominente machtlos. Zu solchen Stars gehörte der Schauspieler Hardy Krüger, der sich wohl nie einen richtigen Reim darauf machen konnte, warum ausgerechnet ein Film, der in Frankreich die Kinos füllte, in Deutschland nie gezeigt wurde. Es war der Franziskaner von Bourges, die Verfilmung des Lebens von Bruder Alfred Stanke mit Krüger als Titelheld.

Zu Krügers 75. Geburtstag 2003 ehrte das Frankfurter Filmmuseum den Schauspieler und Autor mit einer großen Ausstellung. Der französische Botschafter Claude Martin erinnerte bei der Eröffnungsrede daran, dass Krüger der erste Deutsche gewesen sei, der sich nach dem Krieg im französischen Kino einen Namen gemacht habe: »Auf seine Art war er mehr als ein Schauspieler; er war ein Botschafter Deutschlands. Indem er deutschen Figuren ein menschliches Gesicht gab, brachte er uns Franzosen wieder bei, den Deutschen gegenüber Sympathie zu empfinden.«

Dazu trug auch der Film von Claude Autant-Lara, im Original *Le franciscain de Bourges*, aus dem Jahr 1967 bei. Zum Geburtstag wünschte sich Krüger, ihn auf der Leinwand sehen zu können. Doch dieser Wunsch wurde hierzulande weder zu seinem 75. noch zu seinem 80. Geburtstag erfüllt, obwohl Deutschland sehr stolz auf den dargestellten Franziskaner Alfred Stanke hätte sein müssen.

In einem Interview, das von Spiegel-Online verbreitet wurde, sagte Krüger: »Ein hervorragender Film, das darf ich sagen, weil ich ihn ja nicht selbst inszeniert habe. Es ist die auf einer wahren Begebenheit basierende Geschichte eines deutschen Sanitäters, der französischen Kriegsgefangenen hilft. Damals haben die Nazis einen Fehler gemacht, den ich aus heutiger Sicht wunderbar finde. Sie zogen nämlich Geistliche in die Armee ein. Jede dritte Kompanie hatte einen Mönch als Sanitäter. Diesen gottgläubigen Gefreiten habe ich gespielt. Leider wurde der Film in Deutschland noch nie gezeigt.«

Warum aber nicht? Krüger nannte eine einleuchtende Begründung: »Am Anfang des Films gibt es eine Folterszene. Die Gestapo quält einen französischen Widerstandskämpfer. Ich habe den Film seinerzeit deutschen Verleihern vorgeführt. Nicht ein Einziger ist über die Szene hinausgekommen. Alle standen auf und verließen geschlossen den Saal. Der Tenor lautete: ›Solch einen Film wollen wir nicht haben.‹ Es war wirklich beschämend. Dabei ist das ein völkerverständigender Film, der von den guten Taten des Franziskanermönchs Alfred Stanke handelt.«

Krüger empfand es als sehr reizvoll, seinen Gewissenskonflikt darzustellen: »Soll ich meinen Befehlen gehorchen als deutscher Soldat? Oder gehorche ich meinem Herzen und somit Gott? Er hat sich für Letzteres entschieden und ist praktisch zum Verräter an seinem Volk geworden, indem er die Gefolterten pflegte. Ich lernte ihn noch persönlich kennen und ging mit ihm zur Filmpremiere durch Bourges. Auch dem gefolterten Widerstandskämpfer aus der Eröffnungssequenz begegnete ich: Marc Toledano war an sich Ingenieur, doch gelobte er – ähnlich wie es Franz Werfel mit *Das Lied der Bernadette* getan hatte –, ein Buch über Bruder Alfred zu schreiben, wenn er den Naziterror überleben sollte. Das Buch wurde in Frankreich ein enormer Erfolg, genauso wie der Film. Dieser war mit ein Grund, dass ich nach Marlene Dietrich als erster deutscher Schauspieler in die französische Ehrenlegion aufgenommen wurde. In Deutschland wollte ihn auch mehr als 20 Jahre nach Kriegsende niemand sehen. Ich hoffe, das ändert sich jetzt endlich.«

Es hat sich nicht geändert. Die Folterszene passte damals möglicherweise dem breiten deutschen Publikum nicht, passte nicht zur politischen Grundstimmung und nicht zu den Soldatenerinnerungen. Krüger hat ja den Zweispalt angesprochen, für die Menschlichkeit oder für Soldateneid und Vaterland? Wie viele Kriegsteilnehmer haben nicht noch bis in die 80er-Jahre Willy Brandts Wechsel zum Kriegsgegner als Verrat übel genommen, geschürt durch den Katholiken Konrad Adenauer. Bruder Alfred wurde bei uns auf jeden Fall nicht berühmt, und sein Einsatz für die Menschlichkeit hätte bei uns auch sicherlich nicht nur Anerkennung gefunden. So verblendet war die Generation unserer Väter noch lange nach dem Krieg. Deshalb wollten wohl auch die meisten mit dieser Vergangenheit lieber nichts mehr zu tun haben. Die Filmgewaltigen in Deutschland bildeten da keine Ausnahme. Aber warum haben sie nicht verlangt, den Filmeinstieg abzumildern, um das Publikum nicht gleich zu schockieren?

Die Frage bleibt ungeklärt. Dagegen sind die Motive des Zweiten Deutschen Fernsehens eindeutig. Der Intendant Prof. Karl Holzamer, ein treuer Katholik, störte sich nicht an der Brutalität. Er lehnte gegen den Rat seines Filmredakteurs eine Ausstrahlung ab, weil der Abt von Alfred Stankes Kloster in Koblenz in offensichtlich böswilliger Absicht seinen Mitbruder in einem Brief an den Intendanten denunziert hatte. Ihm wurde Anmaßung, Eitelkeit und Amtsmissbrauch vorgeworfen. Nichts davon stimmte, aber es wirkte. Der Intendant hatte nicht die Souveränität, Fakten zu prüfen und sich zu fragen, was denn wichtiger wäre, dem Wunsch eines Abtes nachzukommen oder ein bedeutendes Zeitdokument zu senden über einen Helden, wie sie in Deutschland nicht dicht gesät waren und dringend gebraucht worden wären? Und selbst wenn die Vorwürfe gegen diesen gestimmt hätten, wäre es dennoch wichtig gewesen, die im Film beschriebenen Taten des kleinen deutschen Mönchs zu zeigen. Frankreich hat ihn gefeiert. Seine Heimat Deutschland hat sich nicht einmal schämen können, er wurde ihr einfach vorenthalten.

Einige vermuteten als äbtliches Motiv dessen eigene Vergangenheit in der Nazizeit. Stanke war schließlich von den Nazis eingesperrt worden. Sollte da auch etwas vertuscht werden? Oder passte dem Ordensmann der Widerstand gegen die braunen Machthaber nicht? Ein Kapitel ungeklärter Kirchengeschichte, das leider nicht so sehr zur Erhellung und zum Nachdenken drängt wie die Missbrauchsskandale. Wer die widersprüchliche Aufarbeitung der Rolle von Papst Pius XII. gegenüber dem Naziregime betrachtet, kann vermuten, dass in puncto deutscher Katholizismus und Nationalsozialismus noch etliche Fragen ungeklärt geblieben sind.

Der perverse Rat der Nonnen

Tugendhaftes Mädcheninternat und die Flucht vor der Heuchelei

Den Ruf nach Demut setzt die Kirche gerne als Totschlagargument ein, um aufmüpfige Gläubige ohne Rücksicht auf deren Gewissen in die angeblich gottgewollten Schranken zu weisen. Natürlich geht es dabei angeblich um die Demut vor Gott, aber der braucht ja jemanden, der den Menschen sagt, wo es in seinem Namen langgeht. Und das sind dann eben die Pfarrer, die den rebellischen Gläubigen eintrichtern, dass sie demütig Gottes Willen erfüllen, wenn sie ihnen gehorchen.

Besonders betroffen von solchen Unterwerfungsritualen sind die Frauen. Das fängt schon bei der Muttergottes an. Sie bietet den Pfarrern, wie der linkskatholische Publizist Walter Dirks in einem Buch beschrieben hat, so etwas wie Verdrängungshilfe für die Zölibatspflichten. Zugleich wird mit der Überhöhung Marias die systematische Unterbewertung von Frauen praktiziert. Sie wird gerne mit dem Titel Magd Gottes verehrt, dem Inbegriff der Frauendiskriminierung. Wenn aber die Muttergottes die Magd ihres Herrn ist, dann können doch wohl die gewöhnlichen Frauen dieser Welt nicht verweigern, die Mägde der Männer, speziell der Pfarrer zu sein. Dabei müssen sie sich natürlich an strenge Regeln halten, die die nötige Distanz vorsehen und das Akzeptieren ihre Rolle mit klar definierter Minderwertigkeit. Das musste beispielsweise Schwester Anuntiata in meinem Geburtsort Waldkirch erfahren, als sie in den 50er-Jahren bei einer Morgenmesse für den Altardienst einspringen musste. Da kein

Ministrant erschienen war, durfte die Ordensfrau aushelfen, allerdings waren Frauen damals noch nicht als Messdienerin erlaubt, also durfte sie auch nicht bis zum Alter vorgehen. Der Pfarrer musste daher zu jeder Handreichung hinuntersteigen zur Altarraumgrenze, wo die Schwester brav Ministrant sein durfte.

Der Düsseldorfer Psychotherapeut Dieter Funke formulierte wissenschaftlich, was ich als Laie beobachtet habe. Der Grund für die Verteufelung und Abspaltung des Sexuellen, und damit verbunden auch der Herabwürdigung der Frau, liege darin, dass Trieb und Sexualität das Ideal des unbefleckten Klerikerkörpers bedrohten. Diesem kollektiven Klerikerideal lägen aber vergessene und verdrängte Traumatisierungen in den Wurzeln des Christentums zugrunde. Zu nennen sei da vor allem die theologische Konstruktion der »Heiligen Familie«, die als traumatisierendes Beziehungsmodell Pate steht: Der Vater ist nicht der richtige Vater und kein sexueller Partner der Mutter. Die Mutter ist keine richtige Frau, sondern Jungfrau. Der Sohn wird auf diese Weise seiner Kindposition beraubt und gerät zum Ersatzpartner der Mutter. Er wird von der Mutter zum besseren Partner gemacht und sitzt auf Vaters Platz.

Ständige Rivalitäten und Machtkämpfe, Größenphantasien und depressive Schuldgefühle, Entwertungen und Idealisierungen, wie sie sich in der biblischen Konstruktion der Heiligen Familie wiederfinden, prägten solche Beziehungsmodelle. Jesus werde zum Partner von Maria, indem der Vater ausgeschlossen und das Kind sexualisiert werde. Das gebe Jesus das großartige Auserwähltheitsgefühl, das für Kinder typisch sei, dic als Ersatzpartner missbraucht würden. Gleichzeitig löse dies in ihm aber tiefe Schuldgefühle aus, die durch die Unterwerfung unter den Willen des Vaters bewältigt würden, worin der spätere christliche Masochismus der Leidensunterwerfung begründet liege.

In den biblischen Texten erkennt Funke noch weitere Gründe für eine traumatisierte Familie: »Die Geburt Jesu findet in der Heimatlosigkeit statt, dann folgen Flucht und Morddrohung. Die Eltern sind überfordert. Natürlich hat sich Jesus als Kompensation für diese Traumatisierungen nicht selbst an die Stelle Gottvaters gesetzt. Diese Sicht der Evangelien und der ersten nachchristlichen Jahrhunderte mit ihren Konzilien ist vielmehr das Konstrukt einer Gruppe von Jesus-Anhängern, die selbst schweren Verfolgungen und Entbehrungen ausgesetzt waren.«

Sie sagten sich vom Judentum los und bildeten eine vaterlose Gesellschaft, der der Schutz der Väter abhandengekommen war. Der Verlust von Sicherheit und Bindung an eine kollektive Gruppe und die gewaltsamen Verfolgungen der ersten hellenistischen »Christianer« ließen sich als schwere Traumatisierungen verstehen, die, um mit ihnen leben zu können, in Form der Verehrung der Opfer als Märtyrer ins Gegenteil verkehrt worden waren.

Diese traumatische Situation des Vaterverlustes, der sozialen und religiösen Ortlosigkeit sowie der gewaltsamen Verfolgung ließ sie das tun, was nach Funkes Kenntnis Einzelne und Gruppen regelmäßig tun, wenn sie sich in äußerst bedrängenden Situationen befinden: Sie nahmen Zuflucht zu Idealen, die ihnen eine heile und paradiesische Gegenwelt in Aussicht stellten.

Zu diesen Idealen zählt Funke auch das kirchliche Bild der Frau, das die Sicht vieler Kleriker bestimmt: Als idealisierte, reine und makellose Jungfrau (Maria) ermöglicht die Frau es den Jünglingsmännern, die infantile Bindung an die idealisierte Mutter in religiöser Gestalt fortzusetzen. Es ist die Frau, die zärtlich, innig und kindlich verehrt wird, aber nicht erotisch-sexuell begehrt werden darf. Aus diesem seelischen Profil wachsen jene entwicklungsgestörten Persönlichkeiten hervor, die nicht fähig sind, Partnerschaften auf Augenhöhe zu leben. Die Teilhabe an klerikalen Ritualen ist, weil sie nur

Männern vorbehalten ist, eine Form der Vergewisserung, unabhängig von der Frau und den Wünschen nach ihr zu sein. Die Angst vor dem fremd und bedrohlich erscheinenden Weiblichen zeigt sich in der Abwehr von Sinnlichkeit, emotionaler Intimität und Hingabe. Wenn diese Angst allzu groß wird, kann sie nur noch durch Machtphantasien im Sinne des Klerikerideals in Schach gehalten werden. Der Zölibat ist so gesehen ein Symbol für die Unabhängigkeit von der sexuellen Frau bei gleichzeitiger Unterwerfung unter die asexuelle Jungfrau-Mutter-Frau.

Nach dem etwas freiheitlicheren Klima nach dem Zweiten Vatikanischen Konzil und einhergehend mit sinkender Marienfrömmigkeit und vielen Hoffnungen auf das Ende des Zölibats haben viele Pfarrer der Entwicklung vorgegriffen und sich mehr oder weniger heimlich Partnerinnen zugelegt. Die Haushälterin, die nach Kirchenrecht im kanonischen Alter von 40 Jahren sein musste, also die Menopause möglichst schon hinter sich hatte, war da nur ein Beispiel. Alle Witze über Pfarrer und ihre Haushälterinnen wurden in der Wirklichkeit oft bestätigt. Und die Gemeindemitglieder störten sich nicht einmal am vermuteten Sexualleben, solange der Pfarrer ein guter Seelsorger war. Übel nahmen sie es nur, wenn die Haushälterin sich aus ihrer Nähe zum Pfarrer auch Rechte herausnahm, die in der Gemeinde den Eindruck erweckten, sie habe im Pfarrhaus die Hosen an und Hochwürden hänge nicht nur im Privatleben von ihr ab. Mancher Pfarrer konnte mit dieser Heuchelei allerdings nicht leben und zog sich aus der Pfarrseelsorge zurück. Er wollte keine Rolle vorspielen, die ihn zum Gespött gemacht hätte, obwohl er nur Priester geworden war, um Seelsorger zu sein.

Die nächste Generation von Pfarrern arrangierte sich offenbar bereits wieder mit dem überkommenen Priesterbild, und manche Neupriester lassen altgediente Pfarrer nur den Kopf schütteln über die verklemmten, ja mitunter psychopathischen Jungpriester. Statt echter, die psychosexuelle Reifung fördernder Begegnung mit der Frau ist wieder das Modell der masochistischen Unterwerfung bestimmend.

Funke geht aber noch weiter und stellt die ganze Erlösungstheorie, sozusagen die Kernbotschaft, infrage. Wie könne man verstehen, dass die neutestamentlichen Theologen den Tod Jesu als einen freiwilligen, ja gesuchten und herbeigesehnten Tod sowie als Unterwerfung und Selbsthingabe an den Willen des Vaters interpretierten? Es scheine ein heftiges Schuldgefühl daraus zu entstehen, dass die frühen Theologen Jesus an die Stelle des Vaters gesetzt und den Vater auf diese Weise beseitigt haben. Sie interpretierten, »dass sich Jesus freiwillig in den Tod begab, um auf diese Weise sich und die späteren Gläubigen von dem quälenden Schuldgefühl zu erlösen. Damit wurde die Heiligung der Unterwerfung gleichsam dogmatisiert. Diese Unterwerfungsbereitschaft liegt – psychoanalytisch gesehen – in den entgleisten Beziehungsverhältnissen der Heiligen Familie begründet.« Mit Funkes Thesen kann ich mich durchaus anfreunden, denn sie erscheinen logisch und erklären verbreitete Priesterprofile.

Prominenter als Funke hat der Theologe Hans Küng die Rolle Marias und die sexuelle Erbsünde der katholischen Kirche seziert. Er bezieht sich dabei auf Augustinus, demzufolge kein Kind unschuldig sei, sondern aufgrund des Geschlechtstriebs seiner Eltern von Anfang an mit der Erbsünde infiziert und damit zur ewigen Verdammnis bestimmt sei, wenn es nicht rechtzeitig getauft werde. Der Geschlechtsverkehr ist laut Augustinus nur zur Fortpflanzung und nicht zur Geschlechtslust erlaubt. Küng erinnerte in seinem Buch *Was ich glaube* daran, dass Papst Johannes Paul II. sogar der Meinung war, ein Mann könne seine Frau auch in der Ehe »unkeusch« ansehen.

Küng zufolge erwarteten viele Katholiken von ihrer Kirche endlich einen neuen, angstfreien, liebevollen und menschlichen Blick auf die Sexualität als lebenspendende Kraft eines von Gott geschaffenen und bejahten Menschen. Doch dem steht nicht nur die kirchliche Sexualmoral entgegen, sondern eine Figur, die nicht nur wegen des geschilderten verqueren Priesterideals, sondern auch wegen der daraus entstandenen Rolle der Frau in der katholischen Kirche wichtig ist: Maria, die Mutter Jesu.

Die Marienverehrung hat zwar schon im frühen Christentum begonnen, aber selbst Thomas von Aquin hatte noch gelehrt, Maria sei von der Erbsünde befleckt. Anfang des 14. Jahrhunderts wurde die unbefleckte Empfängnis, die nicht von der Erbsünde berührt war, dann sozusagen erfunden, bis sie 1854 von Pius IX. als Dogma verkündet wurde. Die zunehmende Marienverehrung im 19. Jahrhundert und das Dogma von Marias Sündenlosigkeit von vornherein hatten eine ungeahnte Wirkung, die in der katholischen Kirche bis heute höchst aktuell ist. Die Kirche hat nach Küngs Urteil einen umstrittenen Kurswechsel vollzogen. Sie argumentierte dabei weniger aufgrund biologisch-medizinischer als theologisch-dogmatischer Gründe und damit anzweifelbar. Es geht um das heiße Thema des Beginns des menschlichen Lebens und um die Abtreibungsdiskussion.

Bis Mitte des 19. Jahrhunderts hatte die Kirche angenommen, dass eine menschliche Person weder in der vegetativen noch in der sensitiven Phase, sondern erst in der von der Geistseele gesteuerten dritten Phase des menschlichen Fötus gegeben sei. Diese sukzessive Beseelung wurde jetzt geleugnet, was die Abtreibungsdiskussion enorm verschärfte, da die Kirche jetzt schon bei der befruchteten Eizelle von einer menschlichen Person ausgeht. Pius IX. änderte wegen der zunehmenden Verehrung der Jungfrau Maria 1869 das Kirchenrecht, das bis dahin zwischen dem beseelten und unbeseelten Fötus unterschied. Der männliche Fötus erhält die Seele nach 40 Tagen, der weibliche Fötus nach 80 Tagen, vorher gilt er als »Körperteil der Mutter« (pars viscerum). Erst die Abtreibung eines beseelten Fötus war von Exkommunikation bedroht. Da man das Geschlecht noch nicht erkennen konnte, galt eine Frist von 80 Tagen. Mit der Aufwertung Marias vollzog sich eine theologische Wende, die mit Aristoteles sowie mit Thomas von Aquin brach. Die unbefleckte Jungfrau wurde als asexuelles Keuschheitssymbol von allen anderen Frauen abgehoben, die befleckt und von sexuellen Begierden belastet waren. Das darauf basierte Frauen- und Familienbild, das Frauen aufgrund dieses angenommenen Makels als im Vergleich zu Männern minderwertig erachtet, lässt gleichberechtigte Beziehungen zwischen Mann und Frau nicht zu. Es führt zur Unterdrückung von Frauen bis hin zur Hexenverfolgung und sexuellem Missbrauch. Welches Unheil damit nicht nur im Mittelalter angerichtet worden ist, konnte jeder sehen, der noch vor wenigen Jahren mit offenen Augen die Frauen in einer Kirchengemeinde beobachtete, eine Situation, die auch heute teilweise noch zu erkennen ist.

Uneheliche Mütter wurden etwa bei den Gottesdiensten auf Sünderbänke hinten in der Kirche verbannt. Schließlich sollten sie zeitlebens für ihre Sünden vorgeführt werden. Manche Frauen wurden damit nicht fertig und litten so lange darunter, bis sie endlich aus der Kirche austraten. Einige nahmen sich ob der angeblichen Schande sogar das Leben. Andere beteten dagegen zu ihrem eigenen Herrgott und scherten sich einen Teufel um die Kirche. In keinem anderen Bereich trat das ganze unchristliche, gehässige katholische Milieu deutlicher zutage als im Umgang mit unehelichen Müttern. Gerade die bigottesten Kirchgängerinnen zeichneten sich dabei besonders aus, obwohl sie vielleicht nur Glück gehabt hatten, dass sie ihre Kinder nach der Heirat zur Welt bringen konnten. Krieg und die Wirren der Nachkriegszeit verhinderten gerade in der Generation meiner Eltern allerdings oft diese durch eine Eheschließung vollzogene Moralisierung einer Liebe. Der Partner kam zum Beispiel aus dem Krieg nicht zurück, und die Frau musste dann Schande statt Anteilnahme ertragen.

Ungeschoren kam dagegen immer der uneheliche Vater davon. Ich kenne kein Dorf, in dem nicht ein Bauer einer Magd »ein Kind angehängt« hätte. Die Magd war die all ihren Rechten beraubte Arbeitskraft, und ihr Kind hatte so gut wie keine Chance, etwas anderes zu werden. Aber der Herr Bauer saß am Sonntag in der Kirche ganz vorne, und Reiche ließen sich sogar im Chorraum nieder, schließlich hatten sie ja genug gespendet – der Kirche, nicht ihrem Kind.

Geradezu infam und perfide verhielt sich jener Pfarrer in Oberharmersbach, der die so geborenen Buben auf den Vornamen Gallus, den Namen des Ortspatrons, taufte, um ihnen ihre sündhafte Herkunft für das ganze Leben aufzustempeln. Und da wundert sich die Kirche heute, dass die Menschen wegbleiben. Ihr Sündenregister an Nächstenhass kann doch zu gar keiner anderen Reaktion führen, und das hat absolut nichts mit Kirchenhass oder Hetze zu tun, wie konservative Hirten und ihre militanten Anhänger realitätsfremd jammern. Seid still und beendet endlich die Diskriminierung der Frau! Auf absehbare Zeit ist damit allerdings nicht zu rechnen. Denn Frauen kann sich Papst Benedikt XVI. nicht als Priesterinnen vorstellen, weil Gott es nicht gewollt habe. Die Kirche habe einfach keine Vollmacht, Frauen zu Priestern zu weihen. »Es ist nicht so, dass wir sagen, wir wollen nicht, sondern: Wir können nicht«, sagte der Pontifex in seinem Interview-Buch. Christus habe der Kirche mit den zwölf männlichen Aposteln eine unverrückbare Gestalt gegeben. »Dem zu folgen ist ein Akt des Gehorsams, eines in heutiger Situation vielleicht mühsamen Gehorsams. Aber gerade dies ist wichtig, dass die Kirche zeigt: Wir sind kein Willkürregime.« In dieser Haltung sieht der Papst jedoch keine Diskriminierung von Frauen. »Das wäre dann der Fall, wenn das Priestertum eine Art Herrschaft wäre, während es doch ganz Dienst sein soll.«

Theologen und Historiker gehen allerdings davon aus, dass Frauen wegen der gesellschaftlichen Verhältnisse damals nicht erwähnt wurden und nicht wegen Gottes Gebot. Sie wiesen aber auch nach, dass es durchaus Gemeindevorsteherinnen und Presbyterinnen, also frühe Priesterinnen, gegeben hat. Bekannt ist auch ein Fall, bei dem der weibliche Vorname einer Pfarrerin im Nachhinein von der frauenfeindlichen Kirche in einen männlichen umgeschrieben worden ist. Im Urchristentum und in der frühen Kirche waren Frauen ganz selbstverständlich auch Jüngerinnen und Prophetinnen. Erst im Mittelalter wurde die Frau stärker aus der Kirche verdrängt.

»Für die meisten Weltreligionen ist die Frau ein Problem: seit uralten Zeiten überall dem Mann untergeordnet, in Familie, Politik und Wirtschaft zweitrangig, in ihren Rechten und sogar in der Teilnahme am Kult eingeschränkt. Gleichberechtigung der Frau ist nicht nur im Christentum ein großes unerfülltes Anliegen.« So urteilte Hans Küng in einem religionsgeschichtlichen Abriss zur Stellung der »Frau im Christentum«, in dem er die Stellung der Frau vom Urchristentum über die frühe Kirche und das Mittelalter bis in unsere Tage chronologisch und systematisch analysierte.

Küng erscheint es als fragwürdige und fadenscheinige Ausweichstrategie, wenn sich die katholische Amtskirche bei der Begründung, weshalb Frauen das Priesteramt verwehrt werden muss, auf eine 2000-jährige Tradition stützt. Er erwartet, dass die Amtskirche ihren »Kampf gegen die Gleichberechtigung der Frau ebenso verlieren wird wie den gegen die ›Hexen‹ oder den gegen Demokratie und Menschenrechte«.

Das dünkelhafte Denken des Klerus reizte aber offensichtlich auch Frauen, die so weit in der Hierarchie aufsteigen konnten, wie es die Männergesellschaft zuließ. Ich meine Ordensfrauen und erinnere mich an jene Schulkameradin, die vorübergehend in einem Ordensinternat zur Disziplinierung untergebracht worden war. Dort bemerkte sie bald, wie herablassend sich die Schwestern mit dem schwarzen Schleier gegenüber denen mit dem weißen verhielten. Die schwarzen waren die Akademikerinnen, die als Lehrerinnen arbeiteten, und die weißen machten die Drecksarbeit, wie es auch in den Männerorden die studierten und geweihten Patres gab und die Arbeitsbienen, die nicht zum Priester geweihten Brüder.

Ein Beispiel wollte sie sich an dieser Klassengesellschaft innerhalb der Unterprivilegierten bei Gott nicht nehmen. Über Sexualität wurde natürlich offiziell nicht gesprochen. Die Freizeit war sowieso so beschränkt, dass kaum Gelegenheit bestand, junge Männer kennenzulernen. Auch die Lektüre wurde kontrolliert, selbst *Spiegel* oder *Stern* waren verboten. Lesbische Erfahrungen stellten sich im Internat der Ordensschwestern von alleine ein.

Bestand dann doch der Verdacht, dass eine Schülerin, von denen einige 16 oder 17 Jahre alt waren, einen Freund hatten, der vielleicht »mehr« wollte als nur Küsschen, wussten die Nonnen an den »Erziehungsabenden« guten Rat. »Sagt eurem Verlobten, wenn er euch bedrängt, dass ihr euch aufbewahren wollt bis zur Ehe. Wenn er auf Sex absolut nicht verzichten will, dann macht ihm doch klar, dass es dafür ja bestimmte Frauen und Bordelle gibt.« Also Jungs, auf zu den Huren, die Mutter Oberin hat es empfohlen, damit ihr euch nicht an den Jungfrauen versündigt. Dann ist es auch nur eine lässliche Sünde im Namen des höheren Gutes. Eine ebenso verlogene wie perverse Aufforderung.

Gehirnwäsche in Gottes Namen

Abschreckende Erfahrungen mit den Erneuerungsbewegungen

Die Idylle der Pfarrgemeinde Hausach mit dem geschlossenen katholischen Milieu wäre eigentlich ein idealer Nährboden für alle möglichen Erneuerungsbewegungen gewesen, wenn uns unsere Welt nicht genügt hätte. Aber keiner von uns spürte ein Verlangen nach ihnen. Der Bedarf an spiritueller Auseinandersetzung wurde voll und ganz im Leben der Jugendgemeinschaften befriedigt. Erst als nach der Schulzeit viele wegen Studium oder Berufsausbildung wegzogen, kamen einige mit Bewegungen in Kontakt, die ihnen an den neuen Wohn- und Arbeitsorten eine geistliche Heimat anboten. Glücklich wurde dabei, soweit ich es überschauen kann, keiner. Meine Begegnungen mit charismatisch Erneuerten, mit der Bewegung Focolarini, mit der Katholischen Integrierten Gemeinde, dem Familienersatz von Benedikt XVI., und den Legionären Christi sowie vereinzelt mit dem Opus Dei weckten nur meine Ablehnung wegen der reaktionären Kirchenvorstellungen, der Unterwerfung unter repressive Systeme von Gewissenszwang und täglichem Gehorsam sowie unerträglicher Indoktrination.

Indoktriniert wurden wir natürlich auch, wie es eben mit jungen Leuten geschieht, die sich mit ihrer Umwelt weitgehend identifizieren. Katholische Erziehung wurde das damals genannt, und sie prägte uns von der ersten Beichte bis zu Gemeinschaftserlebnissen. Sie hielt uns aber mit wenigen Ausnahmen nie ein Leben lang gefangen, wie es die Erneuerungsbewegungen praktizieren. Indoktrination und damit einhergehend das Verbot, selbst zu denken und nach eigenem Gewissen zu entscheiden und zu glauben, löste bei mir zuerst Unwillen, dann Ablehnung und später Rebellion aus, auch wenn ich sie mir nicht immer anmerken ließ oder glaubte, sie nicht merken lassen zu dürfen. Der Bruch mit der kirchlichen Institution fing mit einem Unbehagen an, das ich zuerst nicht recht artikulieren konnte. Als ich gelernt hatte, den Widerspruch zu formulieren, war der Bruch längst vollzogen, allerdings noch nicht aufgearbeitet.

Als ein typisches Beispiel für die Erneuerungsbewegungen sehe ich die Focolarini, jene Herdfeuerbewegung – focolare steht im Italienischen für eine offene Feuerstelle –, die nach dem Krieg die Trientinerin Chiara Lubich mit weltverbessernder Absicht gegründet hatte. Überall wollten die Mitglieder helfen, und überall wollten sie nur aus Nächstenliebe handeln. Ihr fürsorglich frommes Getue ging mir in den 50er-Jahren ganz schön auf die Nerven. Daran änderte auch die Tatsache nichts, dass ich in meiner katholischen Jugendzeit mit relativ vielen Focolarini zusammentraf, die mir als durchaus aufrichtige und vorbildlich tätige Christen erschienen. Dennoch spürte ich ihnen gegenüber immer ein leichtes Misstrauen wegen der Süßlichkeit des Umgangs und des Verdachts, nur zwischen zwei Möglichkeiten wählen zu können: Entweder wollen sie einen überhaupt nicht oder ganz vereinnahmen. Auch wenn ich selbst also nicht von ihren Überzeugungen ergriffen wurde, blieben mir die Focolarini im Grunde genommen durchaus positiv in Erinnerung.

Positives Ansehen genoss die Bewegung damals allerdings gerade dort nicht, wo es um ihre Zukunft ging und wo vielleicht früher als sonst wo die wirkliche Eigenart dieser geistlichen Erneuerungsbewegung erkannt worden war: in der römischen Kurie. Ähnliche Vorbehalte, wie ich sie spürte, fanden sich in einem Dossier, das in den 50er-Jahren entstanden war und dem damaligen Leiter des Heiligen Offiziums, der Vorgängerin der Glaubenskongregation, Kardinal Giuseppe Pizzardo, vorlag. Dieser sah in der Focolar-Bewegung mehr Irrglauben als katholische Erneuerung, und die Gründerin Chiara Lubich erschien ihm als Ersatz-Muttergottes und damit blasphemisch. Im Sant' Offizio kam verstärkend noch ein latenter Vorbehalt gegen Frauen in der Kirche hinzu. Pizzardo wollte daher in inquisitorischer Tradition am 31. Juli 1956 die Focolarini verbieten, doch zwei Jesuiten, Pater Riccardo Lombardi und Virginio Rotondi, die bei Pius XII. großes Ansehen und damit auch bei dem greisen und kranken Kirchenoberhaupt Einfluss hatten, konnten sich buchstäblich im letzten Augenblick mit ihrer Fürsprache für Chiara Lubich durchsetzen und erreichen, dass Papst Pius XII. Pizzardos Unterschrift verhinderte. Der Papst beschloss, die Focolarini nicht einfach zu unterdrücken, sondern wollte sie in der von ihm geförderten »Bewegung für eine bessere Welt« aufgehen lassen. Nach seinem Tod 1958 und unter dem Nachfolger von Pizzardo, dem ultrakonservativen, aber großherzigen Alfredo Ottaviani, blieben die Anhänger von Chiara Lubich dann unbehelligt. Bis vor wenigen Jahren wussten nur wenige Spitzenleute der Focolarini, dass sie damals knapp daran vorbeigeschrammt waren, nicht mehr als katholische Organisation zu gelten. Die Beweise dafür hat mein italienischer Kollege und Freund Giancarlo Zizola in der Glaubenskongregation gefunden.

Für die Focolarini scheint diese Vergangenheit wohl kein Thema zu sein, schließlich könnte die Beschäftigung damit ja peinliche Fragen aufwerfen. Vielleicht sind die Focolarini die gefährlichste Bewegung in der heutigen Welt mit ihrem stets maskenhaften Lächeln und der autoritären Struktur von Unterwerfung und absoluter Papsttreue. Vielleicht wird auch eintreffen, was die Gründerin Chiara Lubich einmal gesagt hat: »Eines Tages wird die Kirche aufwachen, und alles in ihr und um sie herum wird Focolare sein.« Sie träumte davon, dass die ganze Kirche so hierarchisch, marianisch und papstergeben werde wie ihre Bewegung. So schlimm wird es hoffentlich nicht kommen. Diese Befürchtung stammt von einem Leser des Buches des englischen Focolarini-Aussteigers Gordon Urquhart, dem die Lektüre die Augen über Teufelswerk hinter schönen Worten, über extreme Manipulationen und Anmaßungen der Focolarini geöffnet hat.

Indoktrination und blinder Gehorsam waren mir zuwider, und bei den Focolarini fand ich beides. Ungewollt lieferte ein Fernsehteam, das die Bewegung in ihrem Hauptsitz in Loppiano bei Florenz besuchte, um mein Buch über die Bewegungen *Im Namen des Heiligen Vaters* zu überprüfen und einen Film für die »Kulturzeit« von 3Sat zu drehen, einen Beweis dafür. Denn sie trafen eine Lehrerin aus dem Kongo, die dank ihrer Begegnung mit den Focolarini angeblich ihre wirkliche Berufung gefunden hatte. Statt dringend erforderliche Bildungsarbeit in ihrer afrikanischen Heimat zu leisten, sitzt sie nun an einer Nähmaschine in einer der vielen Fabriken der Focolarini und näht Jeans für den Handel. Jeder weitere Kommentar ist da überflüssig.

Ähnlich wurde ein Jugendkamerad aus Hausach seiner eigentlichen Bestimmung entzogen. Er war ein lebensfroher, lustiger und Erfolg versprechender Kaufmann, der eine Unternehmerkarriere im elterlichen Betrieb hätte einschlagen können. Wie er dann zur Katholischen Integrierten Gemeinde bei München kam, weiß ich nicht. Auf jeden Fall erschien er eines Tages bei mir, um meinen Beruf des Journalisten zu beschimpfen, mich zur Umkehr aufzufordern und zu seiner Gemeinde zu bekehren. Er berichtete, wie er Dinge habe studieren und Arbeiten habe erledigen müssen, die, soweit ich ihn aus vielen Jahren in der Hausacher Jugendzeit in Erinnerung hatte, nie sein Interesse waren. Doch seine neue Gemeinschaft redete ihm ein, dass dies der Wille Gottes und er auf dem richtigen Weg sei. In Wirklichkeit erfüllte er jedoch nur Bedürfnisse der Gemeinschaft, die keine Rücksicht auf seine Talente oder Lebensziele nahm. Sein Bruder erzählte mir später, er habe sogar versucht, das Erbe der Familie an die Gemeinschaft zu vermachen, doch die Geschwister hatten sich widersetzt. Daraufhin brach er die Kontakte ab. Sie wissen inzwischen, dass er als gebrochener Mann ein Fall für den Psychiater ist.

Welche unheilvolle Rolle diese Bewegungen inzwischen in der katholischen Kirche spielen, zeigte der Herbst 2010. Ihre Verschwiegenheit deckt nicht nur egoistische Manipulationen der Führungsleute, sondern zumindest in Einzelfällen sogar Verbrechen. Mit feinem Gespür für Gegenwind, der sich als vernichtender Orkan herausstellen könnte, verstummten im Jahr 2010 die von den Focolarini besonders betriebenen Jubelrufe und Aufforderungen zur Seligsprechung von Johannes Paul II. (1978–2005). Ursprünglich sollte der feierliche Akt am 16. Oktober 2010, dem Jahrestag der Papstwahl von 1978, vollzogen werden. Karol Wojtyla war zu dem Zeitpunkt mehr als fünf Jahre tot, womit die Mindestfrist für das Verfahren zur Selig- und Heiligsprechung erfüllt gewesen wäre. 2010 wurde aber nichts daraus, aber 2011, trotz aller Warnungen vor dem verheerenden Signal.

Noch sehen wir die Transparente vor unseren Augen und klingen die Sprechchöre »Santo subito« (sofort heilig) in den Ohren nach. Im Gegensatz zu den lärmenden Papaboys von 2005 ist es jetzt auffallend still um die Forderung nach dem Heiligen Johannes Paul geworden. Das hat gute Gründe, die aber nach der Anerkennung eines Wunders nicht mehr zählten. Der Schaden für die ganze Kirche ist unabsehbar und nicht erst, nachdem Papst Benedikt XVI. die Seligsprechung seines Vorgängers für den Mai 2011 angekündigt hat. Die Altlast des medienwirksamen Wojtyla ist mit einem solchen Akt nicht getilgt. Es geht immerhin um sexuellen Missbrauch.

Benedikt XVI. schien dies zu wissen und zunächst auf Zeit gespielt zu haben. Im Herbst 2010 hielten problembewusste Kurienkreise den Stand des Prozesses für »sospeso«, suspendiert, frei übersetzt: Das Verfahren ruht und niemand weiß, wann es wieder aufgenommen wird. Im Pontifikat von Benedikt XVI. schwer vorstellbar, urteilten sie. Bis dahin wurden Nachfragen mit dem Hinweis auf die noch fehlenden beziehungsweise nicht bewiesenen oder zu obskuren Wunder beantwortet, nachdem die persönlichen »heroischen Tugenden« im Dezember 2009 vom Papst anerkannt worden sind. Das leuchtet ein, ist aber nur ein kleinerer Teil der Wahrheit.

Joseph Ratzinger hat aus seiner Zeit als Präfekt der Glaubenskongregation viel gewichtigere Gründe ins Papstamt mitgebracht, um seinen Vorgänger nicht zu erhöhen, auch wenn er zunächst die Erwartungen zu erfüllen schien. Warum er dann im Januar 2011 doch die Seligsprechung ankünden ließ, weil angeblich eine an Parkinson erkrankte Nonne durch Anrufung von Wojtyla geheilt worden ist, kann nur mit mächtigen Förderern und kurialer Eigendynamik erklärt werden, gegen die sich Benedikt XVI. nicht stellen wollte oder konnte. Die Wojtyla nahestehenden Movimenti haben sich anscheinend durchgesetzt oder wurden durch die Seligsprechung befriedet. Bei konservativen Katholiken gibt es sowieso kein Mittel gegen Wunderglauben. Vielleicht war es aber auch nur ein Nützlichkeitsdenken. Warum nicht vom Ansehen von Johannes Paul II. profitieren, so lange es geht? Doch die Rechnung könnte nicht aufgehen.

Die wahren Gründe für das Zögern nannte ein Kurienmitarbeiter aus dem Umfeld eines mittelamerikanischen Kardinals, dessen Namen er auf keinen Fall öffentlich preisgeben wollte. Im Jahr 2000 hat jener Kardinal, vom Gewissen und dem Versprechen, das er einem Opfer von sexuellem Missbrauch gegeben hat, getrieben, den Glaubenspräfekten Ratzinger über den seit Jahrzehnten anhaltenden Missbrauch von Jugendlichen und Abhängigen durch Pater Marcial

Maciel Degollado, den Gründer der Legionäre Christi, informiert und den Vatikan um Gegenmaßnahmen gebeten. Rom müsse das, wie der Papst es heute formuliert, »unsägliche Verbrechen« beenden, das sich der nach außen hin gottgefällige und dem Papst besonders teure Maciel hat zuschulden kommen lassen.

Ratzinger kannte den Verdacht. Er trug die Anklage gegen Maciel Kardinalstaatssekretär Angelo Sodano vor, der vor einer Information des Papstes warnte. Das könne man diesem nicht antun. Ratzinger unterrichtete ihn dennoch, aber vergeblich. Johannes Paul II. lehnte jede Maßnahme gegen den klerikalen Sextäter ab, angeblich weil Beweise fehlten. Vermutlich wollte er sie gar nicht haben. Inzwischen ist nachgewiesen und von Rom anerkannt, dass Maciel mit mindestens zwei Frauen mindestens zwei Kinder gezeugt hat und sich schon in frühen Jahren von seinen jungen Anhängern in der von ihm gegründeten Ordensgemeinschaft der Legionäre Christi sexuell befriedigen ließ. Angeblich habe er von Papst Pius XII. selbst die Erlaubnis erhalten, sich von Jungen befriedigen zu lassen, um so seine Schmerzen behandeln zu können. Anschließend nahm er den jungen Opfern auch gleich selbst die Beichte ab.

Der Prozess gegen Maciel ruhte nach der päpstlichen Blockade, und Ratzinger konnte nur auf bessere Möglichkeiten hoffen. Diese eröffneten sich ihm mit Karol Wojtylas Tod bzw. schon während der peinlich öffentlich vorgeführten Agonie des polnischen Papstes. Der begrüßte noch am 13. März 2005 von seinem Fenster aus ausdrücklich die Legionäre Christi auf dem Petersplatz. Da hatte Ratzinger allerdings bereits eine neue Untersuchung eingeleitet. Johannes Paul II. lag im Sterben und konnte es daher nicht mehr verhindern, dass der heutige Chefankläger der Glaubenskongregation, Charles Scicluna, nach Mexiko reiste, um 20 Personen zu befragen, darunter auch Maciels Opfer.

Schon am 26. Mai 2005, also gerade fünf Wochen nach

seiner Wahl, befahl Benedikt XVI. dann Maciel, sich aus der Öffentlichkeit zurückzuziehen und zu meditieren. Genau ein Jahr später verzichtete die Glaubenskongregation nur aus gesundheitlichen Gründen auf ein kirchenrechtliches Verfahren. Maciel musste sich aber aus dem von ihm gegründeten Orden entfernen. Der »schlechteste Legionär Gottes«, wie er jetzt bezeichnet wurde, starb zwei Jahre später. Inzwischen waren die kriminellen Taten bekannt geworden, und niemand konnte sich mehr offen zum Liebling von Papst Johannes Paul II. bekennen, ohne sich selbst verdächtig zu machen. Schon 1997 hatten neun ehemalige Seminaristen erklärt, von Maciel in den 1940er-, 1950er- und 1960er-Jahren sexuell missbraucht worden zu sein, als sie zwischen zehn und 16 Jahre alt gewesen waren. Sie wurden durch Schweigegelübde zur Geheimhaltung verpflichtet.

Unter dem Druck einer kirchlichen Ermittlung kam die Wahrheit schließlich amtlich bestätigt heraus. Im Auftrag des neuen Papstes führten fünf Bischöfe eine weltweite apostolische Visitation des Ordens, dessen Abschlussbericht sie am 30. April 2010 Kardinalstaatssekretär Tarcisio Bertone vorlegten. Die Legionäre wurden daraufhin zwangsweise unter eine neue Leitung gestellt, ihre Seilschaften in der Kurie zerbröckelten, und heute bekennt sich keiner mehr gerne zu der einst mächtigen und vor allem reichen Bewegung, die intern auch als Millionäre Christi treffend charakterisiert wurde.

Jetzt wurde mir auch klar, warum Karol Wojtyla seine erste Auslandsreise nach der Papstwahl 1979 in Maciels Heimat Mexiko unternahm. Vier weitere sollten folgen, auch wenn sich niemand damals so recht einen Reim auf die Bevorzugung Mexikos machen konnte. Die wahren Hintergründe, also die großzügigen finanziellen Verlockungen und das Vortäuschen einer kirchlichen Erneuerungsbewegung, blieben jahrelang verborgen. Der Papst aus Polen überspielte sie geschickt, weil es ihn nicht kümmerte oder er es schlichtweg nicht wusste, weil er davon abgeschirmt wurde. Die Frage ist bis heute nicht geklärt.

Wir waren jedenfalls begeistert von dem Mann in weiß, der im Flugzeug zu uns kam, mit jedem sprach, mit den meisten sogar in ihrer Muttersprache. Ein Papst, der zugab, dass er Bürokratie, die auch zu seinem Amt gehört, nicht mag, ein Papst, der faszinierte, auch wenn viele seinen Vorstellungen nicht folgten, so wie im Beispiel die Frauen auf dem Petersplatz, die ihm zwar applaudierten, seine Sexualmoral aber nicht annahmen. Der Jubel galt seiner Person und nicht seiner Lehre.

Der Verdacht liegt nahe, dass Maciels Legionäre nicht nur zahlende Reisebegleiter waren, sondern auch gespenstisch anmutende Massenkundgebungen organisierten. Hunderttausende Einheimische, meist Indios, waren bei Oaxaca versammelt, um den Papst zu hören. Er kam in seinem »Holycopter«, dem Papsthubschrauber, wie ein weißer Engel vom Himmel und predigte in Spanisch zu der unüberschaubaren Masse. Immer wieder brandete Beifall auf, was sich nur erklären lässt, wenn die Zuhörer den Papst auch verstanden. Sie verstanden ihn aber nicht. Sie klatschen nur, weil ein Weihbischof unterhalb des Rednerpultes ihnen das Zeichen gab. Die Fernsehkameras schwenkten nie auf ihn. Die Indios konnten aber den Papst gar nicht verstehen, weil die wenigsten Spanisch sprachen. Mit einem italienischen Kollegen, der Spanisch konnte, mischte ich mich unter sie und befragte einige. Wir brauchten einen zweiten einheimischen Dolmetscher, um uns verständlich machen zu können. Jedenfalls kam heraus, dass sie in Bussen kostenlos hergebracht worden waren, ein Essen und Getränke erhielten und nach dem Applaudieren am Ende des Schauspiels wieder nach Hause gebracht wurden.

Der Mexikaner Maciel hatte wesentliche Teile der Kosten übernommen und in dem offiziell kirchenfeindlichen Land ein Jubelprogramm zu Ehren des Pontifex organisiert und den Papst völlig für sich eingenommen. Die Legionäre stiegen danach neben dem Opus Dei zu einer der potentesten Organisationen und Geldgeber im Kurienapparat auf. Beide sind reich und halfen dem Pontifex gerne. Johannes Paul II. wurde nicht müde, sie und ihresgleichen als Frühling und die Hoffnung der Kirche zu rühmen, obwohl er um den konkreten Kindesmissbrauch wusste. Er verschwieg und verhinderte. Wenn er von all dem wirklich nichts gewusst haben sollte, dann wäre er ein regierungsunfähiger Papst gewesen.

Die Seligsprechung hat damit einen üblen Beigeschmack bekommen. Die Verbundenheit von Johannes Paul II. mit einem anerkannten Kinderschänder hat sie nicht verhindert. Was ist die Verurteilung der Missbräuche durch Benedikt XVI. da jetzt noch wert? Nicht viel. Nach meinem Empfinden hat die Glaubwürdigkeit von Benedikt XVI. erneut schwer gelitten. Er hat sich selbst desavouiert. Jene Kurieninsider, die den Prozess zur Seligsprechung bremsen wollten und mir die indiskreten Hinweise gaben, zogen den Kürzeren. Jetzt erinnerten sie an historische Parallelen, zuletzt die Heiligsprechung von Pius X. (1903–1914), der Papst des Antimodernisteneides. Der hatte Gegner, die sich des Modernismus verdächtig gemacht hatten, gnadenlos verfolgen lassen. Das erbärmliche Kapitel der Kirchengeschichte des 19. Jahrhunderts wurde mit der Kanonisierung beendet. Über die Sünden von Heiligen spricht man nicht in der katholischen Kirche. Selig, heilig, Deckel drauf. Das funktionierte in vergangenen Jahrhunderten, heute aber nicht mehr. Im Gegenteil. Es stößt ab. Ein seliger Johannes Paul II. verstärkt die Kirchenkrise nur noch.

Mehr als alle bisher genannten Bewegungen reizte mich die Arbeit der 1968 gegründeten römischen Gemeinschaft St. Egidio. In den ersten Jahren nach 1973, als ich in Rom lebte, ließ ich mich selbst vom Geist von Sant'Egidio anstecken. 1975 drehte ich für das Bayerische Fernsehen einen Film über die sogenannte UNO von Trastevere, benannt nach ihren Friedensaktivitäten und dem Sitz in einem aufgelassenen Karmelitinnen-Kloster im urrömischsten Stadtteil Trastevere, jenseits des Tibers.

Als zehn Jahre später mehrere Friedensnobelpreisträger Andrea Riccardis Gemeinschaft sogar für den Friedensnobelpreis vorschlugen, schrieb ich gerade noch rechtzeitig vor der nächsten Verleihung 1998 ein Buch darüber: *Bibel, Mystik und Politik*. Der Verlag und ich wollten von dem zu erwartenden öffentlichen Interesse natürlich profitieren. Bis dahin war dies die einzige deutschsprachige Veröffentlichung dieser Art. Den Nobelpreis haben die Egidianer bisher nicht erhalten, und nach einiger Zeit warnten Rezensenten vor zu viel Lob für die Gemeinschaft vom Tiber. Ein Aussteiger bescheinigte ihr schließlich sogar Sektenpraktiken, Zwänge und Unterordnung unter den Willen des überall präsenten und zu verehrenden Andrea Riccardi.

Mein Buch würde ich heute wenigstens um ein kritisches Kapitel ergänzen, weil sich aus der studentischen Aufbruchsbewegung mit Hilfe für Bedürftige in Rom in der Tat eine Organisation mit Personenkult und allen Anzeichen von – dem eigentlichen Ursprung widersprechenden – Machtstrukturen entwickelt hat. Das schmälert ihre Leistungen und ihre ökumenische Offenheit nicht, reiht sie aber ein in die Erfahrung von Gemeinschaften, die den Initiatoren in den Kopf oder über ihn hinaus gestiegen sind.

In der römischen Papstkurie wuchs ihr Ansehen jedoch, auch wenn der heutige Papst Benedikt XVI. eine der größten und bekanntesten Aktivitäten, das Weltfriedensgebet in Assisi, das sich inzwischen zu einer regelmäßigen Veranstaltung entwickelt hat, nicht billigte. Das war ihm zu ökumenisch, denn nicht alle Religionsvertreter könnten gemeinsam zu einem Gott beten, den es so nicht gebe. Manche verunglimpften St.Egidio auch als so etwas wie ein linkes Opus Dei.

Papst Johannes Paul II. empfing Riccardi deshalb später scherzend: »Professore, es hätte nicht viel gefehlt, dann hätte man euch exkommuniziert. Aber ihr seid mutig. Ihr müsst weitermachen.« Der Widerstand in der Kurie war gewaltiger, als man sich vorstellen konnte, wenn man sich überlegte, dass es eigentlich nur um ein gemeinsames Gebet ging. Doch die Bedenkenträger im Kardinalspurpur witterten eine Gleichmacherei: Der Papst neben dem Dalai Lama oder neben einem Obermufti und einem Rabbi, das war für sie so, als wäre die allein seligmachende katholische Kirche durch ein schlichtes Gebet für den Frieden auf eine Stufe herabgestiegen zu Gurus und Schamanen (die allerdings auch dabei waren). Eine solche Ökumene drehte einigen altgedienten katholischen Festungsbauern in Rom den Magen um, obwohl von vornherein klargestellt worden war, »dass es nicht um Gleichmacherei der Religionen ging«.

Dennoch schickten alle Konfessionen und Religionen ihre Vertreter ans Grab des heiligen Franziskus in Assisi. Nur die vorkonziliaren Anhänger des Ex-Erzbischofs Marcel Lefebvre und der serbische orthodoxe Patriarch Pawle ließen sich nicht blicken. Lefebvres Traditionalisten allerdings wüteten lautstark unisono mit der rechten Kurie gegen das Religionstreffen als Verrat an der katholischen Kirche. Beim nächsten Mal betete aber jeder ausdrücklich für sich zu seinem Gott. Sant'Egidio blieb auf Erfolgskurs und ist heute auf der ganzen Welt vertreten, zumal es neben der Ökumene vor allem Randgruppen hilft wie zu den Anfangszeiten in Rom, als seine Mitglieder in die Armenviertel der Stadt gingen, um Behinderten zu helfen, Bedürftige zu versorgen, Alte zu betreuen und Straßenkindern Nachhilfeunterricht zu geben.

Zur Jahreswende 2000/01 enthüllte ein 47-jähriger italienischer Studienrat die innere Struktur der Egidianer. Nach mehr als 25 Jahren Mitgliedschaft hatte er die Gemeinschaft verlassen und die Annullierung seiner 1987 auf Druck von Sant'Egidio geschlossenen Ehe mit einer Frau aus der Gemeinschaft beim römischen Diözesangericht beantragt. Seine Erfahrungen schilderte er in seinen Memoiren mit dem Titel *Vita da Sant'Egidio* (Ein Leben in Sant'Egidio). Darin erzählt er, wie die Gemeinschaft ihre Mitglieder von ihren Familien isoliere, ein typisches Vorgehen von Sekten. Stattdessen werde die Gemeinschaft als die wirkliche Mutter verkündet. Es seien auch keineswegs alle gleichgestellt. Die Oberen verlangten vielmehr strikte Unterordnung und Gehorsam. Riccardis Reden und Erklärungen würden aufgezeichnet und müssten von allen Mitgliedern beachtet werden. Die Priester der Gemeinschaft müssten sich sogar in ihren Predigten an seinen Aussagen orientieren. Öffentliche Sündenbekenntnisse würden als quasi sakramentale Beichten verlangt, was den Vatikan schließlich zum Eingreifen veranlasste. Die für neue Mitglieder ausgewählten »geistlichen Väter« beanspruchten Mitsprache in allen persönlichen Fragen, beispielsweise bei der Wahl des Berufs. Sie schrieben die Wahl des Studienfaches vor und bestimmten sogar den »richtigen« Lebenspartner. Selbst über den Kinderwunsch entschieden die Vorgesetzten. Solch »arrangierte Ehen« seien üblich, um die Macht der Gemeinschaft intern zu stabilisieren und den Ausbruch aus ihr zu erschweren – sektenhaft eben.

Gewiss ist St. Egidio keine Gemeinschaft von katholischen Fundamentalisten. Aber die sektenhafte Struktur mit Riccardi als Vaterfigur an der Spitze hat sich mir erst langsam erschlossen. Ein Leserbrief zu meinem Buch, dessen Absender mich offensichtlich aus schlechten Erfahrungen mit St. Egidio kritisierte, weckte erste Zweifel, die nach und nach bestätigt wurden. St. Egidios Hilfe für die Armen und ihre

Friedensarbeit war zwar eine wunderbare Idee, der Erfolg der Organisation hat sie aber beschädigt.

Welche Leichen bei den Bewegungen sonst noch im Keller liegen, weiß ich nicht. Mein Misstrauen gegen abgeschlossene, intolerante, intransparente und repressive Organisationen wurde jedenfalls in vielerlei Hinsicht bestätigt. Ich war froh, nie ernsthaft erwogen zu haben, mich einer der Gruppen anzuschließen, wiewohl ich angesichts einiger Querverbindungen erkennen musste, welche Hilfe sie bei Karrieren leisten konnten. Doch in der Kirche wollte ich nie aufsteigen, und meine Unabhängigkeit wollte ich auch unbedingt bewahren.

Mit einer anderen jungen Organisation habe ich nie etwas zu tun gehabt. Sie schien mir zunächst so abstrus, dass man sie besser gar nicht erwähnte. Doch im Oktober 2010 kam heraus, dass Papst Benedikt XVI. sie mit einigen Auflagen kirchlich anerkannt hatte. Zyniker könnten das Ganze vielleicht amüsant finden, wenn nicht alles so maßlos dumm und menschenverachtend wäre. Gemeint ist das Engelwerk der Tirolerin Gabriele Bitterlich. Das Opus Angelorum (OA) geht auf ihre Privatoffenbarungen zurück und spiegelt all den Blödsinn, der mich stark an Aberglauben erinnert, wie er etwa in Italien noch weit verbreitet ist, wo anscheinend der »böse Blick« noch immer unbedarfte Zeitgenossen erschrecken lässt. Sie erinnern aber auch an die Höllenängste des Pfarrers Ritter aus Buchholz. Kinder, die den Pfarrer nicht ansehen können, junge Frauen, die eine Fehlgeburt haben, und schwarze oder gefleckte Katzen seien von Dämonen befallen, ebenso viele Zigeuner, Hebammen und Bauersfrauen. Nur durch die Verehrung von 400 Engeln könne man sich vor ihnen schützen. Ich hielt das alles für längst überwundenes Mittelalter.

In der Bibel werden zwar meist nur drei oder vier Erzengel namentlich genannt, traditionell allenfalls sieben. Die himmlische Inflation stört den Papst aber wohl nicht. Benedikt XVI. hatte als damaliger Vorsitzender der vatikanischen Glaubenskongregation durch ein Dekret vom 6. Juni 1992 die Bitterlich-Schriften verboten, ebenso die Schutzengelweihe, die sozusagen als Eintritt in den Geheimbund gilt. Das Engelwerk feiert die nun erfolgte Anerkennung deshalb gebührend: »Damit hat die Mutter Kirche das Werk der heiligen Engel in ihren Schoß aufgenommen«, heißt es im OA-Rundbrief. Ein Anlass für Opfer, öffentlich über die Praktiken zu klagen, die eigentlich den Staatsanwalt wegen Freiheitsberaubung auf den Plan rufen müssten.

Ein Dutzend Anrufe und Briefe, zum Teil aus nachvollziehbaren Gründen anonym, erhielt ich, seitdem ich über die Movimenti ein Buch veröffentlicht hatte. An manchen Tagen schien es mir, als hätten die von kirchlichen Bewegungen Geschädigten nur darauf gewartet, unter Bezug auf meine Veröffentlichungen endlich mit jemandem sprechen zu können. Denn in den kirchlichen Institutionen wurden sie nur abgewimmelt. Vielleicht können die auch gar nichts anders, weil die beschuldigten Organisationen jede Transparenz vermissen lassen und die Kircheneinrichtungen selbst unterwandert haben. Anders ist die Aufwertung des Engelwerkes beispielsweise nicht zu erklären.

Eine Mutter klagte über die Vereinnahmung von Kindern, die gegen die Eltern aufgehetzt und in Gruppen wie dem Opus Dei ihrer Freiheit beraubt würden. Ein 80-Jähriger betrauerte den Verlust seines Bruders, der seit seiner Zugehörigkeit zur Integrierten Gemeinde nichts mehr mit seiner Familie zu tun haben wollte. Eine Familie hat schon wiederholt den Wohnsitz gewechselt, um der Verfolgung durch fanatische Katholiken zu entkommen. Ein anderer Anrufer sprach von versuchter Erbschleicherei, und das alles in Gottes Namen oder dem des Heiligen Vaters. Doch der sollte sich lieber deutlich von dem Wust von finsterem Aberglauben distanzieren.

Systeme, die ihre Macht auf Gehirnwäsche bauen, zerbrechen nicht nur Menschen. Sie zerbrechen sicherlich irgendwann auch selbst. Leider ist die Liste der Opfer bis dahin lang, so lang, dass sich die Nächstenliebe predigende Kirche ihrer endlos schämen müsste. Aber sie tut es nicht, im Gegenteil. Papst Johannes Paul II. lobte die Organisationen als Frühling der Kirche, und Papst Benedikt XVI. setzte auf sie, weil diese geistigen Bewegungen gebraucht würden. In seinem Interview-Buch begründet er dies, weil in ihnen »die Weltkirche Wegmarken setzt und damit die Präsenz Gottes wieder zum Kernpunkt« macht. Wenn er damit auch die Praxis der Bewegungen meint, kann man sich allerdings nur abwenden.

Wer die Wahrheit schreibt, fliegt raus

Statt zum Kirchendienst dem Teufel von der Schippe gesprungen

Eine kleine kursive Glosse in der *Süddeutschen Zeitung*, »Von Sebastian erlauscht«, hat meine berufliche Beziehung zur katholischen Kirche bereits 1970 entscheidend verändert. Sie stammte von Hannes Burger, einem Kirchenfachmann und begnadeten Schreiber, und traf ein Dilemma genau auf den Punkt, in dem sich früher oder später alle katholischen Journalisten befinden. Sie beschrieb, dass die katholische Amtskirche bereit war, eine Existenz – meine – zu vernichten, weil ich als Journalist korrekt, aber den Kirchenfürsten unangenehm wahr berichtet hatte. Damit untermauerte sie meine Entscheidung, zwar gerne über Kirchenthemen zu schreiben, aber nie und nimmer in Abhängigkeit von der katholischen Kirche zu geraten. Und ich bin nicht der Einzige, der diese Erfahrung machen musste.

Ich fiel fast aus allen Wolken, als ich die Glosse las und kurz darauf mit Hannes Burger telefonierte. Ich war damals Chef vom Dienst im Landesbüro Stuttgart der Deutschen Presse-Agentur (dpa) und hatte von hier aus eine exklusive Geschichte enthüllt, wenn man so will. Mit Enthüllungsjournalismus hatte ich als Nachrichtenagenturmann sonst wenig am Hut, aber in diesem Fall wurde mir ein deutschsprachiges vatikanamtliches Dokument zugesteckt, das sich nach kurzen Recherchen als zuverlässig erwies. Nach einigen Telefonaten mit Theologen wurde es bestätigt, gleichzeitig hörte ich Entrüstung, vor allem bei Tübinger Theologen, darunter Hans Küng und Johannes Neumann, die kaum glauben konnten, was da an Rückschritt aus Rom gekommen war.

In der dpa-Zentrale in Hamburg wollte ein leitender Kollege die Geschichte mit einer 30-Zeilen-Meldung abtun. Ich schrieb dennoch einen langen Bericht, dazu einen einordnenden Korrespondentenartikel unter meinem Namen, und für alle Fälle verbreitete dpa dann auch noch Wortlautauszüge als dokumentierende Beweise. Es ging um das neue Mischeherecht der katholischen Kirche, das von Papst Paul VI. als Motu proprio (aus eigenem Antrieb) unter dem Titel *Matrimoniae mixtae* dekretiert worden ist. Es sollte einige Wochen später mit gesetzten Worten als Riesenfortschritt in der Ökumene glanzvoll in Rom der Weltöffentlichkeit präsentiert werden. Das hatte ich nicht gewusst, wäre mir aber auch gleichgültig gewesen. Nach den Theologen-Gesprächen und mehrfacher Lektüre kam ich zu dem Ergebnis, dass es für Deutschland sehr relevant war, viele Hoffnungen enttäuscht würden und es sich nicht um einen wirklichen Fortschritt handelte, denn für eine Ehe mit einem Andersgläubigen, etwa einem Protestanten, brauchte ein Katholik auch in Zukunft eine Dispens, allerdings nicht wie bisher aus Rom, sondern vom zuständigen Bischof seiner Diözese. Das war eine Verwaltungsvereinfachung für die Kirche, mehr aber auch nicht.

Zur Überraschung meiner kirchlich weniger beschlagenen Kollegen stand dieses Thema am folgenden Tag als Aufmacher in fast allen Zeitungen auf Seite eins, von der *WELT* in Hamburg über die *Frankfurter Allgemeine* bis zur *Passauer Neuen Presse.* Konkurrierende Agenturen aus dem Ausland schickten meinem Chefredakteur sogar Glückwunschtelegramme. Ich hatte durch eine absolut korrekte Schilderung eine unerwartete Reaktion provoziert. Die Kirche wollte das Dekret als ökumenischen Durchbruch propagieren, aber das hatte ich vereitelt, was natürlich bestraft werden musste. Zuerst erschien daher der allmächtige Substitut in der Kurie, Erzbischof Giovanni Benelli, im römischen dpa-Büro, um sich den Sündenbock vorzunehmen. Meine römischen Kollegen mussten den dritten Mann an der Kirchenspitze allerdings enttäuschen, da ich gar nicht in Rom arbeitete, sondern in Stuttgart. Daraufhin setzte die Deutsche Bischofskonferenz ihren Machthebel an, und Hannes Burger erfuhr davon. Der Sekretär der Konferenz, Prälat Karl Forster, zitierte meinen Chefredakteur Hans Benirschke von Hamburg zu sich nach München. Auf dem Flug in die bayerische Landeshauptstadt, wo das Sekretariat am Sitz des Vorsitzenden Kardinal Julius Döpfner noch residierte, musste er in der *Süddeutschen Zeitung* dann jene Glosse lesen, die klar aussprach, was von ihm erwartet wurde: Der gewöhnlich gut unterrichtete Kirchenkenner Hanspeter Oschwald soll auf Wunsch der Deutschen Bischofskonferenz von der dpa entlassen werden. Burger beschrieb die besagten Hintergründe.

Benirschke war natürlich nicht begeistert, dass so viel öffentliches Aufheben um mich und die dpa gemacht wurde. Er versicherte mir auch säuerlich, dass er nie daran gedacht hätte, der Forderung zu entsprechen. Da war ich mir allerdings nicht so sicher. Zur »Strafe« oder zur Besänftigung der Bischöfe durfte ich dann ein langes Interview mit dem damaligen Vorsitzenden, dem als aufgeschlossen geltenden Münchner Kardinal Döpfner führen, das dann kaum jemanden wirklich interessierte. Das denkbar schlechte Echo in den deutschen Medien bewegte schließlich die Bischöfe dazu, in den Durchführungsbestimmungen zu dem römischen Dekret so viel Entgegenkommen zu zeigen, wie möglich und in einem solch gemischtkonfessionellen Land wie Deutschland erforderlich war.

Ich sollte also dafür bestraft werden, dass ich unvoreingenommen wahrheitsgemäß berichtet hatte. Das focht die katholischen deutschen Bischöfe nicht an. Nach dem Motto »wer die Wahrheit schreibt, fliegt raus, wenn sie uns nicht passt« sollte ich kaltgestellt werden. Doch damit erreichten sie das genaue Gegenteil. Solcherart im Kollegenkreis bekannt und profiliert, wurde ich dann drei Jahre später als Korrespondent nach Rom versetzt und von einigen dort entsprechend misstrauisch empfangen. Wer so kritisch über die Kirche schrieb, musste ein »roter Hund« sein, erzählte mir später ein Kollege schmunzelnd über die Gerüchte, die mir vorauseilten. Ich hatte aber eher den Eindruck, dass viele Gehässigkeiten daher rührten, dass einige Korrespondenten um ihr ruhiges Leben fürchteten. Denn ein Investigativer störte den Vatikan und auch die Vatikanisten. Das bestätigte sich in einigen Fällen.

Wo ich störte, wurde oft derjenige bestraft, dessen man habhaft werden konnte. Ein armer deutscher Pfarrer etwa wurde verdächtigt, mir eine Meldung gesteckt zu haben, wonach der Papst in der DDR ein eigenständiges Bistum Magdeburg errichten wolle. Die Kirchenbezirke in der DDR bildeten eine seltsame Konstruktion als Administraturen, deren Hirten direkt Rom unterstellt waren. Die Territorien gehörten aber kirchenrechtlich noch zu ihren westdeutschen Mutterdiözesen. Eine Neuregelung mit eigenen DDR-Diözesen bot sich daher an, wenn man nicht auf die damals noch undenkbare Wiedervereinigung warten wollte.

Die Meldung formulierte ich mit allem Vorbehalt, da eine wirksame Gegenkontrolle mit einer zweiten Quelle nicht möglich war. Aufgrund meiner Kenntnisse bewertete ich sie jedoch als sehr wahrscheinlich, außerdem war mein Informant durchaus glaubwürdig. Am nächsten Tag stand die Meldung wiederum in allen deutschen Zeitungen. Die *FAZ* platzierte sie sogar auf die erste Seite. Nichts geschah, nichts in Rom und nichts seitens der deutschen Kirche. Zwei Monate dauerte das unerwartete Schweigen, bis endlich ein Dementi von der Bischofskonferenz kam. So lange hatte sie gebraucht, um den Außenminister des Papstes, den Ostpolitiker von Paul VI., Erzbischof Agostino Casaroli, zum Verzicht auf das Vorhaben zu bewegen. Das Dementi war also heuchlerisch, denn bei der Veröffentlichung der Meldung war sie wahr gewesen.

In der Kurie wurde fieberhaft nach meiner Quelle gesucht. Inzwischen war ich Korrespondent in Rom, doch dieses Mal kam kein Benelli, sondern man suchte lieber im eigenen Haus, verdächtigte einen Priester und versetzte ihn zur Strafe zurück nach Deutschland. Er erkrankte darüber schwer und starb bald. Ob er es wirklich war, verrate ich nicht. Über die Motive meines Informanten habe ich lange nachgedacht. Wollte er mit der Indiskretion das Projekt verhindern oder fördern? Manchmal bleiben auch Journalisten ohne Antworten. Auf jeden Fall war es wieder eine wahre Berichterstattung mit bösen Folgen.

Die von meiner Kirche ausgehende Bedrohung meiner Existenz wegen wahrer Berichterstattung – das musste ich erst mühsam verdauen. Meine berufliche Laufbahn stand nach der Mischehen-Meldung auf dem Spiel, und das aufgrund der Intervention einer Institution, die die Wahrheit zu besitzen und zu verbreiten vorgibt. Das ist mir noch 40 Jahre später bitter aufgestoßen, als Papst Benedikt XVI. vor dem internationalen katholischen Medienkongress im Oktober 2010 in Rom predigte: »Der katholische Journalismus muss im Dienste der Wahrheit stehen.« Mehr als 200 Journalisten, Medienfachleute und Kirchenvertreter aus rund 85 Ländern wurden vom Papst daran erinnert, dass katholische Journalisten »dem Menschen von heute helfen müssen, sich nach Christus auszurichten«. Das Zeugnis für die Wahrheit in Zeiten, die auch durch viele Schattenseiten gekennzeichnet seien, müsse die Hauptaufgabe des katholischen Journalisten sein, um den Menschen der Gegenwart zu helfen, sich auf Christus, den einzigen Retter, auszurichten »und die Flamme der Hoffnung am Brennen zu erhalten, um das Heute würdig zu leben und in angemessener Weise die Zukunft aufzubauen«.

Ganz früher hätte ich mich über solche Ermunterungen gefreut, später geärgert, dann empört. Heute folgere ich daraus nur eine einzige Erkenntnis: Katholischer Journalist ist ein Widerspruch in sich. Ein guter Journalist kann nicht katholisch sein, weil er nur der kirchlich gelehrten Wahrheit verpflichtet ist, wenn er nach päpstlicher Ansicht richtig katholisch sein will. Also wird er immer als Missionar im Dienst der kirchlichen Lehre gesehen und von Oberhirten so verstanden. Sie erwarten von ihm nicht, wahrhaftig und nach bestem Wissen und Gewissen zu arbeiten, sondern grundsätzlich die katholische Lehre zu verkünden. Hier passen kirchlicher Anspruch und journalistische Grundsätze einfach nicht zusammen.

Die Kluft zwischen Kirche und Journalismus wurde mir selbst bei einer harmlosen Vorlesung bei der Jahresversammlung des Borromäusvereins in Bonn bestätigt. Ich hatte gerade mein Biografie-Buch über Abbé Pierre veröffentlicht und war eingeladen, daraus vorzulesen und anschließend Fragen zu beantworten. Eine Ordensschwester brachte unfreiwillig die Lage vieler katholischer Journalisten, die in den sogenannten säkularen Medien arbeiten, mit einer staunenden Frage auf den Punkt: »Wie kommt ein Mensch wie Sie vom *Focus* dazu, ein Buch über einen so frommen und liebenswerten Mann wie Abbé Pierre zu schreiben?«

Tja, wieso denn nicht? Einem Journalisten außerhalb der kirchlichen Einflusssphäre traute die fromme Frau wohl nicht über den Weg und hätte auch nicht erwartet, dass er sich einem solchen Thema widmen würde. Deutlicher hätte nicht ausgedrückt werden können, welch ein Graben im Denken von Kirchenleuten die Bereiche »kirchlich« und »außerhalb« scheidet. Frei übersetzt: Hier die Guten, dort die Bösen, denen nur Böswilligkeit oder gar Gehässigkeit gegenüber allem Kirchlichen unterstellt werden kann.

Einen weiteren Beleg für dieses Misstrauen, das nicht nur kirchliche Funktionsträger, sondern auch viele, vor allem konservative Katholiken gegen Journalisten hegen, lieferte der Anruf eines Professors aus Kiel. Zu einem sachlich distanzierten Beitrag im *Focus* über den Papst fiel ihm nur ein, dass so etwas nur ein abgefallener Pfarrer habe schreiben können, sozusagen aus Rachsucht. Ich versuchte ihm zu vermitteln, dass ich über die Kirche und ihre Vertreter so schreibe wie andere Fachjournalisten über Politik, Wirtschaft oder Sport, also ohne jeglichen missionarischen Eifer, sondern so sachlich, wahrhaftig und treffend wie nur möglich. Zögerlich sah es der Anrufer irgendwann ein, dass die Kirche heute wohl nicht mehr eine Sonderbehandlung erwarten könne. Allerdings dürfe man seiner Meinung nach die Kirche doch nicht mit der Gesellschaft und den Vatikan nicht mit einer Regierung vergleichen, auch wenn sie sich nur inhaltlich, nicht aber in der Praxis unterschieden. Natürlich kann man. Schließlich schreibe ich ja nicht über den Glauben, sondern über die Religionsverwalter auf Erden. Letztlich akzeptierte er spürbar widerwillig, dass es der Kirche und der Gesellschaft am besten diene, wenn über sie so geschrieben werde, wie es moderne seriöse Medien eben stets praktizieren. Keine Ausnahmen ist die beste Regel für die Glaubwürdigkeit aller, über die geschrieben wird. Immerhin schloss er mich nach einem langen Telefonat und Briefwechsel in sein Gebet ein.

Angefangen hatte mein Journalistenleben vor 50 Jahren als Macher unseres Blättle, einer kleinen Zeitschrift von und für die katholische Jugend in Hausach, und als Mitarbeiter der Schülerzeitung des Gymnasiums Hausach, *Tintenfass*, mit dem Chefredakteur Wolfgang Schäuble, dem späteren CDU-

Spitzenpolitiker. Von dort führte der Weg über einen Versuch als Pressefotograf ins Volontariat bei einer streng katholischen Tageszeitung. Noch war ich von missionarischem Eifer erfüllt für eine bessere, katholische Gesellschaft und gegen Totalitarismus.

Als katholischer Volontär beim Schwabenverlag in Stuttgart, wo in den 60er-Jahren noch die Tageszeitung *Deutsches Volksblatt* erschien, wurden mir die Ideale eines nach dem anderen genommen. Eigentlich wollte ich ja Journalist werden, um irgendwie über die Medien die Welt zu verbessern. Das kleine Blatt war für mich als Bub vom Land und ohne Beziehungen eine der ganz wenigen Adressen, wo ich mit meinen Vorstellungen unterkommen konnte. Es war einst eine Zentrumszeitung gewesen und hatte nach dem Krieg und den Reglementierungen durch die Besatzungsmächte den Neustart verpasst. Es war ein Organ des schwäbisch-katholischen Muffs. Nicht einmal die CDU als christliche Partei hatte in diesem katholischen Milieu eine rechte Heimat gefunden. Das Zentrum hauchte hier noch Jahre nach seinem Verschwinden den letzten Atemzug aus. Immerhin war der Zentrumspolitiker und 1926 bei Bad Griesbach im Schwarzwald ermordete Reichsfinanzminister Matthias Erzberger jahrelang Chefredakteur des *Volksblattes*.

Linientreu katholisch musste man sein, wenn man christliche Politik machen wollte. Einen meiner ersten Rüffel erhielt ich vom Chefredakteur und vom Verlagsdirektor, als ich einmal eine wichtige Pressekonferenz der SPD zur Schulfrage, einem Kernthema der katholischen Landespolitik und damit unserer Zeitung, besuchte und einen längeren, dem Thema angemessenen Bericht verfasste. Das war offenbar nicht erwünscht. Die Ermahnung war mit der Empfehlung verbunden, wenn ich schon meinte, über die SPD berichten zu müssen, dann reiche doch eine kurze Agenturmeldung. Man schrieb das Jahr 1963.

Unser Fotograf bekam einen Anschiss, weil er ein Foto von Turnerinnen in leichten Trikots geliefert hatte. »Das sind die künftigen Brigitte Bardots«, wurde er in einem gelinden Donnerwetter aufgeklärt. Und sein Auftrag wäre es wohl nicht, Sünderinnen zu animieren. Etliche Leser hätten wegen des Fotos bereits ihr Abo gekündigt. Ich bekam sogar einmal als Höhepunkt meines kleinkariert katholischen Volontariats Schreibverbot über Pfarrer, weil ich eine kritische Glosse über einen Landpfarrer geschrieben hatte. Denn der war am Sonntag zur Gottesdienstzeit auf den dörflichen Fußballplatz gestürmt und hatte beide Mannschaften samt Schiedsrichter in die Kirche abkommandiert. Vom stattfindenden Vereinsjubiläum hatte der Pfarrherr natürlich keine Ahnung gehabt, geschweige denn Kontakt zu den nichtkonfessionellen örtlichen Vereinen zur Terminabsprache gepflegt. Ich hielt ihm daher Holzhammermethoden und schlechte Seelsorge vor, da er wichtige Teile der Gemeinde ignorierte, sonst hätte er sich vorher mit dem Sportclub über den Gottesdienst verständigt.

Als ein Stuttgarter Stadtpfarrer, der am Telefon den Kommentar lobte, von mir erfuhr, welche hausinternen Folgen er ausgelöst hatte, schrieb er an Verlagsdirektor Joseph Vögele einen Protestbrief. Darin versicherte er, dass er jetzt wisse, für wen er beim nächsten Mediensonntag beten lasse: nämlich für jene Journalisten, die in katholischen Häusern ihr Gewissen vergewaltigen müssten. Vögele erzählte mir von dem Schreiben natürlich nichts. Aber das Schreibverbot über Pfarrer hatte sowieso nicht lange Bestand. Denn der Klerus war die wichtigste Kundschaft und auch vorrangiges Thema der Berichterstattung. Und in einer kleinen Redaktion, die zudem überwiegend mit Volontären arbeitete, wurde jeder Schreiber dringend gebraucht, also auch der unzuverlässige hpo (hanspeter oschwald).

Wie oft musste ich Sonntagspredigten anhören und entwickelte dabei langsam eine professionelle Deformation.

Denn bei jeder Predigt fragte ich mich bald nach dem Nachrichtenwert. Oft konnte ich tatsächlich keinen entdecken. Das entsprach auch meistens dem Gehalt der Ansprachen. Der Klerikerwitz über die Frau, die ihren Mann nach dem vorgeblichen Kirchgang gefragt hat, worüber der Pfarrer gepredigt habe, bleibt mir unvergessen. Der arme Mann antwortete wortkarg: »Über die Sünde.« »Und was hat er gesagt?« »Er war dagegen.«

Nach dem Volontariat ging ich immer noch ziemlich idealistisch zum Bauorden nach Worms, obwohl mir der Verlagsleiter prophezeit hatte, dass dies mein Untergang sei. Die Zukunft beim *Volksblatt* sei dagegen rosig. Zwei Jahre später wurde es allerdings geschlossen. Jetzt warb ich mit Reportagen und Vorträgen für den Bauorden, eine vom Speckpater Werenfried van Straaten gegründete Organisation, in der junge Leute bis heute in den Ferien wochenlang kostenlos Mittellosen beim Bau eines Heimes, einer Schule oder einer kirchlichen Einrichtung helfen.

Ich gründete dann einen Pressedienst, dessen Meldungen auch der Deutschen Presse-Agentur in Frankfurt ins Haus flatterten und dort auffielen, weil sie, im Nachrichtenstil geschrieben, direkt so übernommen werden konnten. Bei der dpa fing ich dann im Herbst 1965 als Korrespondent an und wollte Kirchenfragen eigentlich nur noch als Privatsache betrachten. Doch in der »weltlichen« Agentur fand sich kaum einer, der über Kirche Bescheid wusste. Ein väterlicher Freund riet mir deshalb, ich solle mich doch mit Kirchenthemen beschäftigen, da dies eine Nische wäre, die immer interessant bleiben würde. Er hatte damals noch mehr recht als heute. Denn in Deutschland herrschte kirchliche Aufbruchsstimmung. Die Synode 72 über Zukunftsperspektiven stand in der Schweiz bevor. Priestergruppen formierten sich. Der 1966 gegründete Bensberger Kreis, der sich als Zusammenschluss von deutschen Katholiken mit kritischem und reformerischem Engagement in Kirche und Gesellschaft verstand, trat an die Öffentlichkeit. Es gärte überall. In Chur standen Protestgruppen und Europas Bischöfe in konkurrierenden Symposien gegeneinander. In Rom versammelten sich die ersten Bischofssynoden. Kirche war ein Thema. Und für mich war das der Einstieg, und zwar ganz ohne Protektion. Bald wechselte ich zuerst nach Stuttgart, dann nach Hamburg in die dpa-Zentrale, schließlich für sechs Jahre nach Rom.

Kirche ließ mich von nun an als Thema nicht mehr los. Beinahe wäre ich mit 25 Jahren stellvertretender Chefredakteur der KNA – der Katholischen Nachrichten Agentur – geworden. Der Vertrag war schon unterschrieben, aber nach einigen tieferen Einblicken in die Redaktion, das Denken und die Aufgaben stieg ich wieder aus und nahm mir vor, weiter gern über Kirche zu schreiben, es aber hoffentlich nie im Dienst der Kirche zu müssen. Ein für seine deftige und treffsichere Ironie bekannter Kollege bei der dpa in Frankfurt begrüßte mich wieder zu Hause mit den Worten: »Da bist du dem Teufel im letzten Moment von der Schippe gesprungen.«

Aus all dem klingen fast nur schlechte Erfahrungen durch, aber das wäre nicht gerecht. Das Volontariat hat allerdings sicherlich eine negative Rolle gespielt. Zu Beginn meiner *Volksblatt*-Zeit empfand ich noch keinen tieferen Bruch mit meinem durch und durch von der katholischen Jugend im Schwarzwald geprägten traditionellen Denken. Und die Leiden an der katholischen Publizistik setzten erst langsam ein. Die Erkenntnisse lassen sich mit dem damals geflügelten Wort umschreiben: »In katholischen Verlagen werden Sozialenzykliken und kirchliche Lehren nur gedruckt, damit sie andere einhalten.«

Entscheidender für meinen Weg als katholischer Journalist außerhalb des kirchlichen Milieus waren aber andere Einflüsse. Als Agenturjournalist erlebte ich nahezu täglich, dass die Zeitungen, Rundfunk- und Fernsehanstalten »ungefärbte« Meldungen aus der Kirche erwarteten und keine Texte, denen PR-Absichten unterstellt werden können oder müssen.

Alfred Schwingenstein, Gründungschef der *Süddeutschen Zeitung* und Mitbegründer der KNA, schied, was ich jetzt erst in seiner Biografie nachlesen konnte, aus dem Geschäft mit der Katholischen Nachrichten Agentur aus, weil er die Absicht der Kirchenhierarchie früh erkannte, keinen reinen Journalismus zuzulassen, sondern Journalisten als so etwas wie eine dienstbare fünfte Kolonne in allen Redaktionen zu missbrauchen. Seinen Verdacht fand ich bestätigt und nahm mir vor, Chronist, aber nie journalistischer Missionar zu sein.

Immerhin gab es noch in den 80er-Jahren, soweit ich das verfolgen konnte, da ich inzwischen seit fast neun Jahren dpa-Korrespondent in Paris war, in den meisten Redaktionen wenigstens einen Kirchenfachmann, der nicht nur eine Bildunterschrift zur Fronleichnamsprozession formulieren konnte. Wenn ich mich heute umsehe oder in Rom Pressekonferenzen mit deutschen Bischöfen verfolge, dann kann ich mich einer gewissen Nostalgie nicht erwehren. Vor 25 Jahren waren die Konferenzen noch voll, und die Journalisten kamen von allen Medien. Über eine Bischofssynode in den 70er-Jahren musste ich täglich mindestens eine Meldung liefern, weil das Kunden- bzw. Leserinteresse vorhanden war. Heute dagegen muss man Kirche »verkaufen« wie Sauerbier, wenn man nicht gerade einen Skandal aufgedeckt hat.

Das alles scheint die Hierarchie, vor allem die weltfremden Kurienherren in Rom, weitgehend zu ignorieren. Sie lassen sich vom römischen Klüngel der Vatikanisten täuschen, die ständig und ausführlich über alles berichten, was der Vatikan hergibt. Für sie ist die Kurie ein Lokalgeschehen, das sie irrtümlich für ein Weltereignis halten. Ein Blick in die Weltpresse könnte Interessierte selbstverständlich belehren, dass eine Meldung mit jedem Kilometer, den sie sich von Rom entfernt, kürzer wird und häufig sogar ganz verschwindet. Selbst der Medienpapst Johannes Paul II. schien zu übersehen, dass die eindrucksvollen Bilder über sein Leiden, die live in der ganzen Welt ausgestrahlt wurden, kaum etwas vermittelten, das mit seiner tatsächlichen Botschaft zu tun hatte. Die Euphorie »Wir sind Papst« nach Joseph Ratzingers Wahl zum Papst Benedikt XVI. war zwar die falscheste aller Überschriften, zugleich aber die treffendste. Ich bin nicht Papst, wir, die Deutschen sind nicht Papst, nur Ratzinger ist Papst. Auch sie gaukelt vor, die Begeisterung gelte der Kirche. Aber diese betraf ja nicht einmal den Mann Ratzinger, sondern war auf den Stolz eines Landes zurückzuführen ähnlich wie bei einem Titelgewinn bei der Fußballweltmeisterschaft. Warum sich einige Papst-Anhänger da wundern können, dass er heute kritisiert wird, ist und bleibt ein Problem der mangelhaften Wahrnehmung.

Ich habe Wojtylas Todeskampf und die Wahl Ratzingers als Kommentator der ARD in Rom miterlebt. Bei Ratzingers Amtseinführung war ich dann trotz positiven Publikumsechos jedoch nicht mehr erwünscht. Meine kritische Analyse war offenbar nicht mehr gefragt. Stattdessen wurde der Jesuitenpater Eberhard von Gemmingen geholt, damit das Ganze, wie mir Chefredakteur Sigmund Gottlieb zögernd erklärte, etwas pastoraler würde.

Der Abschied von einem kritischen Journalismus zu einem Zeitpunkt, als Jubel beinahe verpflichtend war, verwunderte mich. Ich konnte auch mit der Papsteuphorie in Deutschland nicht viel anfangen. Jürgen Todenhöfer, damals noch stellvertretender Vorstandsvorsitzender bei Burda, klärte mich auf. Man müsse die Wahl als größte Anerkennung für Deutschland verstehen, die auch Nichtkatholiken berühre. Dass ein Deutscher ins höchste moralische Amt der Gegenwart gewählt worden sei, bedeute die endgültige Anerkennung im Kreis der freien Völker. Darauf muss man erst einmal kommen. Ich hätte es von mir aus nicht geschafft.

Ich rekapitulierte zunächst lieber, was ich von Ratzinger wusste, für welche Kirche er stand und was von ihm zu erwarten sei, und kam zu dem in meinem Buch *Der deutsche Papst – Wohin führt Benedikt XVI. die Kirche?* veröffentlichten Urteil. Ich wünschte mir Ratzinger durchaus als Papst, aber aus einem ganz anderen Grund als die Jubler. Nur ein konservativer Papst könne eine überzeugende intellektuelle wie religiöse Restauration der Kirche glaubwürdig zu verwirklichen versuchen. Wenn er aber damit scheitere, wovon ich ausgehe, könnten erst die notwendigen Reformen beginnen. Vorher sei der Druck nicht groß genug, und die Nostalgiker, vor allem an der Kirchenspitze, würden dem unterlassenen Versuch der Restauration nachtrauen und bremsen, bremsen, bremsen. Wenn die Kirchen sich dank Benedikt XVI. leerten, bliebe letztlich irgendwann nur noch der Weg zu notwendigen Reformen oder der Abstieg zur Großsekte.

Meine bitteren Erfahrungen der Unvereinbarkeit von Journalist und Katholik haben auch viel mit der Reaktion von Kirchentreuen zu tun. Ich habe erlebt, wie aufrechte Katholiken die Medien kritisierten, weil sie beispielsweise die Leiden des Papstes Johannes Paul II. angeblich ausschlachteten. Aber die Medien haben in diesem Fall nichts aufgebauscht. Die unwürdige Zurschaustellung des kaum noch artikulierfähigen Papstes am Fenster seines Palastes war kalte Berechnung der Kurie. Ich habe noch nie eine schlimmere Missachtung der Würde eines alten Menschen erlebt. Doch dies hat der Vatikan zu verantworten, denn den Wojtyla-Effekt wollte die Kurie bis zuletzt nutzen. Nichts kam ihr auch gelegener, um die eigenen Interessen zu verfolgen, so wurde getuschelt, als ein Papst, der nichts mehr anordnen, steuern oder regeln konnte. Natürlich tat man dabei so, als sei Johannes Paul II.

noch voll zurechnungsfähig gewesen und hätte sich verweigern, hätte diese Bilder verhindern können.

Der Vatikan ist Spezialist im Verhindern. Wer den Petersplatz als Kulisse für ein kurzes Interview im Fernsehen oder nur ein Statement nutzen möchte, braucht eine Genehmigung. Um diese Erlaubnis zu erhalten, müssen allerdings Themen und Inhalt eingereicht werden. Selbst honorarpflichtige Fotos rückt der vatikanische Bilderdienst beim *Osservatore Romano* nur heraus, wenn Umfang, Zweck und Kontext der Verwendung vorher genannt werden. Wer nicht unbedingt muss, verzichtet da schnell auf Kirchenberichterstattung – oder er kommt ohne vatikanamtliche Hilfe an authentische Informationen, wie es eben auch in der Politik üblich ist. Das birgt allerdings die Gefahr, von Informanten gezielt für deren Interessen eingespannt zu werden. Eine Gefahr, die beim Vatikan allerdings geringer ist als in der Politik, erstens wegen der schwachen Nachfrage und zweitens wegen der unterentwickelten Fähigkeit von Bischöfen und Kardinälen, die Medien zu nützen.

Es gibt wohl nur wenige Journalisten, die so zwischen den Stühlen sitzen wie die Kirchenredakteure in den säkularen Medien. Die Kollegen belächeln einen mitleidig und frotzeln mit klerikalen Titeln wie Eminenz, Hausprälat, Redaktionskaplan oder Ähnlichem. Als ein herablassender Chef vom Dienst mich mit der Anrede Eminenz einmal ärgern wollte, forderte ich ihn auf, niederzuknien, da ich als Eminenz darauf Anspruch hätte. Er wurde verlegen und verzichtete fortan auf dumme Sprüche. Ich hatte Kirche beruflich immer nur als Hauptnebenthema betrachtet. Ansonsten war ich Auslandskorrespondent und damit Generalist, später Ressortleiter Ausland bei der *Welt* in Bonn, dann beim *Focus* in München. Nachzuweisen, dass man sich nicht nur in Kirchensachen auskennt, schafft jene Anerkennung in der

Redaktion, die man braucht, um gelegentlich auch mal ein Kirchenthema unterzubringen, das sich nicht schreiend aufdrängt, aber durchaus wichtig ist.

Kirche verkauft sich heute schlecht, im Gegensatz zu Religion und natürlich Skandalen. Bekäme man aber mehr exklusive Informationen, Internas oder auch schnell mal ein Interview mit einem wichtigen Kirchenmann, wenn Religion gerade aktuell ist, dann könnte man – durchaus im Interesse einer häufig unterschätzten interessierten Leserschaft – mehr Kirche zu Wort kommen lassen. Doch das setzt vonseiten der Kirche einen unverkrampften Umgang mit den Medien voraus und nicht nur Misstrauen. Die Chancen, die katholische Journalisten in den säkularen Medien im Prinzip bieten, werden vergeben, weil die Hierarchie Angst hat, es könne auch etwas dabei ans Tageslicht kommen, was man lieber verschweigen will.

Zu diesem zwiespältigen Verhältnis von Kirchenleuten zu den Medien passt auch gut eine ganz spezielle eigene Erfahrung mit einem deutschen Kurienerzbischof, der mir ein Interview über die katholischen Erneuerungsbewegungen gab. Es war eines von der Sorte, die man nett findet und durchaus bringen kann, aber nicht unbedingt veröffentlichen muss. Also irgendwie auch ein Beweis für das wohlwollende Interesse an dem Thema, das sich damals noch nicht aufgedrängt hat. Ich gab ihm das ganzseitige Interview zum Gegenlesen, und er autorisierte. Jahre verstrichen, ohne dass ich mit ihm noch zu tun gehabt hätte. Ich recherchierte jetzt für ein Buch über die Deutschen im Vatikan und ließ über den katholischen Verlag Herder bei ihm und den Kardinälen Joseph Ratzinger und Walter Kasper um ein Gespräch bitten. Er antwortete dem Verlag, dass er kein Vertrauen zu mir habe, und lehnte ein Treffen ab. Eine Kopie des Briefes ging an Ratzinger und an Kasper, die natürlich dann auch absagten. Ich antwortete ihm, dass er keinen Grund habe, mir zu misstrauen. Kopie ebenfalls an Ratzinger und Kasper. Doch der Faden war durchschnitten. Alle drei haben damit aber auch auf den Anspruch verzichtet, mich in meinem Buch zu korrigieren. Wer sich verweigert, trägt schließlich auch die Folgen.

Das Buch erschien dann dennoch.

Der Journalist, dem kirchliches Interesse nachgesagt wird, ohne sich vereinnahmen zu lassen, stößt also auf allen Seiten auf Vorbehalte. Deshalb haben auch viele von denen resigniert, die sich vor 20 oder 30 Jahren fast die Finger über Kirchenthemen wund geschrieben haben. Einige hörten auf, weil der Markt nicht mehr vorhanden war, andere resignierten, weil sich doch nichts bewegte. Und viele mussten sich von der Kirche vorwerfen lassen, zu wenig für sie zu tun. Einige waren auch die drohenden Einmischungen der Bischöfe in ihr Metier leid.

Von versuchten Einflussnahmen und Pressionen wurden (und werden vermutlich noch immer) natürlich nicht nur Kollegen aus kirchlichen Publikationen betroffen. Ich kenne solche Versuche gerade aus Redaktionen von angesehenen Zeitungen, deren Glaubwürdigkeit weit über der von Kirchenblättern liegt. Wenn es nicht auf dem direkten Weg durch einen diskreten Anruf des Bischofssekretärs oder des Pressesprechers gelingt, dann noch raffinierter durch Vorgesetzte in den oberen Etagen der Verlage bis hinauf zum Vorstand. Da wird schon mal einem Chefredakteur oder einem Geschäftsführer geflüstert, dieser oder jener Mitarbeiter habe doch von Kirche keine Ahnung, er sei gar ein Kirchenhasser, oder man müsse doch heutzutage gemeinsam gegen den Werteverfall kämpfen, statt die Kirche zu kritisieren.

Auch wenn diese Kirchenintrigen nicht gleich wirken, sie vergiften die Atmosphäre, säen unberechtigt Misstrauen, und mancher Chef denkt im Zweifelsfall lieber an die Auflage und bremst den Mitarbeiter aus, statt sich gegen die Einmischung zu wehren. Dagegen helfen dann keine Argumente, schon gar nicht, wenn beispielsweise ein Vorstandsmitglied einer reaktionären Kirchengruppe wie dem Opus Dei nahesteht. Verlagsspitzen denken selten journalistisch, sondern wirtschaftlich. Der Leser könnte ja mit Abbestellung drohen. Soll man wirklich riskieren, dass verschnupfte Katholiken das Blatt nicht mehr kaufen? Bei solchen Erwägungen wird allerdings leicht übersehen, dass am Ende die Mehrheit der Leser spürt, wie wenig das einst geschätzte Blatt noch zuverlässig über Kirche schreibt, und es beiseitelegt.

Ein besonders perfides Mittel der Beeinflussung ist der Appell an die journalistische Verantwortung. »Können Sie das verantworten? Denken Sie daran, dass Sie schweren Schaden anrichten können.« Solcherart lenken Verantwortliche gerne von den Tätern ab und versuchen, die Öffentlichkeit auszuschließen. So hat es bei den Missbrauchsfällen funktioniert, wo abgewiegelt, geleugnet und daran erinnert worden ist, dass die Beschuldigten durch eine Veröffentlichung gefährdet, ihre Existenz bedroht werde und sie seelischen Schaden nehmen könnten. Das war auch die Standardausrede von Oberhirten, um jammernd zu begründen, warum sie einen kriminellen Pfarrer geschützt haben. An die Opfer dachte in den kirchlichen Ordinariaten dabei anscheinend keiner gerne. Stattdessen war es einfacher, die Journalisten zur Verantwortung zu ziehen. Hass und Hetze gegen die Kirche sei das, tönte es aus dem Vatikan. Diese verkehrte Darstellung funktionierte in vielen Fällen tatsächlich, und einige Fromme beteten sie durchaus bereitwillig nach. Hättet ihr Journalisten geschwiegen, dann wäre der oder jener noch ein ehrbarer Mann. Ja, wenn er es denn gewesen wäre, aber die Untaten haben doch nicht die Journalisten verübt. Sie haben nur pflichtgemäß berichtet, wenn die Vorwürfe relevant und von größerem Interesse waren. Sie zum Verschweigen aufzufordern heißt, sie zu Mittätern machen zu wollen.

Journalisten sollten daher, so lautet zumindest mein persönlicher Grundsatz, nie darüber nachdenken, welche Folgen ihre Veröffentlichungen haben könnten, wenn die Kriterien der Relevanz und des allgemeinen Interesses gegeben und die Fakten ausreichend geprüft sind, also alle formaljournalistischen, handwerklichen Voraussetzungen erfüllt sind. Wer danach noch über die Folgen nachdenkt, öffnet sich für Manipulationen. Denn wir sitzen oft zwischen den Stühlen, unbequem, aber berufsbedingt.

Ein angenehmeres Mittel der Beeinflussung stellt die Hofierung dar. Spitzenpolitiker wie Kardinäle haben entdeckt, dass sie neugierige Journalisten leicht zum Verstummen bringen, wenn sie ihnen vermeintlich exklusive Informationen preisgeben. Im kleinen Kreis, etwa bei einem guten Abendessen, lässt sich das wunderbar arrangieren. Welcher Vatikanist freut sich wohl nicht, wenn er einen leibhaftigen Kardinal zum Abendessen einladen kann oder irgendeinen anderen Insider mit Rang. Beiläufig erfährt er dann Hintergründe, manchmal sogar Pikantes, die bei Licht besehen kaum bedeutend sind, jedenfalls wenig relevant, aber den Eindruck des Eingeweihten vermitteln, der jederzeit dem staunenden Publikum mit wissender Miene die päpstliche Welt erklären kann. Dumm dabei ist nur, dass er die Quelle nicht nennen darf und sein Wissen allenfalls in orakelnden Leitartikeln etwas verwerten kann. Denn der Preis für das höhere Ansehen bei Hofe ist das Schweigen.

Ich kannte während meiner römischen Korrespondentenzeit einen solchen Kollegen, der sehr viel wusste. Aber was nützt Wissen einem Journalisten, wenn er nichts damit anfangen, also nichts publizieren darf? Schließlich arbeiten wir für die Öffentlichkeit und nicht für den Geheimdienst. Ich habe mich deshalb stets lieber mit der Arbeitsebene statt mit dem Spitzenpersonal gut gestellt. Da kam mehr heraus, mitunter sogar ein heißes Geheimdokument, das ich weder vom

Kardinal noch von einem erhalten hätte, der befürchten musste, dass ich seinem Vorgesetzten beim nächsten Abendessen alles erzählen würde.

Häufig greifen die Korrespondenten der Not gehorchend auf Pseudoquellen zurück. Die Informationen stammen dann von »römischen Beobachtern«, gut unterrichten Kreisen oder Vatikaninsidern. Das ist legitim, wenn sich dahinter nicht allein der Autor selbst verbirgt. Ich erinnere mich noch an den Anruf eines Vorgesetzten, der von mir eine vatikanische Kritik an Willy Brandt erwartete. »Herr Oschwald, Sie können doch da einen anonymen Prälaten zitieren. Da gibt es sicher einen, der von Brandt nichts hält …« Ich kannte keine solchen Prälaten, ich wollte auch keinen manipulativ suchen und ich wollte keinen erfinden, also lehnte ich das Ansuchen ab. Natürlich wäre es einfach gewesen, die Bitte zu erfüllen. Ich hätte auch eine entsprechende Meldung gebracht, obwohl ich Anhänger der Brandt'schen Ostpolitik war, wenn es in zuständigen Kurienkreisen tatsächlich solche Kritik gegeben hätte, aber dem war nicht so. Nur in der deutschen Botschaft beim Heiligen Stuhl schürte ein Prälat im Dienste der Bundesrepublik Deutschland das Misstrauen. Der gehörte aber nicht zum Vatikan, sondern arbeitete gegen ihn und seinen eigenen Dienstherrn.

Namen nennen und dafür geradestehen ist in der Medienarbeit des Vatikans eine seltene Tugend. Die seit Jahrzehnten an Dürre kaum zu überbietenden vatikanischen Bulletins, die Erklärung und Einordnung meiden, drücken für jedermann sichtbar aus, wie schlecht es um die Öffentlichkeitsarbeit einer Institution steht, die doch missionieren, evangelisieren und verkünden will.

Ein geflügeltes Wort des damaligen *Focus*-Chef Helmut Markwort möchte ich schließlich noch aufgreifen: Fakten, Fakten, Fakten, und immer an den Leser denken. Mit einer gravierenden Einschränkung. Fakten lassen sich natürlich unterschiedlich bewerten und in der Darstellung gewichten. Da scheint dann immer die Linie eines Blattes durch. Wie ernst nehme ich kirchliche Ereignisse, beispielsweise Skandale? Wie groß steige ich in die Geschichte ein? Was greife ich überhaupt auf?

Die *Bild* hat mit ihrer famosen Schlagzeile »Wir sind Papst« so etwas wie Mediengeschichte geschrieben. Für mich ist das Lehrstoff während der Journalistenausbildung, zuerst in der Burda-Journalistenschule in Offenburg, danach als Lehrbeauftragter im Masterstudiengang deutsch-französischer Journalismus des Frankreich-Zentrums der Universität Freiburg. Andere Beispiele, die ich gerne heranziehe, sind die Mondlandung der Amerikaner: »Der Mond ist ein Ami« oder in Frankreich: »De Gaulle im Sattel«. Brillante Schlagzeilen, deren Sprachspielerei keineswegs nur den Fakten entspricht.

Auf Dauer hat sich der Papstjubel für keine Zeitung gelohnt. Wenn die Leser kein Interesse an Jubelarien auf den deutschen Papst haben, weil er und seine Kirche sie enttäuschen, helfen auch keine Anbiederungen der Auflage. Der römische *Bild*-Korrespondent Andreas Englisch mit seiner hysterischen Papstbegeisterung wurde abgezogen. Denn so sehr der Boulevard-Journalismus manches auch zuspitzen und übertreiben mag, er findet doch nur dort Erfolg, wo die Leser mitziehen. Wenn es gegen ihre Meinungen geht oder sie keinerlei Relevanz für sich erkennen, spenden sie den Gazetten keinen Cent.

Den Bischöfen sei ins Stammbuch geschrieben, was Hans-Joachim Friedrichs, der zu früh verstorbene Altmeister der Fernsehjournalisten, allen Journalisten empfohlen hat: sich mit nichts gemein zu machen, und sei es noch so gut. Eine klarere Absage an die katholische Amtsauffassung von Journalismus kann es nicht geben.

Ein befreundeter Chefredakteur begründete den Niedergang der Auflage seiner Bistumszeitung mit der resignierenden Erkenntnis, dass zwar nach dem Konzil alle von einem Forum redeten, aber wehe, wenn ein Blatt es auch bieten wollte. Widerspruch und Dialog auszuhalten ist eben keine katholische Tugend. Auch deshalb sinkt die Nachfrage nach Kirche. Sie und ihre Spitzenvertreter müssen, egal was sie sagen, damit rechnen, dass ihnen nicht mehr blind geglaubt wird. Wer sich interessiert, blickt ins Internet und verifiziert in Sekundenschnelle die Aussagen, ihre Stimmigkeit und die möglichen Auswirkungen auf ihn. Papst und Kirche haben ihre Deutungshoheit verloren, und damit können sie noch nicht umgehen.

Nach meinen Beobachtungen greifen sie dann gerne in die unterste Schublade persönlicher Diffamierung. Ein Buch etwa anonym bei Amazon zu verreißen ist ja so einfach. Früher galt, dass anonyme Leserbriefe nicht beachtet werden und im Papierkorb landen. In den Meinungsrubriken im Internet wird jedoch fast nur anonym verurteilt. Katholische Eiferer kommen da auf eine beachtliche Zahl von Kommentaren. Sie sollten stattdessen lieber einmal bei den zehn Geboten nachlesen. Da steht doch etwas von »Du sollst nicht falsch gegen deinen Nächsten aussagen«.

Dass die zehn Gebote wohl nicht so streng für Katholiken gelten, hätte ich eigentlich wissen müssen. Denn nach meiner Veröffentlichung des Mischehendekrets 1970 erhielt ich anonyme Telefonanrufe mit Beschimpfungen als Nestbeschmutzer. Später haben Rezensenten anonym im Internet üble persönliche Kritik losgelassen. Ein Fehler, wie er immer unterlaufen kann, wurde hochstilisiert, als ob alles andere auch falsch wäre. Rückschlüsse auf meine journalistische Glaubwürdigkeit wurden gezogen, um mich zu desavouieren. Die Anonymität meiner Informanten, die ich respektieren musste, wurde mir als Mangel an Recherche angekreidet. In Wirklichkeit ging es diesen seltsamen Katholiken aber nur um eines: von den zutreffenden Enthüllungen über die unheilvollen Bewegungen in der Kirche abzulenken. Außerdem scheinen gerade katholische Leser bei Texten über ihre Kirche von einer weitverbreiteten Krankheit befallen zu sein. Sie lesen selektiv, was sie nicht lesen wollen, nehmen sie gar nicht wahr, kritisieren aber dann, dass etwas nicht geschrieben worden sei, obwohl sie es einfach nur ignoriert haben.

Mit anderen Worten: Wer die Wahrheit über die Kirche schreibt, irrt und ist ein Nestbeschmutzer. Der muss gemobbt, beleidigt und hinterhältig bekämpft werden. Offene und sachliche Auseinandersetzung findet da selten statt. Es handelt sich eben um Glauben und aus deren Sicht um Glaubenskrieg. Ich habe damals nach der Veröffentlichung des Mischehedekrets jedenfalls nach Absprache mit meinem Chefredakteur die Dokumente verbrannt, da handschriftliche Anmerkungen meines Informanten zu ihm hätten führen können, und das mit schlimmen Folgen, wenn die Papiere in die falschen Hände geraten wären. Er hätte vermutlich noch mehr Probleme bekommen als ich. Wäre er zum Beispiel ein Pfarrer gewesen, was ich nicht ausschließen will, hätte er mit Sicherheit seinen Job verloren und wäre damit schlechter gestellt gewesen als ein Hartz-IV-Empfänger. Um diese kümmert sich immerhin der Staat, um das entlassene Kirchenpersonal kümmert sich niemand. Das Druckmittel Arbeitslosigkeit und Elend hat schon manchen aufrechten Kirchenmitarbeiter dazu gezwungen, sich aus Angst um seine Existenz das Rückgrat brechen zu lassen, weil er nur so leben und seine Arbeit behalten konnte. Wer solche Fälle kennt, kann sich nur angewidert von einer nach innen so unbarmherzigen Kirche abwenden.

Auch kirchliche Personalpolitik scheut das Licht der Öffentlichkeit, ebenfalls ein Grund, warum Journalisten nicht beliebt sind. Entscheidungen unter der Hand, im Hinterzimmer, unter Ausnützung »guter Beziehungen« und ohne nachvollziehbare Spuren zu hinterlassen, das beherrschen die kirchlichen Intriganten. Das hat, um ein Beispiel zu nennen, ein befreundeter Kollege beim ZDF, Karl-Volker Schmitt (KVS), erfahren, als er den Missmut der bischöflichen Zensoren zu spüren bekam. Er leitete die katholische Redaktion, die damals durch ausgezeichnete Filme und durch das sonntägliche Tagebuch aus der katholischen Kirche bekannt war.

Die Aufpasser kritisierten beispielsweise eine Sendung über Taize. Das sei doch nicht katholisch. Heute sind sie allerdings froh, wenn junge Leute dorthin pilgern, weil sie sonst völlig aus dem Kirchenrahmen fallen. Damals war das aber unkatholisch, zu ökumenisch, nicht duldbar. Ein anderes Mal monierte ein übereifriger Beobachter, dass Ministrantinnen gezeigt worden waren oder dass Frauen bei einer Messeübertragung in einer Art zu sehen gewesen wären, dass man sie für Priesterinnen hätte halten können.

Solche auf einer sehr engstirnigen katholischen Beschränktheit basierende Kritik kam zuhauf. Beim ZDF hatten die kirchlichen Verantwortlichen leichtes Spiel, denn der Staatsvertrag würde es ihnen sogar ermöglichen, fertige Filme zur Sendung abzuliefern, die das ZDF im Rahmen der kirchlichen Sendezeiten ausstrahlen müsste. Natürlich wären die Bischöfe dumm, wenn sie die Filme selber produzieren ließen. Eine willfährige Redaktion auf Kosten des Gebührenzahlers ist da doch weitaus wirtschaftlicher. Sie steht unter Kontrolle und muss jederzeit den langen Arm der Kirche fürchten. Gedeckt ist das alles durch ein bis dahin geheim gehaltenes Zusatzprotokoll zum Staatsvertrag. Der Redaktionsleiter, also Schmitt, zeichnete nur nach außen hin verantwortlich, in Wirklichkeit sollte der kirchliche Beauftragte die Sendungen freigeben und der verantwortliche Redakteur zur Täuschung der Öffentlichkeit als Marionette fungieren. Schmitt lehnte das ab und wurde kurz darauf abgesetzt. Vier Bischöfe hatten sich über ihn beschwert. Deren handschriftlichen Brief an den erzkatholischen und den Bischöfen willfähigen Intendanten Karl Holzamer bekam er aber nicht zu lesen. Sein Hauptabteilungsleiter drehte in seinem Büro mehrere Runden und hielt dabei im Gehen Schmitt den Brief vor das Gesicht. Bei mir hat der kirchliche Einfluss 1970 nicht gereicht. Aber Karl-Volker Schmitt wurde versetzt, ohne je stichhaltige Gründe zu erfahren. Seine Unabhängigkeit und journalistische Kompetenz wollte er sich trotzdem nicht verbieten lassen.

Heute jammern die Bischöfe über mangelnde Berücksichtigung kirchlicher Themen in den Medien. Schmitt und ich haben unsere Themen nach der Relevanz für Leser und Zuschauer gewichtet und jeder in seinem Medium vermittelt. Wenn die Themen nicht mehr relevant erscheinen und Kirche insgesamt weniger Bedeutung hat, dann liegt das nicht an den Medien. Die Kirche hat an Gewicht und Glaubwürdigkeit verloren, und die schwächere Resonanz spiegelt dies nur wider. Die Medien können nichts dafür, dass die Glaubwürdigkeit der Kirche eingebrochen ist, und da helfen auch keine Intrigen, Entlassungen oder öffentliches Klagen über die angeblich kirchenfeindlichen Medien. Quote ist sicherlich ein dummer Maßstab, aber wenn immer weniger bei dem Thema Kirche einschalten, dann wird an ihr doch deutlich, dass das mit dem Inhalt zu tun hat.

Meine These, dass katholisch im päpstlichen und bischöflichen Sinn und journalistisch sich ausschließen, wenn beides ernst genommen wird, hat sich termingerecht zweifach für dieses Buch bestätigt. Die Wochenzeitung *Rheinischer Merkur* erschien auf Wunsch der Bischöfe, die ihn subventioniert hatten, im 65. Jahrgang zum letzten Mal. Er erlitt dieses Schicksal, weil er journalistisch unabhängig sein wollte und keine verlängerte, unkritisch konservative Kanzel. Er sollte, so zitierte Chefredakteur Michael Rutz den Gesellschaftsvertrag im Abschiedsleitartikel, »eine Zeitung sein im Sinne der gleichberechtigten Zusammenarbeit beider Konfessionen, also ein großherziges katholisches Angebot an die Ökumene, ein Forum des freien Denkens«.

Die wahren Gründe für das Ende lassen sich aus den unbeantworteten Fragen des Chefredakteurs ableiten: »Was war der Grund für die Aufgabe des *Rheinischen Merkur*? Wirklich das Geld, in Zeiten höchster Kirchensteuereinnahmen von mehr als fünf Milliarden Euro im Jahr allein für die katholische Kirche in Deutschland? War es unser Auftrag zur Ökumene, der in Teilen der Amtskirche vielleicht unbequem geworden ist angesichts des Umstandes, dass er bei so vielen katholischen Gläubigen als besonders attraktiv gilt? War es die notwendige Debattenfreude einer Wochenzeitung, die immer Forum der Mitte sein muss und nicht nur die Ränder des katholischen Fundamentalismus bedienen darf? Was auch immer: Wir sind stolz auf unsere Arbeit.«

Mit anderen Worten: Die katholische Kirche wollte keinen Cent mehr für ein Organ zahlen, in dem eine freie Meinung zu Kirchenfragen vertreten wurde, auch wenn sie noch so gut argumentiert begründet wurde. Der Deutschlandfunk wurde in einem Nachruf sehr deutlich und verwies auf eine andere als die finanzielle Lesart: »... für den Kölner Kardinal Joachim Meisner war die Zeitung zu weltoffen, zu wenig linientreu.« Am Ende bezahlte der *Rheinische Merkur* für die Missachtung dessen, was der damalige Kölner Erzbischof Kardinal Joseph Höffner seiner Kölner Kirchenzeitung vorgab. Diese durfte keinen Beitrag, nicht einmal einen Leserbrief veröffentlichen, der im Widerspruch zur Glaubens- und Sittenlehre der Kirche stehe, selbst reine Berichterstattung über Ereignisse, die im Widerspruch zu Kirchenlehre stünden, durfte nicht veröffentlicht werden. Wer sich nicht daran hielt, wurde von den ungnädigen bischöflichen Herausgebern entlassen. Wer also journalistisch wahrhaftig schrieb, flog raus.

Das Ende der Wochenzeitung bestätigte nur meine Erfahrungen. Ebenso ein anderes Beispiel, wo anscheinend besonders katholisch orientierte Redakteure durch vorauseilenden Gehorsam gegenüber der kirchlichen Lehre journalistisch falsch entschieden hatten. Weltexklusiv kündigte in der Sterbenswoche des *Rheinischen Merkur* das Magazin *Focus* Ausschnitte aus dem Interview an, welches der papstgetreue Autor Peter Seewald mit Benedikt XVI. geführt und als Buch veröffentlicht hatte. Das Münchner Magazin war damit zwar nicht weltexklusiv, versemmelte aber weltexklusiv den einzigen Aufreger des Artikels. Ich suchte im Interview vergeblich nach dem präzisen Zitat, in dem sich der Papst über den möglichen erlaubten Gebrauch von Präservativen äußerte, fand es dort aber nicht. Die einzige Äußerung des Buches, die von manchen als Sensation bewertet wurde, fand in der sehr katholischen Titelgeschichte nicht statt, wohingegen sie zwei Tage früher im vatikanischen *Osservatore Romano* und in allen Medien zitiert worden war. Das Papstblatt bewies seltsamerweise mehr Bereitschaft zu unabhängigem Journalismus. Diese *Focus*-Ausgabe wurde denkbar schlecht verkauft.

Ein genetischer Defekt

Selbst nach dem Holocaust galten die Juden als angebliche Gottesmörder

Die Nachricht verbreitete sich immer in Windeseile im kleinen Hegaudorf im Hinterland des Bodensees. »Der Jud« kommt. Das hatte aber nichts mit Antisemitismus oder Antijudaismus zu tun, sondern gehörte ohne irgendwelche Hintergedanken zum täglichen Leben der Dorfbewohner. Der Jude war der Händler, der regelmäßig durch die Dörfer zog, um die Landbevölkerung mit notwendigen Dingen des Alltags zu versorgen, da es kaum Kaufläden gab, geschweige denn Warenhäuser für Haushaltsbedarf. Die Dörfler waren Selbstversorger, und der Jude war die Verbindung zur restlichen Welt.

Das war allgemein so üblich, sodass kaum einer den Naziterror nachvollziehen konnte, von dem am Ende auch die abgelegensten Dörfer nicht verschont blieben. Antisemitismus gehörte in diesen Landstrichen nicht zum Denken, auch wenn die Menschen überwiegend katholisch waren und sonntags pflichtgetreu zur Kirche gingen. Die Frauen mit zwölf bis 15 Kindern pflegten ihren Herrgottswinkel im Wohnzimmer und besuchten sonntags die Frühmesse, damit danach genug Zeit blieb, um für die Großfamilie zu kochen. Die Männer gingen später zur Kirche mit anschließendem Frühschoppen. Gebete murmelten sie so unverständlich, dass Zweifel berechtigt waren, ob sie die Texte wirklich kannten oder auch nur nach dem Sinn fragten. Gebetet wurde automatisch. Nein, die Männer waren nicht so fromm, dass Platz für religiösen Antisemitismus gewesen wäre. Man lebte miteinander, betete am Sonntag vor allem für eine gute Ernte und hoffte, dass der Pfarrer nicht nur den Wettersegen erteilte, sondern auch die Sonntagsarbeit für die Ernte freigab. So weit wurde der Kirche gehorcht. Ich erinnere mich nur an einen einzigen Bauern, der es wagte, am Sonntag ohne ausdrückliche Erlaubnis Heu einzufahren. Der Rest folgte ganz der Tradition. Über Inhalte wurde nicht gesprochen, zumindest habe ich nie irgendwelche religiösen Gespräche gehört, obwohl die Verwandtschaft weitverzweigt war, regen Kontakt hielt und es somit genügend Anlässe gegeben hätte. Religion und Kirche standen nicht zur Debatte. Alles ging seinen gewohnten Gang, und vorzuwerfen hatte man sich auch nach dem Krieg nichts, weil niemand sich als antisemitisch oder rassistisch angesehen hätte. Die braunen Eiferer waren bekannt, aber mittlerweile bedeutungslos. Einer der polnischen Zwangsarbeiter heiratete sogar eine Einheimische und war allgemein anerkannt, weil er tüchtig war.

Der Umgang mit den Juden war so normal, dass die Gräuel verdrängt wurden, weil sie einfach so undenkbar waren. In den Jahren, als nach dem Krieg die Verbrechen langsam bekannt wurden, waren die Dörfler auch mehr damit beschäftigt gewesen, die persönlichen Probleme zu lösen. Viele Männer waren nicht aus dem Krieg zurückgekehrt, und so blieb mancher Hof verwaist, weil alles Hoffen und Beten den vermissten Erben nicht zurückbrachte. Manche Schwester wartete vergebens auf ihren Bruder, blieb ledig und hoffte noch im hohen Alter, dass der Bruder ihr endlich die mühsame Last als alleinige Hofbäuerin abnehmen und das Erbe antreten würde. Doch das Beten half nichts, die Hoffnung wurde immer schwächer, und die Verbitterung wuchs. Und der Gang zur Kirche fand immer seltener statt.

Viele Monate im Jahr habe ich in meiner Kindheit im Hegau im Heimatdorf meiner Mutter verbracht, auf dem Venus-Hof, dem Lazarus-Hof, beim Holge-Hans oder beim Kreuzhannes. Später dann drängten sich andere Interessen in den Vordergrund, und sporadische Besuche im Hegau ließen einen Wandel erkennen, der mit dem Zuzug von Flüchtlingen und Vertriebenen zusammenhing und bald sogar zum Bau einer evangelischen Kirche führte. Die Kirchen leerten sich dennoch. Nur noch an religiösen Feiertagen und bei Familienfesten füllten sich die Gotteshäuser. Die Menschen suchten nicht mehr beim Pfarrer Trost und Zuspruch. Und die Welt kam näher. Der Jude kam nicht mehr. Jüdische Kultur war ausgelöscht, und freiwillig wollte sich auch keiner mehr daran erinnern. Die Alten wollten nicht, und die Jungen wussten nicht, warum sie sollten.

Änderungen in den Traditionen wurden als unvermeidlich mitgemacht. Die Auseinandersetzung um die Liturgiereform etwa war kein Thema, denn was an Reformen aus Rom kam, wurde praktiziert und fertig. Nachfragen lohnte sich nicht, man war katholisch und folgte in kirchlichen Angelegenheiten dem Pfarrer. Eine Liturgie musste demzufolge schön sein, zu Herzen gehen und die Menschen mit einem Hochgefühl entlassen. Eine der schönsten Liturgien war die von Karfreitag. Sie war im 6. Jahrhundert entstanden, nannte die Juden seit 750 perfidis (»treulos«), ihren Glauben iudaica perfidia (»jüdische Treulosigkeit«) und bat Gott darum, den »Schleier von ihren Herzen« wegzunehmen, ihnen die Erkenntnis Jesu Christi zu schenken und sie so der »Verblendung ihres Volkes« und der »Finsternis« zu entreißen. Seit 800 erhielt sie zudem besondere Merkmale: Nur bei dieser Fürbitte sollten die Beter nicht niederknien und kein Amen sprechen. 1570 legte Papst Pius V. diese Fassung fest, die bis 1956 unverändert gültig blieb. Sie gilt als Ausdruck eines christlichen Antijudaismus, der auch den Antisemitismus förderte. Erst nach dem Holocaust wurde sie geändert. Noch unter Papst Pius XII. begann 1956 die schrittweise Modernisierung bis zu ihrer heute gültigen Normalfassung von 1970. Diese betont Israels Erwählung zum Gottesvolk und bittet nicht um Erkenntnis

Christi, sondern um Treue der Juden zu Gottes Bund und Liebe zu seinem Namen, erkennt also das Judentum an, wie es nach dem Konzil mit der Würdigung der Älteren Brüder von der Mehrheit der Bischöfe mitgetragen wurde. Doch zu diesem Zeitpunkt war bereits eine ganze Nachkriegsgeneration im Religionsunterricht antijudaistisch indoktriniert worden. So lernten wir in den 50er-Jahren in der Schule und hörten von der Kanzel in schlimmster mittelalterlicher (und lutherischer) Tradition noch immer, dass die Juden Gottesmörder seien. Und dieser Virus wirkt bis heute.

Im Freiburger Magnifikat von 1960, meiner späten Jugendzeit also, begannen die Karfreitagsfürbitten für die Bekehrung der Juden mit:

»Lasset uns auch beten für die Juden: Gott, unser Herr, möge den Schleier von ihren Herzen wegnehmen, auf dass auch sie unseren Herrn Jesus Christus erkennen.«

Dann »Oremus« … und wir beugten die Knie.

Dem Levate schloss sich der umstrittenste Teil der Fürbitten an: »Allmächtiger, ewiger Gott, du schließest sogar die Juden von deiner Erbarmung nicht aus; erhöre unsere Gebete, die wir ob der Verblendung jenes Volkes vor dich bringen: Mögen sie das Licht deiner Wahrheit, das Christus ist, erkennen und ihrer Finsternis entrissen werden.« Wie gesagt, das war 1960 und noch bis 1970 in Gebrauch.

Und eben auf diesen Text von 1960 griff Papst Benedikt XVI. zurück, als er die Karfreitagsfürbitten für die lateinische Messe neu formulierte und so weltweiten Protest auslöste. Als »brüskierend und überheblich« kritisierte etwa die damalige Präsidentin des Zentralrats der Juden in Deutschland, Charlotte Knobloch, den Text der Fürbitte und stellte im Vergleich zu der das Judentum anerkennenden und wertschätzenden Fassung von 1970 fest: »Heute wird stattdessen einer Geringschätzung der jüdischen Religion das Wort geredet, wie sie einer toleranten Theologie nicht angemessen und deshalb gefährlich ist«, und: »In welcher Zeit leben wir eigentlich, wenn die katholische Kirche heute wieder meint, um das Seelenheil des jüdischen Volkes besorgt sein zu müssen?«

Und der deutsche Rabbiner Walter Homolka bezeichnete den Karfreitag in einem Interview mit Spiegel-Online als »schwarzen Tag in den Beziehungen von Juden und Katholiken« und warf der katholischen Kirche sogar vor, »ihre antisemitischen Tendenzen nicht im Griff« zu haben. Papst Benedikt XVI. nehme die Verstärkung solcher Tendenzen mit der neu eingeführten Formulierung »zumindest in Kauf«. Die »jüngere Schwester« vergreife sich »schwer im Ton«, wenn sie für die Erleuchtung der Juden bete, so Homolka. »Die Karfreitagsfürbitte impliziert eine subtile Aufforderung zur Judenmission, die ich als brüskierend, überheblich und als deutlichen Rückschritt im christlich-jüdischen Dialog bezeichnen muss.« Diese Fürbitte falle weit hinter die respektvolle Formulierung aus dem Jahre 1970 zurück.

Die italienische Rabbinerversammlung kündigte nach Bekanntwerden des neuen Gebetstextes an, das Gespräch mit der katholischen Kirche auf Eis legen zu wollen. Es sei eine »Denkpause im Dialog« nötig, erklärte der Rabbiner-Präsident Giuseppe Laras. Ohne eine Klärung sei es »absolut nutzlos«, die Gespräche fortzuführen. Die Voraussetzungen für einen Dialog seien hinfällig, weil mit der erneuerten Fürbitte für Gottesdienste im »alten Usus« das Ziel legitimiert werde, die Juden zum Katholizismus zu bekehren, hieß es in einer Stellungnahme der Rabbinerversammlung.

In seltener Eintracht sind auch die deutschen Rabbiner von liberal bis orthodox über den Vatikan-Wortlaut verärgert. Schlicht »reaktionär« nannte der Vorsitzende der eher liberalen Allgemeinen Rabbinerkonferenz, Henry G. Brandt, im Gespräch mit der dpa die vom Papst abgesegnete Formulierung. Dies sei mit Blick auf die lange Geschichte christlichen Judenhasses »ein sehr bedauernswerter und potenziell gefährlicher Rückschritt«. Kölns Rabbiner Netanel Teitelbaum, der noch 2005 Papst Benedikt in seiner Synagoge mit Bruderkuss empfangen hatte, meinte als Sprecher der orthodoxen Rabbiner, er hoffe, die befürchtete Aufforderung zur Mission »falsch verstanden« zu haben.

Düsseldorfs orthodoxem Gemeinde-Rabbiner Julian Chaim Soussan fällt es schwer, nur an ein Missverständnis zu glauben, wie es in Kirchenkreisen heißt: Der neue Text hätte »so unmissverständlich sein müssen, dass man nichts Böses unterstellen kann«. Die Fürbitte »düpiert die positiven Ansätze der Verständigung«, warnte Soussan.

Der Aachener Bischof Heinrich Mussinghoff hatte die üblen Folgen befürchtet: »Viele Pfarrer werden sie missverstehen.« Die Bischofskonferenz habe den Wortlaut von 1970 vorgeschlagen, bei der die Treue der Juden zum Bund mit Gott betont werde und damit die »Würde Israels« gewahrt bleibe. »Aber die Theologie des Papstes ist ein Stück anders.« Er begreife zwar dessen theologischen Standpunkt, »aber in jüdischen Ohren klingt das anders«.

Die Mitverantwortung der katholischen Kirche für den Holocaust wird von Kirchenvertretern immer noch heruntergespielt. Tatsächlich können sie sich darauf berufen, dass in geschlossenen katholischen Gesellschaften trotz Naziterrors kleine Freiheitsräume überleben konnten. Die Fronleichnamsprozession war in solchen Gemeinden noch ein Glaubensbekenntnis, an dem auch die Nazis nicht zu rütteln wagten, selbst wenn die kleinen Ortsnazis die Teilnehmer für alle Fälle fotografierten. Diese Chargen bis hinauf zu Ortsgruppenleitern und SS-Männern, denen keine Kapitalverbrechen nachgewiesen werden konnten, profitierten nach dem Krieg schließlich von der christlichen Nächstenliebe. Man wollte vergessen und betrieb Vergangenheitsbewältigung auf christlich. Alte Nazis gingen wieder in die Kirche, und das fromme Milieu nahm sie auf, weil Christen ja vergeben und verzeihen sollen.

Dieses Verständnis und diese Barmherzigkeit erschienen mir später in der Rückschau allerdings geheuchelt. Denn war es wirklich christliche Nächstenliebe? Im Einzelfall sicherlich, insgesamt aber lag es eher am allgemeinen Bedürfnis, die Vergangenheit abzuschließen, und wer konnte schon etwas gegen so gute Argumente wie Beichte, Reue und Buße (Gottesdienstbesuch) vorbringen? War damit der Holocaust erledigt?

Viele, vor allem die Jüngeren, die sich mit solchen Schlussstrichen nicht abfinden wollten, spitzten die Kritik leichtfertig auf eine Person zu, auf Papst Pius XII., als hätte dieser mit einem Machtwort Hitler bekehren, den Holocaust verhindern und die Welt befrieden können. Der Vorwurf, er habe es wegen seines Antisemitismus nicht gewollt, ist Blödsinn. Doch abgesehen davon, wie vordergründig und dumm diese Angriffe sind, haben sie eine höchst bedauerliche Nebenwirkung. Sie haben die Auseinandersetzung zu sehr personalisiert und damit verengt. In Wirklichkeit müssen sich nämlich die christlichen Kirchen und vor allem die katholische endlich einmal gründlich ihrer antisemitischen Vergangenheit stellen.

Ich habe nicht ohne Grund die Szenen meiner Kindheit und die Karfreitagsliturgie geschildert. Die offizielle Haltung der katholischen Kirche war antijüdisch. Eine so bedeutende Messfeier wie die am Karfreitag zum Gedenken des Erlösertodes von Jesus mit antijüdischen Fürbitten zu beladen, die früher noch weitaus schlimmer waren wie gezeigt, hat die Grundlagen für eine über Jahrhunderte dauernde Judenverfolgung, Unterdrückung und die Vernichtung durch die Nazis gelegt. Wer daran zweifelt, ignoriert die Geschichte. Die Christen müssten sich ernsthafter damit auseinandersetzen, dass Antijudaismus, so wie er von den enttäuschten Jüngern und besonders von Paulus überliefert wird, ein genetischer Defekt ihres Glaubens ist. Jesus hat nun mal keine neue Kirche gründen, sondern die Juden bekehren wollen. Aus diesem konstituierenden Defekt des Christentums leitet sich aber auch eine Verantwortung ab, in christlicher Nächstenliebe nicht Hass und Verfolgung zu predigen. Dies ist aber geschehen, lässt sich jedoch nicht durch das erfolglose Wirken Jesu unter seinen Landsleuten rechtfertigen, wie es in Ratzingers Theologie und seinen Karfreitagsfürbitten durchscheint.

Ich kann deshalb die Aufregung nicht nachvollziehen, die unter katholischen Historikern ausbrach, als sie kritische Bücher über Pius XII. rezensierten, darunter auch meine ausgewogene Pius-Biografie *(Der letzte Stellvertreter)*. Ich konnte dazu viele italienische Quellen benützen und Juden interviewen, die dank Pius XII. überlebt haben. Als erfunden und gehässig prangerten die »Fachleute« mir an, dass ich geschrieben hatte, der junge Eugenio Pacelli, später Papst Pius XII., sei in seiner Schulzeit von einem Pfarrer antijudaistisch erzogen worden. Alles Lüge sei das. Denn, so das Gegenargument, Pacelli hatte ja einen jüdischen Freund, also könne er ja gar nicht antisemitisch gewesen sein. Da bleibt mir nur, seufzend zu bedauern, dass Historiker häufig vor lauter Papier die Wirklichkeit nicht mehr sehen. Denn in der Realität in kirchlichen Gemeinden waren derartige Beziehungen bis in die Nazizeit vielleicht nicht gerade häufig, kamen aber durchaus vor.

Antijudaismus gehörte zum Nährboden der katholischen Kirche, was freundschaftliche Beziehungen zu Juden nicht ausschloss, schon gar nicht in Rom. Dort sind die Juden traditionell und nicht nur dem Wort nach Romani di Roma, Römer aus Rom, und zwar weil sie die älteste identifizierbare Gemeinde der Bevölkerung in Rom überhaupt sind. Urkunden belegen ihre Existenz schon im zweiten vorchristlichen Jahrhundert, also lange vor der angeblichen Vertreibung aus Jerusalem 70 nach Christus. Das schloss auch in Rom Verfolgung allerdings nicht aus, aber eben erst nach der Machtübernahme durch das Christentum.

Heuchelei und Widersprüche, Ignoranz und Intoleranz gehören zum christlich-jüdischen Verhältnis wie das Amen in der Kirche. Ich kann es nicht genügend beklagen, dass zu meiner Jugendzeit im Religionsunterricht trotz Holocaust und Weltkrieg die Juden als Gottesmörder dargestellt wurden, und noch schlimmer: Den Satz »die sind doch selber schuld« habe ich nicht nur einmal aus dem Mund eines Pfarrers gehört. Massenmord und eine jahrhundertealte Blutspur haben die Christen noch immer nicht dazu bewegen können, diese Lebenslüge, diesen genetischen Defekt des Christentums, endlich reuevoll zu bekennen. Schuldbekenntnisse nach dem Krieg und feierliche Erklärungen im Konzil reichen wohl nicht aus, wenn bis ins 21. Jahrhundert noch Diskussionen über die antijüdische Karfreitagsliturgie geführt werden. Und wenn von traditionalistischen Bischöfen oder polnischen Provinzpfarrern die Judenvernichtung entweder geleugnet oder verniedlicht wird. Sie werden dafür auch nicht exkommuniziert, befinden sie sich doch auf kirchengeschichtlich gesichertem Boden.

Eine gründliche Bestandsaufnahme birgt allerdings ein hohes Risiko für die Kirchen. Denn sie müssten sich von einer Legende verabschieden. Der Defekt wurde nämlich in die Gene des Christentums durch eine historisch nicht haltbare Darstellung geschleust. Es fing damit an, dass eine kleine Minderheit von Juden den rebellischen Wanderprediger und öffentlichen Mahner Jesus verleumdete und vor den Richter brachte, den machtgierigen und streng regierenden römischen Statthalter Pontius Pilatus. Dem lag nur an einem, und das war Ordnung in seinem Besatzungsgebiet und keine Auflehnung. Solch ein hergelaufener Moralprediger störte seine Macht und stiftete Unruhe. Die jüdischen Streitereien kümmerten den selbstherrlichen Provinzdiktator überhaupt nicht. Er ließ Jesus zum Tod verurteilen, von wegen die Hände in Unschuld waschen. Nichts trifft die Wahrheit weniger als die schöne Legende, die Pilatus als Unschuldslamm verewigen sollte. Er und niemand anderes war der Jesus- und damit der Gottesmörder.

Doch diese Realität ließ sich eben nicht in eine wunderbare Hetzkampagne gegen die perfiden Juden umwandeln. Die Juden mussten, so weit hergeholt die Begründung auch klang, als Gottesmörder in den Dienst der christlichen Erneuerungsprediger gestellt werden. Seht her, wie es euch geschehen wird, wenn ihr euch nicht bekehrt. Es wird euch allen widerfahren, was den Juden von Geschlecht zu Geschlecht widerfahren ist. Da fand am Ende sogar bei vielen katholischen Pfarrern der Holocaust eine Rechtfertigung.

Die Juden als historische Sündenböcke, deren Hauptstadt Jerusalem deshalb zerstört wurde und die sich danach in aller Welt zerstreuen mussten. Auch ein schlechtes Märchen. Denn die Zerstörung Jerusalems hatte keine religiösen Motive. Und die meisten Juden flohen ins Hinterland. Als Händlernation am östlichen Ufer des Mittelmeers waren sie sowieso wie einst die Phönizier schon längst in der ganzen damaligen Welt bekannt, so auch in Rom.

Vielleicht hat der christliche Antisemitismus auch etwas mit einem Schuldkomplex zu tun. Denn nicht die Juden wurden angeblich aus Jerusalem vertrieben. Vielmehr waren es die Christen, die sich ihre Zukunft im Zentrum der größten Weltmacht, in Rom, aufbauten und nicht am Ursprungsport, was wesentlich überzeugender gewesen wäre. Ein jüdischer Witz macht sich darüber lustig: Ein Rabbiner besucht den Papst und sieht das rote Telefon auf seinem Schreibtisch. Das sei die Verbindung zum Chef, sagt ihm der Papst. Der Rabbi brennt vor Neugier und darf es dann auch ausprobieren. Er spricht zwei Stunden lang mit Gottvater. Als er nach dem Preis fragt, verlangt der Papst 20000 Euro. Der Rabbi zahlt. Beim Gegenbesuch des Papstes in Jerusalem sieht der Papst auch ein rotes Telefon beim Gastgeber und will die Gelegenheit nützen, von dort aus mit dem Chef zu telefonieren. Am Ende fragt auch er nach dem Preis. »Och«, sagt der Rabbi, »sagen wir mal zwei Euro. Es war schließlich ein Ortsgespräch.«

Papst Petrus Paulus I.

Mein naiver Traum von einem Papst der Ursprünge

Seit meiner kirchenjournalistischen Anfangszeit, genauer genommen seit 1969, dem Jahr meiner ersten Korrespondentenarbeit in Rom, bewegt mich ein Traum. Er hat sich immer wieder verändert und meinen Erfahrungen mit der Kirche entsprechend vertieft. Darin geht es um die Frage des richtigen Papstes. Wie soll er sein? 1969 erlebte ich Paul VI., den Zauderer, 1978 Johannes Paul I., den liebenswürdigen, einfachen Katecheten, der es wagte, in Gott auch eine Mutter zu sehen. Im gleichen Jahr folgte Johannes Paul II., der in den Formen aufgeschlossene, aber im Inneren erzkonservative Reformbremser und angebliche Freiheitskämpfer, für den nicht die Freiheit der Unterdrückten wichtig war, sondern der Wunsch, dass sie unbehindert katholisch sein konnten. Danach kam der deutsche Papst Benedikt XVI., der schon Jahre zuvor Karol Wojtylas Fundamentalismus theologisch untermauert hatte und von dem die Deutschen in ihrer plötzlichen Papsteuphorie vergaßen, dass er bis Dienstag, 19. April 2005 um 18.00 Uhr, der Inbegriff aller Probleme war, die die modernen deutschen Katholiken mit Rom hatten.

Dieser seit über 40 Jahren sporadisch aktualisierte Traum befasste sich also mit einem Papst, der die schon 1969 absehbare Krise der Amtskirche hätte beenden können. Am Ende stellte ich mir folgendes Bild vor: Ein Armenseelsorger aus Südamerika, ein bescheiden intellektueller Priester, ein durch

Einfachheit und Armut überzeugender Seelsorger wird gewählt. Er findet sich nach der Wahl traditionsgemäß im Saal der Tränen im Petersdom wieder. Dies ist der stille Moment, in dem der neue Papst nach der Annahme der Wahl in seine neue Identität schlüpft. Symbolisch vollzieht er diesen Übergang vom Bischof zum Stellvertreter Christi auf Erden, zum Pontifex Maximus und was er sonst noch für unbiblische Titel führen darf, mit dem Kleiderwechsel. Nun zieht er die weißen Papstgewänder über, wie er sie bis zu seinem Tod tragen wird. Viele Gedanken stürmen währenddessen auf ihn ein. Warum haben die gerade mich gewählt, nach einem hochangesehenen intellektuellen Theologen und nach einem Medienverführer? Warum mich aus einem Armenviertel in Südamerika? Was habe ich an mir, das mich dazu prädestiniert, die immer noch über eine Milliarde Mitglieder zählende katholische Kirche zu führen? Ist es die Hoffnungslosigkeit, der Mangel an Alternativen, nachdem die Kirche auf der ganzen Welt an Zulauf, Profil und Glaubwürdigkeit verliert, selbst dort, wo das Bild von ihr wie in Afrika noch vordergründig schön erscheint?

Bei der Namenswahl hatte er gezögert. Ratzinger wollte das Abendland bekehren und nahm sich den heiligen Benedikt zum Vorbild. Johannes Paul I. und II. wollten das Erbe ihrer Vorgänger fortsetzen. Er aber will zurück zu den Ursprüngen, das war seine bescheidene Wahlkampfaussage im Konklave. Besinnung auf das, was wichtig ist, und nicht darauf, was historisch bedingt ist, was verzichtbar ist, Konzentration auf alles, was unbedingt für den Glauben notwendig ist, was ihn unverfälscht ausmacht. Das will er anstreben. Zuerst wollte er sich daher nur Petrus II. nennen, dann entschied er sich für Petrus Paulus I., wohl wissend, dass nur mit Petrus der Überlieferung nach das Papsttum begann. Aber mit Paulus war das Christentum geformt worden. Also musste er zu beiden zurück. Die Wahlmänner fanden den Gedanken reizvoll und waren überzeugt, dass es den Versuch in der Krise wert sei. Sollte er scheitern, würden die Reaktionäre, die kurzzeitig kaltgestellt wurden, weil sie keine Antwort auf die Krise fanden, wieder die Oberhand gewinnen.

In meinem Szenario hat sich der neue Papst inzwischen umgekleidet und ist bereit zum großen Auftritt auf der Mittelloggia des Petersdomes. Dass der Papst auch diesmal kein Italiener werden würde, war für alle Beobachter schon vor der Wahl klar, kam doch bereits 2005 bei Ratzingers Wahl der größte Konkurrent aus Lateinamerika, Kardinal Jorge Mario Bergoglio. Italien stellte damals wie heute weder überragende, als Papst geeignete Kardinäle, noch lieferte das laisierte Land, das nur so katholisch aussieht, eine Persönlichkeit, die der Kirche eine bessere Zukunft weisen könnte. Die italienischen und mit ihnen die europäischen Antworten auf die Kirchenkrise überzeugten nicht. Reformer, die für eine zweite Reformation hätten stehen können, waren nicht an die Spitze getragen worden. Und in der Dritten Welt mangelte es an Persönlichkeiten, weil neben der unzureichenden universitären Ausbildung der Theologen die päpstlichen Nuntien bei ihrer Auswahl für die Bischofs- und Kardinalsernennungen weisungsgemäß überwiegend Opportunisten nach Rom meldeten. Lediglich in Südamerika setzten sich punktuell, der Not gehorchend und nicht dem römischen Antrieb folgend, unscheinbare Purpurträger durch. Als es nun endlich Zeit für sein Erscheinen ist, warten nicht so viele Gläubige auf dem Platz wie bei den Vorgängern, um den neuen Papst zu feiern. Früher quoll der Petersplatz fast über, und die Reporter lauschten mit Andacht auf die ersten Worte des neuen Pontifex, die im Stil von »Fürchtet euch nicht« des Karol Wojtyla programmatisch verstanden wurden.

Der südamerikanische Petrus Paulus I. dient sich nicht an und spricht nicht vom armen Diener im Weinberg des Herrn. Trotz seiner Namenswahl, die natürlich Rätsel aufgibt, reiht er sich nicht in die über 365 Namen lange Liste der Träger des Petrusamtes ein, auf das die Kirche gebaut sei. Er spricht nicht von seiner Autorität als Hüter der Tradition, als oberster Lehrer und Hirte. Er bittet die Versammelten nur um ihr Gebet, damit er alle und mit ihnen die Kirche in eine bessere Zukunft führen kann.

Die Präfekten und Präsidenten der Kurienministerien, der Dikasterien, der Kongregationen und Räte, lässt er zunächst im Amt. Den Kardinalstaatssekretär und den Substituten, den Innenminister des Vatikans, bestätigt er ebenso, gibt aber allen eine klar Anweisung. Bis auf neue Order sollen keine Verfahren gegen Kirchenkritiker, keine lehramtlichen Untersuchungen gegen vermeintliche Abweichler eingeleitet und kein neues Dekret, gleich welcher Fachbereiche, erlassen werden.

Die Kurie wird dazu verurteilt zu schweigen, was ihr am schwersten fällt, aber wohl am besten tut. Das fällt zunächst nicht einmal besonders auf, da die römischen Weisungen sowieso nur noch beschränktes Echo auslösten. Zeitweise sieht es so aus, als gebe es die Kurie gar nicht, doch keiner vermisst sie. Mit einigen Ausnahmen, die wenig mit dem Volk zu tun haben. Eifernde Traditionalisten und Reaktionäre versuchen in gewohnter Weise, den Papst durch Eingaben und Proteste zu zwingen, sich für die Rücknahme von modernen Freiheiten einzusetzen und traditionalistische Formen abzusegnen. Aber nichts geschieht. Selbst die Denunzianten stoßen auf untätiges Schweigen. Der Papst lässt die Progressiven ignorieren und die Konservativen ins Leere laufen.

Fast ein Jahr lang dauert dieser ungewohnte Zustand des römischen Verstummens. Die Vatikanisten suchen daher kaum noch den Pressesaal auf. Die Pressefächer füllen sich selten, und das wenige, was noch an Alltagsmitteilungen über Messfeiern und päpstliche Aktivitäten mitzuteilen ist, rufen sie im Internet ab. Einige Zeitungen überlegen schon, ob sie ihre ständigen Vatikan-Korrespondenten abberufen sollen.

Die Ruhe täuscht jedoch nur über eine ganz und gar ungewöhnliche Aktivität hinweg. Denn der Papst bereitet seine Regierungserklärung vor, die wie üblich in die Form einer Enzyklika gekleidet wird. Die Kurie ist dafür überaus tätig gewesen, aber nicht nach außen. Jedes Dikasterium muss eine Bestandsaufnahme erarbeiten, die mindestens bis zum Konzil 1965 zurückreicht. Der neue Papst erwartete eine geschichtliche und aktuelle Begründung ihres Daseins. Wie und in welcher Situation sind die Ämter entstanden, und was haben sie für die Gläubigen (nicht für die Kirche) geleistet?

Die einst allmächtige Glaubenskongregation muss plötzlich darüber nachdenken, welche Blutspur sie als heilige Inquisition durch die Geschichte gezogen hat, wie menschenunwürdig unchristlich sie Ketzer und Kritiker verfolgt hat, wie wenig sie auf Grundrechte und die Lehre Christi Rücksicht genommen hat. Wie begründete sie die Dogmen der Kirche, haben diese noch Bestand oder hat sich die Welt so verändert, dass auch einmal ein Dogma abgeschafft werden müsste?

Das Murren ob dieser Gewissenserforschung dringt dann doch nach außen. Und das Thema Vatikan wird nach einigen Monaten doch wieder spannend, auch wenn keiner der Beobachter, die so ihren Job retten konnten, weiß, wohin es gehen soll. Der neue Papst gibt Rätsel auf, niemand kann ihn richtig interpretieren. Was soll das Ganze? Mancher Kurienkardinal spekuliert bereits im privaten Gespräch über die Möglichkeit, den Papst abzusetzen. Verkündete Wahrheiten hinterfragen, moderne Theologien ernst nehmen, die die Bibel nicht für absolut setzen, sondern historische, textkritische, religionswissenschaftliche, philosophische Analysen anerkennen, das ist mit der Selbstgewissheit der katholischen Kirche nicht vereinbar. Wenn der Papst so kritisch die eigene Kirche befragt, schrammt er doch so nah an einer Häresie entlang, dass die Kardinäle sich im Recht sehen könnten, ihn abzusetzen. Noch wagt es keiner, laut darüber zu spekulieren. Aber in römischen Zeitungen sickern schon ab und zu Indiskretionen durch, die zunächst nur schwer zu deuten sind.

Bei all diesen phantasievollen Gedankenspielen kamen mir zwei Bücher sehr gelegen: Franz Buggles *Denn sie wissen nicht, was sie glauben* und Klaus-Peter Jörns *Notwendige Abschiede* regten mich dazu an, mir diesen Ablauf der versuchten radikalen Besinnung auf Jesus auszudenken.

Der Freiburger Psychologieprofessor Franz Buggle etwa stellte die Frage nach dem verdrängten Skandal: »Die Bibel, Basis und letzte Instanz aller christlichen Religiosität und Moral: ein gewalttätig-inhumanes Buch?« In seinen Antworten sah er die Bibel als Anleitung zur Gewalt und Aufforderung zur Feindseligkeit. In ihr seien Feindseligkeiten und Strafbedürfnisse vieler biblischer Fundamentalisten und Orthodoxen begründet. »Sollte nicht allmählich auch dem Letzten klar werden, dass die wirklich gewichtigen Einwände gegen die Bibel nicht so sehr naturwissenschaftlicher, sondern eher ethisch-moralischer und anthropologischer Art sind?« Das alte Problem der Theodizee werde noch immer verdrängt. Nach wie vor bestehe der Einwand in seiner ganzen Härte: »Entweder ist Gott nicht allmächtig oder nicht die unendliche Liebe und Güte; denn wer möchte im Ernst ein Wesen als ethisch höchste Instanz akzeptieren, das all das Leiden, das in der Vergangenheit und heute noch in der menschlichen Kreatur in so unvorstellbar großem Maß geschieht, verhindern könnte und nicht verhindert oder gar selbst hervorruft?«

Unserer institutionalisierten und auch weitgehend unserer privaten Religiosität und der aus ihr abgeleiteten Moral liege ein Buch zugrunde, das weithin bestimmt ist durch eine archaisch-inhumane Grundhaltung, durch eine Haltung der Gewalttätigkeit, durch den Ausdruck ausgeprägter Strafphantasien und -bedürfnisse, durch düstere Drohungen mit extremsten Strafen. »Einem weithin gewalttätig-willkürlichen Gott steht ein als sündig und verderbt gezeichneter Mensch gegenüber, der wenig bis nichts für sein eigenes Heil bewirken kann, sondern allein auf Gottes Gnade angewiesen ist.«

Selbst am Beispiel der Bergpredigt, dem Höhepunkt neutestamentlicher Ethik, oder am zentralen christlichen Glaubensinhalt des blutigen Sühneopfers Jesu am Kreuz stelle sich die Frage: »Wie ist es um die Liebe und Güte eines Gottes bestellt, die eingebunden ist in eine Gesinnung, die, wieder nach klarem biblischem Zeugnis, eine der grausamsten Hinrichtungsarten, vollzogen an einem Menschen, zu dem er in einem Vater-Kind-Verhältnis steht, nicht nur akzeptiert, sondern ausdrücklich wünscht und verlangt, um so durch das Blut des eigenen Sohnes versöhnt zu werden und von ewiger Bestrafung abzusehen? Dass dieser Kern der christlichen Botschaft auf heute lebende Menschen nicht in höherem Ausmaß provozierend wirkt, kann nur psychologisch mit der intensiven Wirkung frühkindlicher Indoktrination und der durch ein Heer von Theologen geleisteten Verunklarung und Immunisierung, die auf Kosten einer redlichen Rezeption der entsprechenden biblischen Texte gehen muss, erklärt werden. Wer würde heute, durch keine frühkindliche Indoktrination beeinflusst, als Erwachsener eine solche Lehre nicht entrüstet zurückweisen?«

In Buggles vernichtender Analyse habe ich viele Gedanken meiner Jugendzeit wiederentdeckt und sie in Bezug zu dem Thema dieses Buches, nämlich wie die Kirche uns den Glauben austrieb, gesetzt. Eine Auseinandersetzung mit diesen jetzt als unsicher zu erkennenden Fundamenten müsste von der Kirche ernsthaft betrieben werden. Sie würde sich dann allerdings selbst gefährden. Mein Traumpapst würde in der Tat wohl abgesetzt werden, weil er, gäbe er diesen Gedanken

Raum, das Christentum auf das Beispiel des Menschen Jesu reduzieren müsste, was auch hieße, nicht wortwörtlich (was eh schwer zu beweisen ist) der Überlieferung zu glauben, sondern dem Vorbild seines Lebens nachzueifern. Das wäre die letzte Konsequenz eines mit Vernunft durchleuchteten Glaubens. Das wird aber keine christliche Kirche riskieren.

Weniger radikal liest sich das Buch *Notwendige Abschiede*, in dem der evangelische Theologe Klaus-Peter Jörns den Weg zu einem glaubwürdigen Christentum aufzeigen will, für das er 19 Kriterien aufgelistet hat.

Ein glaubwürdiges Christentum tue nicht so, als ob Religion und Glaube erst mit der frühen Christenheit begonnen hätten. Jörns fordert zu religiöser Archäologie auf, da die Wurzeln des Christentums sowohl in die jüdische Religion als auch in mesopotamische, ägyptische, griechische und römisch-hellenistische Religionen reichen. Daraus entstehe ein Zusammengehörigkeitsbewusstsein, das dem Religionsfrieden diene. Jesus Christus sei in eine konkrete geschichtliche Situation hineingeboren worden. Sein Leben, Sterben und die Auferstehung könnten von unterschiedlichen religiösen Deutungsmustern her verstanden werden.

Unsere Sterblichkeit gehört nach Jörns zur Schöpfung Gottes und ist nicht der Sünde Sold. Ein glaubwürdiges Christentum bindet nicht die heilsame Liebe Gottes an irgendein Opfer noch an andere Leistungen. Die Gottesdienste dürften nicht an die Art der Hofhaltung antiker Herrscher erinnern.

Schließlich fordert Jörns, dass die Kirchen die eigene Geschichte öffentlich befragen. »Theologische Kritik muss an Glaubensvorstellungen geübt werden dürfen.« Die Glaubwürdigkeit hänge mehr davon ab, wie Kirchen mit Christen umgehen. Unglaubwürdig sei ein Christentum, das Menschen durch Angst vor Liebesverlust und Androhung von Strafen zu Gott führen will. Ein glaubwürdiges Christentum ist in seinem Horizont mystisches Christentum.

Am Ende erkennt Jörns, dass Dogmen nur zeitbedingte Antworten auf zeitbedingte Fragen und daher vorläufige Aussagen sind. Das passt natürlich auf keine Weise zur katholischen Überzeugung von der allein selig machenden und die Wahrheit besitzenden Kirche.

Die Formulierung der tradierten Positionen, die den Thesen von Jörns genau entgegengesetzt sind, braucht Papst Petrus Paulus, um wieder auf meinen Traum zurückzukommen, nicht extra in Auftrag zu geben. Sie umgeben ihn sozusagen unausweichlich. Präfekten und Präsidenten bitten um Audienzen, um ihre Sorgen vorzutragen. Sie erinnern ihn besonders an die Dreieinigkeit des Papstes: Bewahrer der Tradition, oberster Lehrer und oberster Hirte. Als Hüter von Bibel und Tradition habe er eine unendliche Verantwortung für die Gläubigen, die zugegebenermaßen in einer Kirchen- und Glaubenskrise steckten. Die Rückbesinnung auf die Ursprünge sei zwar schön und gut und verfehle gewiss nicht ihre reinigende Wirkung auf die Kirche. Mehr Demut und Kollegialität, mehr Verantwortung und Einbeziehung der Laien, vielleicht sogar Abschaffung des Zölibats als frei verfügbares Kirchengesetz seien ja durchaus anzudenken, aber eine Radikalkur könne der Papst doch nicht verantworten.

So stark ist Petrus Paulus I. dann doch nicht. Die Bestandsaufnahme belegt Fehlinterpretationen, Intrigen, sogar die gewaltigste Lüge der abendländischen Geschichte, die der Konstantinischen Schenkung. Blutige Verfolgung und Morde, Ausschweifungen, alles, was in der Kriminalgeschichte denkbar ist, hat es auch in der katholischen Kirche gegeben. Es hat aber auch große Heilige und Vorbilder gegeben. Ist nicht bei ihnen mehr als in der Gründungsgeschichte mit diesem Jesus von Nazareth die Antwort auf die Krise zu suchen, fragen die schlauen Kardinäle nach. Ja, selbst wenn alles richtig wäre und ein radikaler Bruch mit der Vergangenheit vollzogen werden müsste, könnte am Ende nicht der Schaden größer sein als die beabsichtigte Wirkung?

Und was wäre das Papsttum noch wert und wie könnte es als moralische Instanz überleben, wenn der Amtsinhaber im Haus Gottes, der Kirche, nur noch so etwas wie ein verehrter, aber machtloser Hausherr wäre? Wenn der Papst so etwas wie ein Ehrenvorsitzender aller Christen wäre, ohne Jurisdiktion?

Petrus Paulus geht in sich und schreibt schließlich seine Enzyklika. Darin ruft er jeden Katholiken auf, die Antworten auf alle Fragen in Gottes Liebe zu suchen, der Kirche trotz ihrer Irrtümer vertrauensvoll im Bewusstsein zu folgen, Gottes geheimnisvoller Ratschluss werde alles zum Guten richten. Immerhin fehlt jede Verdammung. Einige Prozesse werden eingestellt, und die Glaubenskongregation wird beschnitten. Der Papst sichert auch zu, in der katholischen Kirche mehr Dezentralisierung zuzulassen. Hoffnung hat er geweckt, durchgesetzt hat er wenig, weil die Angst vor der Verantwortung, die Angst vor den Folgen, etwa einer Kirchenspaltung, den Papst blockieren. Die ängstliche Rückbesinnung auf die alte Ordnung ist stärker. Die besten Absichten zerbröselten also unter der Last der Tradition.

Petrus Paulus muss schließlich erkennen, dass aus Rom keine wirkliche Reform zu erwarten ist. Das behält er aber für sich. Dieses und das nächste Konklave werden nichts ändern. Damit endet auch mein Traum.

Er könnte aber auch anders weitergehen, nur nicht besser. Mein vier Jahre älterer Kollege Luigi Sandri, italienischer Vatikanist, wie ich Auslandskorrespondent, aber der Nachrichtenagentur ANSA in Moskau und Tel Aviv, danach Vatikanbeobachter, träumte ebenfalls. 2008 erschien seine *Chronik aus der Zukunft* über einen Reformpapst im Jahre 2100. Der wird jedoch bald bei einem Verkehrsunfall schwer verletzt, fällt ins Koma und kann 13 Jahre lang nur noch mithilfe von Maschinen am Leben gehalten werden.

Ohne Papst ist die Kurie wie gelähmt. Kardinäle und Bischöfe sterben, ohne dass neue ernannt werden, und das Kirchenvolk macht, was es für richtig hält. Um Rom kümmert sich keiner mehr. Die Kardinäle wagen es nicht, einen neuen Papst zu wählen. Da fällt dem Kardinalstaatssekretär die Lösung ein: Wenn die Kirche schon künstliche Empfängnisverhütung verbietet, dann darf sie auch rein künstliches Leben beenden. Also werden die Beatmungs- und die Ernährungsmaschine abgestellt. Die Kurie und Rom sind erschüttert und trauern. Doch hinter der geheuchelten Anteilnahme atmet die Kurie auf und schreitet zum nächsten Konklave in der festen Absicht, die alte Macht zurückzuerobern. Auch dieser Traum ändert somit in der Resignation.

Das Ende der Autorität

Pius XII. und Hochhuths ungewollter Beitrag zur Kirchenkrise

Fluchtartig verließ ich den Saal in Frankfurt nicht, obwohl es mir danach zumute war. Ich beeilte mich aber doch sehr, und das nicht nur, weil ich einen Bericht absetzen musste. Der Ablauf einer Versammlung von 120 überwiegend progressiven Katholiken, darunter die vom Bensberger Kreis und Solidaritätspriestergruppen, zur Vorbereitung der gemeinsamen Synode der deutschen Bistümer 1972 in Würzburg hatte mich mehr geärgert, als einem Reporter eigentlich ansteht. Aber zuerst die Nachrichtenpflicht, dann erst das persönliche Empfinden: Ein Kaplan aus Böblingen, Klaus Schäfer, hatte im Stil der Nach-68er-Jahre das Mikrofon ergriffen und beantragt, dass die Versammlung aus engagierten Katholiken über Jesus sprechen solle. Er hatte sogar ein »Jesus Paper« mitgebracht. Eigentlich ein völlig normale Antrag unter Christen. Da stürmte plötzlich ein Kleriker im schwarzen Anzug nach vorne und sprach dem Katholikentreffen die Befähigung ab, über ein solches Papier zu diskutieren. Der Mann hieß Walter Kasper, Theologe, Hochschulprofessor und später römischer Kardinal.

Natürlich stellte ich da die Überlegung an, warum ich im Fußballverein zwar über Fußball, im Schachclub über Schach, unter Kollegen über Journalismus, aber in der katholischen Kirche offenbar nicht offen und kritisch über Jesus sprechen dürfe. Eine wesentliche Frage ergab sich daraus und ist bis heute im Prinzip von der Institution Kirche nicht beantwortet worden: Wie viele Semester muss ein Mensch katholische Theologie studiert haben, um vollwertig katholisch zu sein und mitreden zu dürfen?

Die ganze paternalistische, herrschaftliche, obrigkeitliche, autoritäre Struktur der Kirche, die jahrhundertelang zur Verdummung des Volkes gedient hatte, war an diesem Beispiel erkennbar. Es war so etwas wie ein Aha-Erlebnis mit Langzeitwirkung. Mir wurde bewusst, was der schöne Begriff »Laien«, den die Kirche zur Unterscheidung der Geweihten von den Nichtgeweihten gebrauchte, wirklich bedeutet. Sie sind die Ahnungslosen, die eben laienhaft manches gut meinen, aber nichts richtig verstehen.

Über diese Erkenntnis konnte mich auch ein bischöflicher Kasper-Kollege aus dem deutschen Episkopat Jahre später nicht hinwegtrösten, den ich bei einem Spaziergang auf dem Petersplatz in Rom fragte, was seiner Meinung nach einen Christen ausmache? Zehn Gebote, Bergpredigt. Nicht mal das ganze Glaubensbekenntnis. Das sei das Wesentliche. Die ehrliche Antwort überraschte mich und freute mich, konnte aber an meiner Enttäuschung nichts ändern, weil ein Privatgespräch noch lange nicht Allgemeingut in der Kirche ist. Hätte der Bischof gewagt, dieses Bekenntnis öffentlich abzulegen, hätte er gleich sein Amt zur Verfügung stellen können. So konnte er Kaspers überheblichen Fehltritt nicht tilgen. Der war systemimmanent.

Weitere Jahre später, Joseph Ratzinger war gerade Papst geworden, hielt ich in einer Nachbargemeinde der mittelbadischen Stadt Lahr einen Vortrag über Benedikt XVI. Der Gastgeber vom katholischen Erwachsenenbildungswerk wusste, wen er eingeladen hatte, denn er hatte mein Buch *Wohin führt Benedikt XVI. die Kirche?* gelesen. Etwa 40 Zuhörer waren gekommen, aber die Diskussion hielt sich zu meiner Enttäuschung in Grenzen, obwohl mir der Ort zuvor warnend als »stockkatholisch« geschildert worden war. Offensichtlich hieß das aber nicht, dass hier alle vom Papstjubel ergriffen waren. Eine anschließende Diskussion im kleinen Kreis unterstrich meinen Eindruck.

Ein als traditionalistisch bekanntes Mitglied einer benachbarten Kirchengemeinde ärgerte sich jedoch über meine Thesen. Woher der Mann den Inhalt des Vortrags kannte, weiß ich nicht, denn er war nicht dabei und die darüber erschienenen Zeitungsartikel waren journalistisch korrekt zugespitzt auf die Kernaussagen, aber für eine begründete Kritik zu wenig umfassend. Dennoch wandte er sich an das erzbischöfliche Ordinariat in Freiburg, um nicht nur zu denunzieren, sondern auch Maßnahmen gegen den Gastgeber zu verlangen. Der sollte daraufhin tatsächlich nach Freiburg vorgeladen und zur Rechenschaft gezogen werden, weigerte sich jedoch zu kommen. Das Ordinariat ließ es dabei bewenden. Es hatte wohl eher eine Pflicht erfüllt, ohne von der Notwendigkeit überzeugt zu sein. Nicht aber der eifernde Denunziant. Er schrieb nach Rom, und zwar an einen durch verwandtschaftliche Beziehungen bekannten Jesuitenpater.

Einige Wochen später bekam ich einen Brief von diesem, der mich sehr an den Kasperauftritt vor fast 40 Jahren erinnerte. Ich könne ja kritisch denken, wie ich wolle, gestand er mir wohlwollend zu, aber wie könne ich es verantworten, »vor normalen Katholiken« solch kritische Gedanken vorzutragen? Früher hätte ich eine solche Aussage vielleicht verstehen können, in Zeiten, in denen man Kritik für sich behielt und das Herrschaftswissen als Unterscheidung zum einfachen Volk für sich bewahrte. Aber heute? Für wie dumm halten römische Kleriker denn das Kirchenvolk, wenn man ihm keine Papstkritik mehr zumuten darf? Die einzigen Dummen sind hier doch wohl der Denunziant und der Briefschreiber.

Der Geist, der hinter solchen Einstellungen steckt, ist leider seit Jahrhunderten unverändert geblieben. Der Hirte ist gütig, allwissend und denkt nur an das Wohlergehen seiner doch eher blöden Schafe. Doch dieses Bild passt nicht mehr in die heutige Zeit, auch wenn Bischöfe sich noch immer gerne als Oberhirten bezeichnen lassen und der Papst ausdrücklich auf seinem Hirtenamt neben dem Lehramt und der Aufgabe des Bewahrers der Tradition besteht.

Doch Überheblichkeit wird heute schneller sichtbar und schadet der Kirche mehr als je zuvor. Wir leben zwar nicht gerade in einer Bildungsgesellschaft, aber in einer Wissensgesellschaft durchaus. Jede Äußerung, jedes Dekret, jede Predigt oder jede Behauptung kann sofort im Internet gestreut, aber auch geprüft werden. Die Wahrheit – soweit es nicht um die absolute, nicht nachprüfbare geht – lässt sich bei einiger Übung schnell googeln. Die Deutungshoheit der Kirche und ihrer Theologen ist im Netz verschwunden. Und das Volk weiß mehr und glaubt weniger.

Diskussionen unter Theologen haben lange Zeit zu meinem beruflichen Arbeitsgebiet gehört. Denn als Nachrichtenredakteur habe ich diverse Kongresse und Treffen besuchen müssen und war dort mit Glaubensfragen und mit Theologen konfrontiert. Am Ende hat sich mir eine Formulierung aufgedrängt, die nicht von sehr großer Hochachtung – einzelne Ausnahmen gibt es durchaus – für ihre Profession zeugt: »Theologie scheint mir der intellektuelle Versuch zu sein, sich ums Evangelium zu drücken.« Hätte es weniger solcher Drückeberger im Laufe der Geschichte gegeben, hätten die Kirchen weniger Fehler begangen und mehr Glaubwürdigkeit bewahrt, denn die Botschaft war doch eigentlich sehr früh sehr klar und nicht so interpretationsfähig, dass grobe Verstöße intellektuell gerechtfertigt werden könnten. Die zehn Gebote, Bergpredigt und Glauben an den einen Gott. Krieg, Gewalt, Feindesmord, die These vom Zweck, der die Mittel heilige, widersprechen nach einfachem Verständnis den konstituierenden Grundsätzen des Christentums.

Dogmen wurden aufgebaut, die als Antworten auf Probleme ihrer Zeit vielleicht nützlich waren, aber nicht für die Ewigkeit gelten können.

Unter Berufung auf christliche Werte wurde beispielsweise der Obrigkeitsstaat verteidigt und eine verklemmte Sexualmoral diktiert. Die katholische Kirche hat nicht wahrhaben wollen, dass es sich dabei nicht um urchristliche Forderungen handelt. Wer sich aber gegen die kirchliche Meinung wandte, stand plötzlich außerhalb der Kirche oder beging sogar Häresie. Für viele solcher Übel wurden die 68er-Rebellen verantwortlich gemacht, die alles infrage gestellt und die Fehler der Vätergeneration pauschal angegriffen hätten, um dann alle konservativen Werte zu leugnen. Peinlich für die Ankläger der Rebellen ist nur, dass die konservativen Eliten tatsächlich im Dritten Reich komplett versagt haben. Der Bruch mit dieser Generation ist also aus der Sicht einer nach wirklichen Werten suchenden Jugend mehr als verständlich. Er war logisch, und ihn zu ignorieren oder zu verteufeln bedeutet letztlich, die Ursachen nicht anzuerkennen.

In der katholischen Kirche liegen diese Ursachen für den Autoritätsverlust aber nicht nur in ihrem Verhalten in den zwölf Jahren des »tausendjährigen Reiches«. Sie reichen viel weiter zurück, wie das Beispiel des Antisemitismus belegt. Auch hat es in der Kirche schon vor der 68er-Rebellion einen sichtbaren Verlust der Autorität gegeben, dessen Tragweite damals nur nicht erkannt worden ist. Rolf Hochhuths Theaterstück *Der Stellvertreter* hat 1963 Papst Pius XII. so radikal angegriffen, dass auch Katholiken, die sich angewidert abwandten, zugeben mussten, dass es einen unberührbaren Papst wohl nicht mehr gibt. Die Autorität hat Risse bekommen.

Hochhuth hatte den Papst verteufeln wollen, und das ist ihm bedingt auch gelungen. Seine Wirkung in der Kirche geht aber noch in eine andere Richtung als die der Papstdiffamierung. Die Autorität der Päpste überhaupt wurde dauerhaft beschädigt. In meiner Kindheit war Pius XII., der Mann mit der scharfkantigen Nase und der hoheitlichen Haltung, alles in allem ein Halbgott, der unangefochten unfehlbar ein strittiges Dogma verkünden konnte, so etwa 1950 die Aufnahme Marias in den Himmel. Von allen weltweit befragten Bischöfen haben nur zwei das Dogma vor der Verkündigung abgelehnt, zumal, wie der Papst argumentierte, der Glaube an die leibliche Aufnahme Mariens in den Himmel schon eineinhalb Jahrtausende in der Kirche vorhanden gewesen sei. So traditionsbewusst, geschlossen und überzeugt war die katholische Welt Anfang der 50er-Jahre noch. Pius' Lehren wurden in Enzykliken, Dekreten und sonstigen Lehräußerungen veröffentlicht, von denen allein die von den Gläubigen als verbindlich verstandenen Ansprachen drei dicke Bände ergaben. Für jede Alltagsfrage meinte er eine Antwort parat haben zu müssen. Der Papst wollte unser ganzes Leben reglementieren.

Pius XII. war für mich der letzte Stellvertreter, nicht weil es später keine Päpste mit dem Titel Stellvertreter Christi mehr gegeben hätte. Nein, aber er war es, weil er als Letzter dieses Amt unumstritten ausüben konnte. Nach ihm stellte der gütige Johannes XXIII. die Kirche zur Aktualisierung infrage. Und unter Paul VI. brach mit der Pillenenzyklika die päpstliche Autorität ein. Johannes Paul I. regierte nur 33 Tage und gab dem Papstamt ein sehr menschliches, demütiges, bescheidenes Gesicht, war aber eben nur kurz im Amt. Und Johannes Paul II. versuchte den Aufbruch in die moderne Gesellschaft zu beenden und die Zeit zurückzudrehen. In der modernen, demokratischen Konsumgesellschaft witterte er mehr Freiheit, als den Katholiken guttun konnte. Benedikt XVI. schließlich wurde als deutscher Papst bejubelt, aber folgen will ihm nur noch eine Minderheit.

Die Papstmacht wurde übertrieben und ging schließlich verloren. Dieser Prozess wurde mit dem Unfehlbarkeitsdogma

1870 eingeleitet und war nach der Kritik in den 60er-Jahren definitiv nicht mehr aufzuhalten. Das Zweite Vatikanische Konzil in den 60er-Jahren hätte es vielleicht noch schaffen und die Trendwende gegen den Niedergang der päpstlichen Glaubwürdigkeit einleiten können, aber die Chance wurde vertan. Bis heute ist es nicht gelungen, weil die Institution sich dem Aggiornamento verweigert hat und ein Teil der konservativen Katholiken meinte, mit der Hinwendung zur Welt werde die Kirche verweltlicht. Sie haben meines Erachtens nicht verstanden, dass es nicht um die Kirche geht, sondern um Christen. Weniger Kirche und mehr Christen, würde ich fordern.

Aber davon waren wir Ende der 60er-Jahre und vor der Würzburger Synode (1971–1975) noch weit entfernt, und wir hofften ja inständig, mit mehr Mitsprache der Laien auf dem richtigen Weg der Erneuerung zu sein. Wir, die sogenannten Progressiven, waren aber nur eine Minderheit und überschätzten uns enorm. Die Mehrheit blieb ihrem alten Stil treu. Erneuerungen in Fragen von Religion, Riten, Ritualen und Glauben brauchen Jahrzehnte, bis sie sich durchsetzen, weil sie zu sehr in ganz persönliche, intime, private Überzeugungen und Verhalten reichen. Das hatten wir Intellektuellen mit unserer Vernunft vergessen.

Unverdrossen hofften wir auf Würzburg, denn vielleicht konnten die Bischöfe sich mit dem Papst verständigen, um sich von der autoritären Kirche zu verabschieden. Hohe Erwartungen hatten auch die Medien an die römische Bischofssynode. Dieses ursprünglich für alle zwei Jahre geplante Parlament der Bischöfe aus der ganzen Welt sollte der vom Konzil gewünschten kollegialen Führung der katholischen Kirche ein Gesicht geben. Der Papst hätte als Erster unter Gleichen mit den Bischöfen, mit einer Delegation von ihnen als eine Art Ministerrat, regieren können. So malten wir es uns in langen Diskussionen aus.

Aber nichts dergleichen geschah. Die Erwartungen von

mehr Demokratie in der Kirche wurden nicht erfüllt. Selten war ein Kirchenparlament eine größere Enttäuschung, obwohl jeweils über 200 Kardinäle und delegierte Bischöfe aus allen Kontinenten nach Rom kamen, um über vorher festgelegte Themen zu beraten. Sie hätten dem Papst eine klare Empfehlung geben müssen, die er dann nicht hätte übergehen können. Am Ende entmannte sich die Synode selbst, weil sie kein klares Votum hervorbrachte oder der Papst ihre Entschließungen nur als unverbindliche Empfehlungen bewertete und sie bald auch vergaß.

Beispiel Zölibat, Beispiel *viri probati*, die Weihe »erprobter Verheirateter« zu Priestern. Vor der Synode 1971 über das Amtspriestertum und die Gerechtigkeit in der Welt hatte Paul VI. noch einem brasilianischen Bischof zugesagt, zwei solche Männer zu Priestern zu weihen. Er fühlte sich wohl ermutigt, da wenige Monate zuvor führende deutsche Theologen den Zölibat selbst zur Diskussion gestellt hatten. In einem Memorandum im Februar 1970 hatten neun Theologen, darunter der spätere Papst Benedikt XVI. Joseph Ratzinger, Walter Kasper, Karl Lehmann und Karl Rahner, die deutschen Bischöfe aufgefordert, die Pflicht der Priester zur Ehelosigkeit auf den Prüfstand zu stellen. Das geht aus einem Archivtext hervor, den die kirchenkritische Zeitschrift *Pipeline* 2011 veröffentlicht hat. In ihrem Brief stellten die Theologen klar, dass sie nicht prinzipiell gegen den Zölibat seien. Ein eheloses Priestertum müsse »als echte und reale Möglichkeit bestehen bleiben«. Es stelle sich aber die Frage, ob die bisherige Form priesterlichen Lebens so bleiben müsse. Zwar könne der Papst in dieser Frage das letzte Wort haben, dies entbinde die Bischöfe aber nicht von der Verantwortung, sich über die Zukunft des Zölibats Gedanken zu machen. »Sie sind keine Beamten des Papstes oder lediglich Exekutoren des päpstlichen Willens«, sondern »mindestens anzuhörende Ratgeber« des Pontifex. Der heutige Papst will davon anscheinend nichts mehr wissen, nichts vom Ende des

Zölibats und nichts von der Mitsprache der Bischöfe. Rom hat ihn in 40 Jahren offenbar zentralistisch deformiert.

Die Synode selbst sprach sich mit vielen Wenn und Aber und mit einschränkenden Modi dann doch gegen die viri probati aus. Die Angst davor, dass die Billigung verheirateter Priester die Einwände gegen den Zwangszölibat verstärken könnte, war zu groß, obwohl es solche katholischen Priester längst gab – Konvertiten oder Mitglieder des orthodoxen Ritus sind verheiratet.

Der heimliche Star dieser Synode war aber weder der alternde und unschlüssige Papst Paul VI. und auch nicht einzelne aufbegehrende Teilnehmer, sondern ein Weihbischof aus Buenos Aires, dessen Aufenthalt in Rom sich schnell unter den Journalisten herumsprach. Er war mit absolut unbegründetem Optimismus oder aus purem Protest angereist in Begleitung seiner Frau und deren sechs Kindern aus einer gescheiterten Ehe. Die Provokation war gewaltig, änderte aber nichts am Zölibat.

Eine Versammlung von Bischöfen und Kardinälen ohne Entscheidungsbefugnis, deren aufregendste Ereignisse das Machtgerangel und die Intrigen mit und gegen die Kurie waren, verlor bald das Interesse des Papstes und der Öffentlichkeit. Johannes Paul II. hielt von Demokratie im Allgemeinen und in der Kirche im Besonderen nicht viel. Er ließ sich daher auch Zeit mit Weltsynoden und berief sieben Jahre lang keine ein. Von den regionalen Sondersynoden und den späteren allgemeinen nahm die Öffentlichkeit kaum noch Notiz.

Die in den ersten Synoden stark vertretenen Medien aus der ganzen Welt ließen natürlich auch Kritiker zu Wort kommen. Aufmüpfige Priestergruppen aus ganz Westeuropa hatten sich schon zur Vorbereitung in Chur in der Schweiz getroffen, um ihre Forderungen an die Bischofsversammlung zu definieren. Dort tagte gleichzeitig die neue Europäische Bischofskonferenz. Ein Dialog wurde versucht, kam aber nur mit den Vertretern aus Kirchen zustande, in denen es am sichtbarsten gärte und deren Bischöfe bereits Erfahrung mit offener Aussprache hatten, zum Beispiel mit den Niederländern.

Das niederländische Pastoralkonzil in Noordwijkerhout forderte die Abschaffung des Zölibats. Und schließlich sprach sich der niederländische Episkopat, der Utrechter Kardinal Bernard Jan Alfrink und seine sieben Mit-Bischöfe, mit einer »Grundsatzerklärung« dafür aus, Verheiratete zum Priesteramt zuzulassen und Priester, die wegen Heirat ausgeschieden sind, wieder in ihr Amt einzusetzen. Mit dieser Empfehlung waren die Bischöfe weiter gegangen, als die Traditionalisten in Rom befürchtet und die Progressiven in den Niederlanden erwartet hatten.

Die niederländische Kirche war damit zur Wallfahrtsstätte des Aufbruchs geworden. Dem Zweiten Vatikanischen Konzil hatte Paul VI. 1965 noch verboten, das Thema Zölibat auch nur zu diskutieren. Alfrink reagierte darauf während des Konzils: »Man soll nicht glauben, dass die Problematik nicht vorhanden ist, weil niemand den Mut hat oder haben darf, sich öffentlich zu dieser Problematik zu äußern.«

Nach dem Konzil eskalierte die Zölibatsdebatte dann zum Kirchen-Politikum. Während der Kardinal behutsam eine Lockerung der Zölibatspflicht anstrebte, legte sich der Papst immer stärker auf die Beibehaltung fest. Mit einer Zölibats-Enzyklika versuchte Paul VI. dann, den Niederländern, aber auch anderen zölibatsmüden Klerikern, das Gewissen wirksam zu schärfen. Er beschwor sie, sie sollten sich zu seiner »Ansicht« bekennen, »dass das geltende Gesetz des heiligen Zölibats auch heute noch unerschüttert den kirchlichen Dienst begleiten muss«.

Die Warnung bewirkte allerdings das Gegenteil von dem,

was der fromme Verfasser beabsichtigt hatte: Statt zu bremsen, beflügelte sie die progressiven Priester der Niederlande dazu, nunmehr konzentriert gegen die ungeliebte Ehelosigkeit zu agieren. Machtlos musste Kardinal Alfrink beispielsweise mitansehen, wie der Amsterdamer Studentenpfarrer Jos Vrijburg 1969 heiratete und dennoch im Priesteramt blieb.

Papst Paul nutzte jede Gelegenheit, für den Zölibat zu werben, und unternahm kurz vor dem niederländischen Pastoralkonzil einen letzten Versuch: Am 24. Dezember 1969 schrieb er Kardinal Alfrink und seinen sieben Mit-Bischöfen, es sei ihre Pflicht, auf dem Konzil »mit Klarheit und Festigkeit zu lehren, dass die edelmütige Praxis der vollkommenen Keuschheit nicht nur möglich ist, sondern auch eine Quelle der Freude und der Heiligkeit darstellt«.

Doch es war zu spät. Kardinal Alfrink verschwieg den Inhalt des Papst-Briefes, um dem Konzil die Freiheit der Entscheidung zu lassen. Als das Konzil gegen den Zölibat votiert hatte, ließ der Papst den Brief im *Osservatore Romano* veröffentlichen, um die Bischöfe in ihrer Entscheidungsfreiheit zu beschränken, doch die Entscheidung war schon gefallen – gegen den Zölibat und gegen den Papst.

Die niederländische Kirche schuf vorübergehend eine neue Realität, die sich jedoch über die folgenden Jahrzehnte hinweg nicht gegen den römischen Zentralismus behaupten konnte. Mit der Ernennung ultrakonservativer Bischöfe brachte Rom sie wieder auf Kurs und nahm dafür den Auszug der Katholiken in Kauf. Nicht die moderne Welt trieb die Kirche auch hier in die Krise, sondern die sture Weigerung der Kirche, Fragwürdiges und Zeitbedingtes zu relativieren oder ganz abzuschaffen. Am Ende hatte Rom zwar gesprochen, aber eine causa finita gab es nicht mehr. Keine Sache war und ist seither mit römischem Verdikt erledigt worden.

Vor der römischen Synode dachten noch die wenigsten an einen Niedergang, und sie blieben überwiegend still. Kardinal Alfrink war ein gesuchter Gesprächspartner, ein Hoffnungsträger, neben dem der von uns geschätzte Münchner Erzbischof Kardinal Julius Döpfner verblasste. In Zeiten der Bischofssynode nutzten in Rom Priestergruppen, Basisgemeinden und große Theologen wie Karl Rahner das Forum für Treffen und Pressekonferenzen. Ereignisse außerhalb der Synode lieferten Gesprächsstoff und erweckten den Eindruck eines Frühlings in der katholischen Kirche.

Statt täglich in die Sala Stampa, den Pressesaal des Heiligen Stuhls, zu den Briefings zu gehen, pilgerte mancher Synodenreporter lieber zum Treff der Progressiven an der Piazza Navona oder an den Stadtrand hinaus zur Basilika St. Paul vor den Mauern. Dort war von 1964 bis 1973 Giovanni Battista Franzoni Abt, der mit 36 Jahren jüngster Konzilsvater, also stimmberechtigter Konzilsteilnehmer, war. Wir trafen ihn in einem Saal, der mehr nach Garage oder Werkstatt als nach Kirche aussah und in dem er mit Arbeitern, Obdachlosen und den Armen des Stadtrandviertels die heilige Messe feierte. Hier entstand auf seine Initiative eine der ersten Basisgemeinden Roms.

Bis dahin hatten nur Lateinamerikakenner unter uns von Basisgemeinden eine Ahnung. Dies waren Gemeinden, die in den 50er-Jahren unter dem Druck des Priestermangels von Laien meist aus armen Lebensumständen gebildet worden waren. Sie lasen die Bibel, deuteten sie aus der Perspektive der eigenen Lebenserfahrung und bezogen auf ihre soziale Situation und entwickelten in Selbsthilfe Nachbarschaftshilfen oder sozialpolitische Projekte. Die Befreiungstheologie sieht in den Basisgemeinden die Keimzellen eines neuen, zukunftweisenden Kirchenmodells. Basisgemeinden in Europa und Nordamerika griffen Impulse aus Lateinamerika auf, um gegen die Anonymität der Großkirche und ihre hierarchische Verwaltung zu protestieren. In Rom wurde Franzoni ihr

Motor, nicht ihr Priester. Den hat die Gemeinde bewusst nicht.

Franzoni stand und steht für den Protest der katholischen Laien gegen die enge Zusammenarbeit von Staat und Kirche in Italien, gegen Ausbeutung der Arbeiter, gegen den Vietnam-Krieg, gegen Finanzskandal in der Vatikanbank IOR, gegen die blinde Dogmengläubigkeit, gegen gekaufte Propheten in Soutane. Er predigte nicht kirchenamtlich, sondern hörte auf die Erfahrungen der einfachen Menschen, ließ sie das Evangelium deuten und diskutierte mit ihnen, wie es die Arbeiter noch nie von einem kirchlichen Hierarchen erlebt hatten. Die Hinterhofkirche war stets brechend voll. Er legte sich mit den herrschenden Christdemokraten wie mit der Kurie an, als er beim Referendum über die Zulassung der Ehescheidung freie Wahlentscheidung für alle ohne kirchliche Einmischung forderte. Kein Staat dürfe Nichtkatholiken per Gesetz zur Einhaltung eines katholischen Sakramentes zwingen. Als er schließlich für die Kommunistische Partei Italiens votierte, kannte die Kirche weder Gnade noch Barmherzigkeit. Er wurde 1976 des Priesteramtes enthoben und heiratet 1991 die atheistische japanische Journalistin Yukiko Ueno.

Franzoni habe ich 1969 in Rom zum ersten Mal getroffen und ihn später während meiner Zeit als ständiger Korrespondent (1973–1979) in Italien im Büro seiner Zeitschrift *Com nuovi tempi* besucht. Er stand zunächst gar nicht so allein, wie der Streit in Rom vermuten lassen könnte. Er war nach 1964 Konzilsvater und schloss sich den Forderungen jener 40 Konzilsbischöfe an, die sich am 16. November 1965 – drei Wochen vor dem Abschluss des Konzils – in den Domitilla-Katakomben außerhalb Roms trafen. Sie unterzeichneten den »Pakt für eine dienende und arme Kirche«, mit dem sie sich zu einer unmissverständlichen Option für die Armen verpflichteten. Sie wollten Kirche der Armen und an der Seite der Armen sein. Sie entschieden sich daher, aller Symbole und Privilegien der Macht zu entsagen, aus den Bischofspalästen auszuziehen und mit dem armen Volk zu leben. Ihnen schlossen sich später 500 weitere Bischöfe an. Der Katakombenpakt signalisiert zugleich den Beginn der Befreiungstheologie.

Franzoni war aber nicht der Einzige, der kaltblütig abserviert wurde. Ein reformfreudiger und ökumenisch offener Abt von Santa Croce in Gerusalemme wurde nach jahrelangen Intrigen abgesetzt und zunächst in die Verbannung geschickt, bis er zur Pflege seiner über 90-jährigen Mutter wieder ohne Amt und Würden nach Rom zurückkehren durfte. Zu den gefragtesten Theologen, die stets für eine starke Aussage gut waren, gehörte neben Karl Rahner auch der brasilianische Armenbischof Dom Helder Camara aus Olinda-Recife. Er verkörperte Glaubwürdigkeit pur. Weniger bekannte Bischöfe und Priester bestimmten insgesamt das Bild von einer den Menschen nahen Kirche in Lateinamerika, die nicht mit den rechten Gewaltherrschaften und Diktatoren wie Chiles Pinochet kollaborierten, dem Johannes Paul II. Audienz und Händedruck gewährte. In seinem blinden Antikommunismus hat das Duo Ratzinger/Wojtyla nicht verstehen wollen, dass die Kirche der Armen keine atheistisch kommunistische Wirklichkeit war, sondern eine urchristliche. Beide zerstörten jedenfalls alles, was nach Befreiungstheologie aussah, und bereiteten damit den Weg für den Siegeszug obskurer nordamerikanischer Sekten. Der brasilianische Befreiungstheologe Leonardo Boff und der Nicaraguaner Ernesto Cardenal wurden als Häretiker verfolgt. Unvergessen und nicht zu rechtfertigen wurde Cardenal im März 1983 von Papst Johannes Paul II. in Managua in aller Öffentlichkeit gemaßregelt und 1985 als Priester suspendiert. Der polnische Papst kämpfte ja schließlich nie für die Freiheit der Menschen, sondern nur für die Freiheit, so katholisch zu sein, wie er es für gut hielt. Zu Recht hat er deshalb nie den Friedensnobelpreis erhalten.

Einer der größten Theologen des 20. Jahrhunderts beschäftigte mich während meiner ganzen kirchenjournalistischen Arbeit: Hans Küng. Ich war gerade in die dpa-Zentrale nach Hamburg versetzt worden, als er 1970 sein Buch *Unfehlbar – Eine Anfrage* veröffentlichte, das eine zehn Jahre dauernde Auseinandersetzung mit Rom auslöste, die 1979 damit endete, dass ihm die Deutsche Bischofskonferenz die kirchliche Lehrbefugnis entzog. Der Vatikan hatte kurz zuvor entschieden, dass Küng nicht mehr als römisch-katholischer Theologe gelten könne. Küng schrieb über diese Zeit als die vier schlimmsten Monate seines Lebens: »Ja, ein Blick zurück im Zorn könnte es sehr wohl werden, [...] wenn ich zurückdenke an die psychische und physische Erschöpfung nach einem Kampf auf theologischer, kirchenrechtlicher, staatsrechtlicher, publizistischer und politischer Ebene, in Fakultät und Universität, Wissenschaftsministerium und Landesparlament; auf der anderen Seite Bischof, Bischofskonferenz, Nuntius und letztlich bestimmend Papst und Kurie. Wahrhaftig: vom 18. Dezember 1979 bis zum 10. April 1980 die vier schlimmsten Monate meines Lebens, die ich auch meinen erbittertsten Gegnern nicht wünschen kann.« So brutal kann katholische Kirche sein. Wenn das kein Grund ist, zu ihr auf Distanz zu gehen?

Küng wurde mit allen Mitteln der Denunzierung, der Ablehnung, der Drohungen, der Trickserei und der Missachtung menschlicher Grundrechte bearbeitet. Ein gerechtes Verfahren wurde ihm nie gewährt. Wie denn auch? Rom hätte sonst einsehen müssen, dass Küng eine Theologie vertritt, die zwar mit vielen Aussagen der römischen Kirche nicht zu vereinbaren ist, aber den suchenden Menschen mehr im Glauben hilft als ein ganzes Heer von vatikanamtlichen Theologen und ihren Bischöfen, die es jetzt auf Initiative von Papst Benedikt XVI. mit einem Rat (Kurienministerium) für die Evangelisierung versuchen.

Papstkritik, Pillenenzyklika, 68er, Verfolgung kritischer Theologen, Unterdrückung der Basisgemeinden und der Befreiungstheologie, das enttäuschende Ergebnis der Würzburger Synode, wo den Laien Predigtverbot erteilt wurde, die Frustration engagierter Katholiken, die nach dem Konzil gemeint hatten, die Laien würden endlich ernst genommen und der Klerus sei für sie da und nicht umgekehrt, all das provozierte schließlich nicht nur die Zeitgenossen, die dies miterlebt haben, sondern auch die Jüngeren zu neuem Protest. Die Älteren resignierten ob der Aussichtslosigkeit und gingen entweder in die innere Emigration oder verließen nach Jahren des Ringens die Kirche ganz.

Die nächste Generation hat sich in Kirchenvolksbewegungen zusammengefunden. 1995 entstand in Deutschland und Österreich die Initiative »Wir sind Kirche«. Doch genauso wie in der Politik das Stimmvieh Volksbegehren und Volksentscheide nur schwer und gegen machtvollen Widerstand der Machthaber durchsetzten kann, ist das Volk in der Kirche nur gerne gesehen, wenn es glaubt, gehorcht und spendet.

Die Volks-Bewegung will grundlegende Reformen im kanonischen Kirchenrecht der römisch-katholischen Kirche erreichen. Dazu gehören Abbau des Klerikalismus und die Stärkung der Gemeinschaft zwischen Laien und Klerikern, die Beteiligung aller betroffenen Gläubigen an Entscheidungsprozessen in der Kirche, die vollständige Gleichberechtigung der Frau in den Ämtern der Kirche und eine menschenfreundliche Sexualethik. Der Pflicht-Zölibat soll abgeschafft und der Glauben als Frohbotschaft und nicht als »Drohbotschaft« verkündet werden. Sie berufen sich darauf, dass Jesus keine Kirche gegründet und ihr daher auch keine institutionelle Struktur gegeben habe. Ein hierarchisches Prinzip habe mit dem Wesen der Kirche nichts zu tun. Selbst Paulus habe kein kirchliches Amt gekannt, sondern nur eine Reihe von auch von Frauen übernommenen Diensten, die sich auf Lehr- und Leitungsaufgaben beziehen.

Dass eine solche Initiative von der katholischen Kirche nicht anerkannt wird, ist klar. Ratzinger sieht in ihren Forderungen klare Widersprüche zur christlichen Lehre, die auch »in offenem Gegensatz zur kirchlichen Ordnung stehen«. Rom lässt sich von solchen Bestrebungen nicht beeindrucken, denn die Forderungen würden ja seine Grundgewissheiten erschüttern. Der Aufstand der Katholiken verdient dennoch jede Unterstützung. 1995 solidarisierten sich deshalb viele Prominente mit der Initiative. Inzwischen arbeitet »Wir sind Kirche« als »We are Church« in allen fünf Erdteilen und in 41 Staaten. Die Erfolgsaussichten sind dennoch nicht gestiegen. Von unten kann es nach meinen Erfahrungen nur die eine Lösung geben, nämlich sich nicht mit Forderungen an Rom zu reiben, sondern den eigenen Weg zu gehen, bis sich keiner mehr um Rom kümmert.

Wie der Vater, so der Sohn

Das jahrzehntelange unsägliche Elend von Missbrauch im Schwarzwald

Über den sexuellen Missbrauch durch Pfarrer ist in letzter Zeit so viel geschrieben und berichtet worden, dass ich mir überlegt habe, ob er ein eigenes Kapitel wert ist in einem Buch, das den Ursachen des Vertrauensverlusts der katholischen Kirche nachgehen will. Denn ich selbst habe davon in meiner katholischen Jugendzeit nichts gesehen und erlebt. Annäherungen an Mädchen hat es bei uns gegeben, Missbrauch aber nicht. Ich will auch nicht langweilen. Die kriminellen Fakten sind ja bekannt. Oder doch nicht? Ich fürchte, dass noch vieles unter der Decke gehalten wird, auch wenn die Enthüllungswelle abzuebben scheint.

Ich wohne in Zell-Unterharmersbach, nur fünf Kilometer von Oberharmersbach entfernt, das durch einen besonders schlimmen Fall von jahrelangem Missbrauch traurige Bekanntheit erhalten hat. Der Ort war bis in den März 2010 als idyllischer Luftkurort im mittleren Schwarzwald bekannt, bis Oberstudienrat Karl-August Lehmann der Zorn packte und er nach zwei Jahrzehnten, die er den Vorwürfen bereits nachgegangen war, den Vorhang des Schweigens über die schlimmen Missbrauchsfälle durch einen früheren Pfarrer zerriss. Lehmann ist nicht nur Lehrer an meinem ehemaligen Gymnasium, sondern auch Vertrauensperson und Ortschronist seines Heimatortes Oberharmersbach. In über zwanzig Jahren soll der dort hoch angesehene Pfarrer B. mindestens siebzehn Buben, wenn nicht sogar über dreißig Jungen –

meistens Ministranten – sexuell missbraucht haben. Viele wussten davon. Die verantwortlichen Diözesanoberen aber vertuschten die Verbrechen.

Nach dem Bekanntwerden der Missbrauchsfälle im Canisius-Kolleg und wortreichen Erklärungen der Kirchenoberen dazu wollte Oberstudienrat Lehmann nicht mehr schweigen.

Er schickte gleichlautende Briefe an die Redaktionen von *Panorama, Stern, Süddeutsche Zeitung, Badische Zeitung* und *Focus*, in denen er über seine Erfahrungen mit dem Umgang der Erzdiözese Freiburg mit den Oberharmersbacher Missbrauchsfällen aus dem Jahre 1995 berichtete. Unter anderem meldete sich der Südwestrundfunk, der Heimatsender, wo sich der Investigativ-Journalist Gottlob Schober aus der Redaktion Report der Sache annahm. Neben der TV-Berichterstattung schrieb auch die *Badische Zeitung* über die Vorfälle – und somit enthüllte nicht nur das Fernsehen, sondern auch jene Zeitung, die dem Freiburger Erzbischof Robert Zollitsch zum Frühstück serviert wird.

Damit wurden die Enthüllungen in Freiburg heiß, denn der Erzbischof selbst geriet plötzlich in die Schusslinie. Zollitsch war in den Zeiten der Oberharmersbacher Missbrauchsfälle Personalreferent des Erzbistums und damit für den Pfarrer verantwortlich. Der damalige Erzbischof Oskar Saier war darüber hinaus ein Studienkollege von Pfarrer Franz B. Zollitsch war zudem auch schuld, dass Lehmann die Öffentlichkeit mobilisierte. In Gemeinde und Kirchenleitung war der Fall schon 1991 bekannt. Ein Pfarrer hatte im Januar 1991 bei der Bistumsleitung nachgehakt, er erhielt jedoch keine Antwort. Stattdessen wurde der beschuldigte Pfarrer Franz B. innerhalb von drei Tagen von Oberharmersbach in ein Altenpflegeheim in Neustadt im Hochschwarzwald versetzt. Die Diözesanleitung, konkret Zollitsch, glaubte anscheinend, die Affäre so unter den Teppich kehren zu können. Er schien sich sicher, dass das hohe Ansehen und die Position des Pfarrers jeden Klagewilligen in der Gemeinde entmutigen würde, etwas gegen ihn zu unternehmen.

In einem Punkt hatten die Oberhirten tatsächlich richtig kalkuliert. Aus Oberharmersbach pilgerten ganze Familien zu dem verehrten Hochwürdigen Herrn. Und das, obwohl die Gemeindeleitung bereits informiert war über zigfachen sexuellen Missbrauch an Ministranten und ihm schon längst die nicht verdiente zum Abschied verliehene Ehrenbürgerwürde hätte aberkennen müssen. Die Schweigespirale hatte funktioniert, weil doch auch der übelste oder kriminellste Pfarrer ein heiliger Mann, ein Mann Gottes mit einer besonderen Weihe war. Diese anerzogene Überheblichkeit des Klerus und die unkontrollierte Macht, die er dadurch ausübte, war und ist der Nährboden für Übergriffe. Ohne sie und ihre Unantastbarkeit hätte es den Machtmissbrauch nicht oder nur in geringem Umfang gegeben. Das Erzbistum setzte darauf und unterließ mit fadenscheinigen Entschuldigungen weitere Ermittlungen. Schon gar nicht dachte sie daran, die Staatsanwaltschaft einzuschalten.

In der offiziellen Stellungnahme der Erzdiözese heißt es, man habe Franz B. beim Eintritt in den vorzeitigen Ruhestand auferlegt, sich fortan »jeglichen Kontakts zu Kindern und Jugendlichen zu enthalten«. Gottlob Schober fragte sich, wie wahrscheinlich es ist, dass solch weitreichende Auflagen gegen einen angeblich untadeligen Pfarrer nur aufgrund von Verdächtigungen verhängt wurden. Das erzbischöfliche Ordinariat Freiburg hingegen verteidigt Zollitschs Vorgehensweise damit, dass sofort den Vorwürfen entsprechende Konsequenzen gezogen wurden.

Als 1995 ein Opfer bei der Staatsanwaltschaft Anzeige erstattet hatte, nahm sich Pfarrer Franz B. das Leben. Welch anderer Ausweg wäre ihm geblieben, wenn er sich nicht vor seinen Opfern verantworten wollte und diese nun nicht mehr schweigen wollten? Sein altes Muster der Einschüchterung funktionierte nicht mehr.

Bei so vielen Missbrauchsfällen über eine so lange Zeit waren fast alle Familien der umliegenden Ortschaften im weiteren Sinn betroffen, hatten es aber bisher nicht über sich gebracht, darüber zu sprechen. Manche Beschuldigung wurde den Kindern zudem anfangs gar nicht geglaubt. Hochwürden war von Amts wegen über jeden Verdacht erhaben. Kinder, die ihn trotzdem beschuldigten, hatten eben eine verdorbene Fantasie und bekamen eine Ohrfeige, selbst als die Fakten bereits bekannt waren. Jedenfalls wurde schließlich dem Pfarrer nach Darstellung des Ordinariates eine Anzeige bei der Staatsanwaltschaft angekündigt. Pfarrer B. erhängte sich kurz darauf.

Erst zweieinhalb Monate danach bat der zuständige Dekan Friedrich Winkler die Gemeinde Oberharmersbach im Rahmen eines Gottesdienstes um Entschuldigung für das Fehlverhalten des Geistlichen und lud die Opfer ein, sich der Kirche zu offenbaren. Zunächst meldeten sich siebzehn Betroffene. Wer von den Opfern eine Therapie nötig gehabt und diese auch gewünscht habe, sei vom Ordinariat finanziell unterstützt worden.

Über vieles wird im Ort bis heute getuschelt. Hinterfragt wird vor allem die Rolle des verantwortlichen Freiburger Erzbischofs Robert Zollitsch. Doch auch wiederholte Recherchen und neue Ansätze brachten SWR-Reporter Gottlob Schober nicht weiter. Er, Lehmann und ich vermuten zwar, wer Bescheid gewusst haben muss. Sie gehören zur Amtskirche, und die diszipliniert ihre Funktionäre. So haben wir erlebt, dass Priester und Ordensleute, die nach unserer Überzeugung intime Kenntnisse hatten, sich nicht äußern wollten. Loyalität, Gehorsam gegenüber den Vorgesetzten, Rechtfertigungsdruck vor dem Bischof und Angst vor den innerkirchlichen Folgen ließ sie schweigen.

Wer dagegen in vertraulichen, persönlichen Gesprächen in Oberharmersbach das Thema anschneidet, bekommt klare Antworten. Das Schuldbekenntnis im Berliner Canisius-Stift der Jesuiten löste die Zungen der Schwarzwälder. Ihm folgten bundesweit weitere Enthüllungen, so als hätten viele nur auf das befreiende Startsignal gewartet.

Vielleicht schämten sich zu viele ihres Schweigens als gutgläubige, der hochwürdigsten Autorität ergebene Katholiken. Hätten sie etwas verhindern können, wenn sie den Pfarrer angezeigt hätten? Ein Fall, der sich nicht beweisen lässt, der mir aber im Privatgespräch als glaubhaft berichtet wurde, beleuchtet die Macht des Pfarrers und lässt einen schaudern.

Ein Ministrant wurde in den ersten Priesterjahren von Pfarrer B. wiederholt missbraucht, blieb aber dennoch Messdiener, weil es keine Ausflucht gab. Hätte er sich jemandem anvertraut, hätte er nur noch zusätzliche Strafen bekommen. Der Bub sah also keinen Ausweg, blieb stumm und wurde so verklemmt und verbogen, dass er später sogar seinen eigenen Sohn ebenfalls zu den Messdienern gehen ließ. Wie hätte er diesen Wunsch auch glaubhaft ablehnen können, ohne seine Erfahrung zu artikulieren? Und so geschah es, dass auch die nächste Generation von demselben Pfarrer missbraucht wurde.

Ich schildere diesen unglaublichen Fall mit Vorbehalt, denn er wurde mir zwar glaubhaft berichtet, aber niemand wollte Namen nennen. Die Wahrscheinlichkeit lässt sich jedoch mit einem Abgleich der Taten und der Wirkungszeit des Pfarrers gerade noch belegen. Möglicherweise reichen die Vorwürfe in die Zeit vor 1967 zurück, als Franz B. Seelsorger in Waldshut war. Diese Zeit wurde angesichts der vielen Jahre und der hohen Zahl von Missbrauchsfällen in Oberharmersbach bisher noch gar nicht angesprochen, obwohl er bereits dort Buben missbraucht haben soll.

Ein Verwandter von mir in Oberharmersbach brachte die Not auf den Punkt: »Wenn ich heimgekommen bin und gesagt habe, der Pfarrer habe mir eine Ohrfeige verpasst, hat mir der Vater auch noch eine heruntergehauen. ›Du wirst es verdient haben.‹«

So zerschlugen unsere Väter Urvertrauen, und so waren sie und dieser Pfarrer mitschuldig an der lebenslangen Psychose, die die meisten mit sich herumschleppten. Ein Trauma, das auch noch anhielt, als sie sich später nach quälenden Selbstvorwürfen endlich von der Kirche trennten – noch immer mit schlechtem Gewissen und Schuldgefühlen.

Ich habe niemanden getroffen, der nicht den Rücktritt von Erzbischof Zollitsch gefordert hätte. Sie alle vermuten, dass er viel mehr gewusst habe und verantwortlich gemacht werden müsste. Daran ändert auch die Tatsache nichts, dass Pfarrer Franz B. alles sehr geschickt angestellt und vertuscht hat. Selbst unter den priesterlichen Kollegen hatte B. einen guten Ruf, weil er so umtriebig war. Ein Jahrgangskollege aus dem Dekanat Ortenau, der häufiger nach Oberharmersbach kam, erinnert sich jedoch: »Mir ist allerdings die übertriebene Disziplin aufgefallen. Die Ministranten wirkten nicht wie normale Buben. Bei der Messe marschierten sie wie gedrillte Soldaten ein und vor dem Altar auf. Wenn dann noch die Bürgerwehr in traditionellen Uniformen vor der Wandlung ihre Vorderlader präsentierten, war mir das doch ziemlich unangenehm.« Lokalfolkloristische Schrullen, mag mancher gedacht haben und nicht mehr darin sehen wollen, aber heute ist sich der besagte Mitbruder sicher, dass dies alles der Täuschung diente und deshalb noch lange nicht alles herausgekommen ist und er sich gerade mit seinen so geschätzten vielen Unternehmungen mit den Jugendlichen nur neue Opfer beschaffen wollte.

Oberharmersbach, Ettal, St.Blasien, Berlin, das sind nur einige der Orte, von denen 2010 Missbrauchsskandale bekannt wurden, die nicht nur die katholische Kirche erschütterten und die in die Enge getriebenen Bischöfe anfänglich ratlos erscheinen ließen. Die alten Argumentationsketten wollten nicht mehr greifen. Sich für Verbrecher einzusetzen, weil sie ja auch als Priester Schutz verdient hätten, war unmöglich. Die uralte Rechtfertigung der geweihten Männer wirkte lächerlich. Die Kirche und ihre Funktionäre waren in der Welt angekommen und sahen, dass auch bei ihnen die Bösen saßen. Ohne einen radikalen Bruch mit dem hochnäsigen Glauben, über der Gesellschaft zu stehen, lässt sich dieses Übel aber nicht beseitigen. Der radikale Wandel muss in der Kirche beim Priesterverständnis beginnen.

An erster Stelle deuteten die Kritiker natürlich auf den Zwangszölibat. Mir scheint dieser Teil des Problems aber bei Weitem nicht allein schuld zu sein. Denn dann bestünde ja die Möglichkeit, solche Fälle durch einen durch päpstlichen Federstrich abgeschafften Zölibat zu beenden. Schließlich handelt es sich beim Zölibat nur um ein Kirchengesetz, und der Papst hätte die Autorität dazu. Das wäre zwar dringend notwendig, würde aber bei Weitem nicht ausreichen. Denn der Missbrauch ist systemimmanenter als die Ehelosigkeit.

Der frühere Andechser Benediktiner Anselm Bilgri erkannte in einem Interview mit der *Süddeutschen Zeitung*, dass mit den Missbrauchsfällen ein für die Kirche hochsensibles Thema berührt werde: der Umgang mit Sexualität allgemein, zumal die Kirche die sexuelle Selbstbestimmung strikt ablehne und jetzt akzeptieren müsse, dass ausgerechnet im innersten Kreis, bei Pfarrern und Ordensleuten, immer neue Fälle ans Tageslicht kommen, bei denen mit Sexualität in solch menschenverachtender Weise umgegangen wurde. Bilgri sieht darin auch eine Herausforderung und die große Chance, sich endlich offen mit Sexualität auseinanderzusetzen.

Die Kirche neigt zwar dazu, der sexuellen Revolution die Schuld für die Missbrauchsfälle zuzuschieben. Sie vergisst dabei aber, dass die sexuelle Revolution letzten Endes die Reaktion auf die von der Kirche jahrhundertelang praktizierte Unterdrückung ist und sie damit selbst für den Zustand verantwortlich ist, der diese Revolution ausgelöst hat. Die Verantwortung fällt somit voll auf die Kirche zurück.

Das Kernproblem des Missbrauchs liegt tiefer. Bisher

»stand die Sorge um die Befleckung des eigenen Kleides im Vordergrund der katholischen Kirche«, urteilt etwa der Düsseldorfer Theologe und Psychotherapeut Dieter Funke, in seinem Buch »Die Wunde, die nicht heilen kann. Die Wurzeln des sexuellen Missbrauchs – eine Psychoanalyse der Kirche«: »Das Klerikerideal war beschmutzt und die Beschämung darüber offensichtlich größer als die Fähigkeit, mit den Opfern zu leiden und gemeinsam mit ihnen die Verletzungen zu bearbeiten. Dies würde auch erst möglich, wenn die Kirche ihre eigene Wunde spüren könnte, die sich hinter dem Konflikt zwischen Sexualität und klerikalem Ideal verbirgt.« Die Spaltung in einen asexuellen Klerikerleib und einen sexuellen Körper bildet den spezifisch kirchlichen Hintergrund für die sexuelle Gewalt.

Genau dieses Klerikerideal sei das Problem. In ihm zeige sich der ungelöste Konflikt, der der sexuellen Gewalt durch Priester zugrunde liegt: »Es ist der Konflikt zwischen Sexualität und Körperlichkeit auf der einen und einem sakralen, entsexualisierten Leib auf der anderen Seite. Im Klerikerideal wird dieser ungelöste Konflikt sichtbar, der die Kirche von Anfang an begleitet. Er reißt immer wieder eine Wunde auf, die infolge der Fortdauer dieses Konflikts nicht heilen kann. Weil er weitgehend verdrängt wird, verschafft er sich im Missbrauchsskandal und dessen Bekanntwerden einen Weg an die Oberfläche des öffentlichen Bewusstseins.«

Das Klerikerideal bilde so etwas wie die kollektive Leitidee der katholischen Kirche, so Dieter Funke. Danach stehe ein asexuelles Leben ethisch höher als gelebte Sexualität. Der Grund, sich diesem Ideal zu unterwerfen, liege darin, dass es denen eine hohe narzisstische Belohnung in Aussicht stellt, die sich aufgrund ihrer unreifen Persönlichkeitsentwicklung von einem Leben ohne sexuelle Beziehungen angezogen fühlen.

Nicht der Zölibat ist nach Funkes Analyse also das Problem – den gebe es, so stellt er richtig fest, auch in anderen

Religionen –, sondern ein kirchliches Milieu, das für Menschen mit einer gestörten psycho-sexuellen Entwicklung besonders interessant ist, die so aus ihrer Not eine Tugend machen. Weiter spitzt Funke seine These zu: »Dieses sexuelle Gewalt begünstigende Milieu ist entstanden aus einer monogeschlechtlichen Hierarchie mit hoher Unterwerfungsbereitschaft, der Spaltung in Kleriker und Laien, einem sadomasochistischen Verständnis des Opfertodes Jesu, dem Jungfrauenideal und der Verherrlichung des Märtyrertums.«

Dieses kirchliche Milieu, das bis zur Enthüllung der Skandale 2010 den Täter geschützt hat, besteht heute nicht mehr. Die Missbrauchsfälle haben es demonstriert. Denn die Kirche hat an Glaubwürdigkeit verloren. Viele fühlten sich darin bestätigt, dass sie so etwas schon immer vermutet hatten. Andere, die nicht direkt betroffen waren, sprachen im privaten Kreis von diesem und jenem Pater oder Pfarrer, der wohl nicht grundlos versetzt worden sei. Es gibt nach meiner persönlichen Erfahrung und Übersicht in meiner badischen Heimat auch so gut wie keine Pfarrgemeinde, in der nicht mindestens einem Pfarrer in den vergangenen 50 Jahren ein Kind nachgesagt wurde.

Die Enttäuschung über die katholische Amtskirche sitzt tiefer, als bis dahin in einem Schwarzwald-Dorf wie Oberharmersbach vermutet werden konnte. In einem Leserbrief schrieb ein Einheimischer zu den Missbrauchsfällen: »Sumpf, Sumpf bis über die Ohren. Was hat uns vor 70 Jahren die heilige Mutter Kirche nicht alles vorgemacht. Ich war gerade mal 14 und ein hundertprozentiger Katholik ... Uns, die wir allen Ernstes das ›große Wagnis‹, in den Dienst Gottes zu treten, sprich Priester zu werden und zur Ehre Gottes und zum Wohl der Menschen uns mit ganzer Kraft einzusetzen, sagte man im Brustton der Überzeugung: ›Wenn dich Gott gerufen hat, dann gibt er dir auch die Kraft zu deiner Berufung!‹ Galt das nur damals, nicht auch heute? Hat da die Kirche uns allen nicht etwas vorgemacht angesichts dieses

Sumpfes, der nicht sein Ende finden will?« Er sage nichts gegen Gott, schreibt der Mann »Nur wehre ich mich gegen die Vorstellungen der Kirche, dass nur das, was sie für Gott hält, gültig ist.«

Diese Flucht aus der Kirche spiegelt die heutige Wirklichkeit in einem einst sehr katholischen Milieu wider.

Die Ewige Stadt der Mythen

Meine Rom-Erfahrungen und die Entdeckung der Lügen

Warum nur ist Rom das Zentrum der katholischen Christenheit? Ich weiß natürlich, dass laut Kirchengeschichte Petrus hier als erster oberster Gemeindevorsteher, also als Urbild des Papstes, gewirkt hat. Paulus war vermutlich auch hier und wurde trotz haushoher intellektueller Überlegenheit nie zum Urpapst stilisiert. Rom war die natürliche Mutter- oder besser gesagt Vaterstadt für eine imperiale Papstkirche. Hier lief zur Gründerzeit die Macht in der uns bekannten Welt zusammen. Sich der Struktur dieser Stadt zu bedienen war der sicherste Weg zu Einfluss, Macht und schließlich Weltgeltung.

So stellt sich zusammengefasst die Entwicklung von der Welt- zur Kirchenmetropole dar. Und mit diesem Geschichtswissen habe ich mich lange Zeit zufriedengegeben. Das endete, als wir, meine Frau und ich, von Hamburg nach Rom zogen, um dort sechs Jahre lang in der Innenstadt zu leben und schließlich am Stadtrand bis heute ein Zweitdomizil zu unterhalten. Wir haben dabei früh gelernt: Römer leben mit ihrer Geschichte wie selbstverständlich, ohne sich viele Gedanken darüber zu machen.

Die Römer verfügen über viel Ironie, und wenn einer aus dem Schatz der Mythen und Legenden zu zitieren beginnt, dämmert dem Fremden, dass Rom nicht nur als imperiale Hauptstadt für das Christentum wie geschaffen war. Seine Geschichten, Märchen, Legenden und Traditionen lieferten auch den besten Nährboden für eine Religion, die ebenfalls nicht ohne Mythen auskommen konnte, sie dann aber als Wahrheiten umdeutete und damit heute mehr denn je ihre Not hat.

Ein Spaziergang durch die Ewige Stadt lässt einen fast hinter jeder Ecke eine unvermutete Entdeckung machen, die allzu gutgläubige Katholiken ins Grübeln bringt. Andere schmunzeln oder freuen sich einfach nur über eine ganz lange Geschichte von Legenden und Erzählungen. An einige erinnerte ich mich mit Vergnügen, wenn uns Gäste aus Deutschland besuchten und etwas erfahren wollten, was nicht in jedem Reiseführer steht. Den römischen Fremdenführern vertrauten sie nicht mehr gerne, seit bekannt geworden war, dass sie mitunter Geschichten auftischten, die dann doch sehr weit neben der Wirklichkeit lagen. So haben sich Reporter der römischen Tageszeitung *Il Messaggero* beispielsweise unerkannt als ausländische Touristen unter ihnen umgehört und Haarsträubendes erfahren. Einer versicherte der staunenden Schar doch tatsächlich, dass das Kolosseum nachweislich das erste Fußballstadion der Welt sei. 753 – Rom schlüpft aus dem Ei. Die Gründung ist dank diesem Reim jedem Schüler geläufig. Und die Sage von der Wölfin Lupa, die die beiden Gründerzwillinge Romulus und Remus gesäugt hat, natürlich auch. Die Lupa mit den beiden schmückt bis heute das Stadtwappen Roms mit den Buchstaben SPQR, Senatus Populusque Romanus, Senat und Volk Roms, was die hinterlistigen Erfinder von Asterix und Obelix populär gemacht haben, allerdings als antirömischen Spott: »Sono pazzi questi romani«, auf Deutsch: »Die spinnen, die Römer«. Dabei ist die säugende Lupa eine schöne, aber völlig falsche Interpretation der wirklichen Gründungsgeschichte. *Lupa* hießen in jener Zeit – und volkstümlich noch heute – die römischen Huren. Die beiden verwaisten Zwillinge Romulus und Remus wurden angeblich von einer Lupa gefunden und aufgezogen. Die säugende Wölfin wurde zum Wappentier Roms. Die Mutter der Zwillinge soll eine Vestalin gewesen sein, die als Tempelwächterin fungierte und folglich Jungfrau hätte sein müssen. Da die Kinder allerdings dem Fehltritt mit einem König entstammten, wurde zur Vertuschung ein heidnischer Gott als Erzeuger erfunden und die Lupa/Hure als Ersatzmutter eingesetzt. So blieb die Vestalin Jungfrau, der Mythos war gesichert. An was erinnert die göttliche Zeugung? Jungfrauengeburten scheinen zum Gründungsmythos vieler Religionen zu gehören.

Eine andere biblische Parallele: Wie einst der kleine Moses in Ägypten in einem Weidenkorb am Nil entdeckt wurde, landeten die beiden römischen Zwillinge ebenso in einem Korb am Tiber. Und noch ein Beispiel: Kain erschlug seinen jüngeren Bruder Abel, in Rom war Romulus der Brudermörder.

Vertuschen, verheimlichen, umdeuten, spekulieren und tuscheln gehört zum Wesenszug der Römer. Verschwörungstheorien beflügeln noch immer bei jeder passenden und unpassenden Gelegenheit Volkes Meinung und die politischen Kommentare. Die Freimaurer sind beispielsweise an fast allem schuld, seitdem 1870 piemontesische Truppen den Kirchenstaat erobert und den Papst in sein freiwilliges Exil im Vatikan vertrieben haben. Simple Tatsachen werden mit größtem Vergnügen mit Vermutungen vermischt, und zwar in allen Lebenslagen. Mit einer einleuchtenden, ganz banalen Logik gibt sich der Römer so wenig ab wie ein frommer Katholik, der an seinen Wundern hängt. Wenn dann nicht mehr zu leugnen ist, dass die Phantasie zu weit gegangen ist, tröstet sich der Römer hinreißend überzeugend: Wenn es nicht wahr ist, so ist es doch wunderbar erfunden.

Bei allem Spott über alle Lebenslagen weisen die Römer jegliche Kritik von außen gern als unanständig, böswillig, ungehörig oder ignorant zurück. Ein Kirchenfürst könnte sich seiner selbst nicht sicherer geben. Vor einigen Jahren hat beispielsweise der ADAC vor dem Besuch der Ewigen Stadt mit dem Auto gewarnt, weil Fremde sich im Chaos nicht zurechtfänden und kaum sichere Parkplätze fänden, was jedem Italiener bekannt ist. Das Hauptstadtblatt *Il Messaggero* heulte daraufhin auf und witterte wieder einmal eine deutsche Verschwörung gegen Rom, als habe der Automobilclub von einem Besuch völlig abgeraten.

Und mitten in diesem Ambiente thronen zwischen Sein und Schein die Päpste in ihrem Vatikan und sind Inhaber des völkerrechtlichen Heiligen Stuhls. Sie passen zu Rom wie der sprichwörtliche Deckel auf den Topf. Hier treffen sich die eindrucksvollsten Glaubensbeweise mit der größten Lüge der Menschheitsgeschichte, der die Päpste letzten Endes ihre Macht mehr verdanken als der beanspruchten Rolle, Stellvertreter Christi auf Erden zu sein. Ohne den irdischen Machtunterbau hätte auch der himmlische Anspruch nicht weit über die römischen Stadtgrenzen hinaus wirken können. Gemeint ist die Konstantinische Schenkung. Das unheilvolle, von Machtgier geprägte Dokument ist eine um das Jahr 800 rechtzeitig zur Kaiserkrönung von Karl dem Großen durch den Papst gefälschte Urkunde. Angeblich soll es aber in den Jahren 315/317 vom römischen Kaiser Konstantin I. ausgestellt worden sein. Darin wird Papst Silvester I. und seinen sämtlichen Nachfolgern die Oberherrschaft über Rom, Italien und die gesamte Westhälfte des Römischen Reichs geschenkt.

Das Dokument ist in zwei Teile gegliedert, eine Confessio (Glaubensbekenntnis) und eine Donatio (Schenkung). In dem Confessio-Teil wird eine gar wundersame Mär erzählt, wonach Kaiser Konstantin als Christenverfolger gegen Ende seines Lebens von Aussatz befallen wurde. Die römisch-heidnischen kapitolinischen Priester rieten ihm daraufhin, im Blut unschuldiger Kinder zu baden, doch er wurde aufgrund der Klagen der Mütter von Mitleid ergriffen und schickte Mütter und Kinder nach Hause. Wie zum Lohn wurde er in einem nächtlichen Traum von den ihm erscheinenden Aposteln Petrus und Paulus an Papst Silvester I. verwiesen. Der könne ihm helfen. Silvester hatte sich am Sorakte-Berg nördlich von Rom vor der Christenverfolgung versteckt. Konstantin ließ Silvester herbeiholen und wurde von ihm durch ein Taufbad geheilt. In Wirklichkeit wurde Konstantin erst auf dem Sterbebett von Bischof Eusebius von Nikomedia getauft und nicht schon früher. Doch in der Überlieferung ist er der erste als Christ handelnde Kaiser.

Aus Dankbarkeit hat Konstantin in der Donatio dem römischen Bischof den Vorrang über alle anderen Kirchen, also über die Patriarchate von Konstantinopel, Antiochia, Alexandria und Jerusalem verliehen. Außerdem erhielt der Papst die kaiserlichen Insignien und Vorrechte – das Diadem, den Purpurmantel, das Zepter und das Prozessionsrecht. Schließlich wurde ihm auch die Herrschaft über ganz Italien und den gesamten Westen überlassen. Konstantin übertrug ihm angeblich auch noch den Lateranpalast und leistete als Zeichen der Unterwürfigkeit den Stratordienst, das heißt den rituellen Dienst eines Stallknechts, indem er das päpstliche Pferd führte. Konstantin verlegte seinen Regierungssitz dann von Rom nach Konstantinopel im Ostteil des Reiches, während Silvester die Herrschaft über den Westen (das Abendland) antrat.

Dieses gefälschte Dokument begründete den Anspruch der römischen Kirche auf Ländereien, die Weisungsbefugnis über alle anderen Ortskirchen und verlieh dem Papst einen Rang, der dem eines Kaisers vergleichbar war. Bis zum Beginn der Neuzeit haben die Päpste im Namen dieser Urkundenfälschung weltliche Ansprüche über Kaiser und König begründet. Kriege wurden darüber geführt, und erst im 19. Jahrhundert wurde vom Vatikan die Fälschung als Betrug anerkannt. Da war es durch den Verlust des Kirchenstaates 1870 mit der weltlichen Macht der Päpste sowieso zu Ende.

Nachdem der Kirchenstaat in den Nationalstaat Italien integriert worden war, begann der beinahe 60 Jahre dauernde Konflikt um den Status der Stadt Rom als Hauptstadt einerseits und als Machtzentrum der katholischen Kirche andererseits. Am 11. Februar 1929 war es dann endlich so weit, dass Italien mit dem Papst Frieden schloss, indem der Ministerpräsident Benito Mussolini und der Kardinalstaatssekretär Pietro Gasparri die Lateranverträge unterschrieben und damit die »römische Frage« beendeten. Dem Heiligen Stuhl ging es dabei um die rechtliche Absicherung seines Status und eine Entschädigung für den verlorenen Besitz, die Grundlage für den umstrittenen Reichtum des Vatikans. Und Mussolini suchte höchsten Segen für seinen Faschismus.

Das Verhältnis der Römer zum Vatikan bekam ich illustriert, als Papst Johannes Paul I., der frühere Patriarch von Venedig Albino Luciani, 1978 nach nur biblischen 33 Tagen starb. Die Meldung überraschte mich am frühen Morgen am Zeitungskiosk, wo ich mir gerade das halbe Dutzend Tageszeitungen besorgen wollte, die zur Pflichtlektüre eines Auslandskorrespondenten gehören. Das Radio, das im Hintergrund des Zeitungsstandes dudelte, unterbrach die fröhliche Morgensendung für eine Sondermeldung: Der Papst ist gestorben. Danach wurde auf Trauermusik umgeschaltet. Erste Meldungen und eine kurze Analyse erledigte ich noch von daheim aus. Dann fuhr ich mit dem Taxi ins Büro. Rom hatte damals noch Sommerzeit, Deutschland nicht. Die Stunde Vorsprung erlaubte mir, schon am frühen Vormittag die Nachrichtenlage zu schildern und mehrere Hintergrundartikel mit Würdigung des Verstorbenen und einem Ausblick auf die Zukunft zu schreiben.

Die Fahrt ins Büro zwischen Quirinalspalast und Trevibrunnen werde ich nicht vergessen. Der Taxifahrer hatte natürlich im Autoradio schon alles gehört und kommentierte nur trocken: »Die haben ihn umgebracht!« Bei jedem Halt vor einer roten Ampel ließ er sich bei heruntergedrehtem Fenster von Nachbarn darin bestätigen. Rom glaubte an einen Mord am Papst, und das im aufgeklärten Jahr 1978. Kaum zu fassen, aber römisch.

Es ist schon erstaunlich, dass die Kirche auf der einen Seite höchste moralische Kompetenz beansprucht und ihre Gläubigen ihr dennoch einen Mord zutrauen. Ein Buchautor hat die Mordthese sogar zum Bestseller verarbeitet, der sechs Millionen Mal verkauft wurde. Das bedeutet doch nichts anderes, als dass die Schatten der blutigen Vergangenheit sich jederzeit auf den Vatikan senken können, wenn es nur einen Hauch von Verdacht gibt. Und diese Vergangenheit ist eben voll von Mord und Intrigen. In Rom hat es schließlich von Anfang an, seit Romulus und Remus und der Antike mit Julius Cäsar, politische Morde gegeben. Den Verdacht hat der Vatikan auch dadurch noch verstärkt, dass es widersprüchliche Angaben gab, wer den toten Papst gefunden habe – ein Mann oder eine Schwester, die ihm den Morgenkaffee bringen wollte? Um Gottes willen keine Frau, stöhnten die Klerikalen. Ungeziemend. Kardinalstaatssekretär Jean Villot aber habe ihm sicherlich kein Gift, wie gemunkelt wurde, in den Kaffee gestreut und sich dann vom Ergebnis überzeugt. Wenn man aber Gift nicht ganz so wörtlich nimmt, dann reimt sich der Mord ganz anders zusammen. Ein Körnchen Wahrheit bleibt auch hier übrig.

Luciani hätte nie zum Papst gewählt werden dürfen, weil er bekanntermaßen zu krank war und das Amt ihn sowieso überfordert hätte, zumal sein Vorgänger Paul VI. in seinen letzten fünf Jahren nichts mehr entschieden hatte. Wichtige Personalentscheidungen standen dringend an, und die Kurie, so wurde glaubwürdig erzählt, hat Luciani nicht dabei geholfen. Den altgedienten Kardinälen passte der lächelnde Papst mit seiner kindlichen Katechese überhaupt nicht. Daher half man ihm nicht, man machte ihm das Leben durch Dienst nach Vorschrift eher noch schwerer. Die Mordthese könnte daher einigermaßen überzeugend übersetzt werden als Tod durch unterlassene Hilfeleistung oder Tod durch Mobbing. Doch das wäre zu banal für eine Stadt der Mythen. Die Römer spekulieren noch heute über den Mord an »Papa Luciani«, wie sie ihn liebevoll nennen. Jedenfalls kommen die meisten Gespräche, die ich mit römischen Freunden über Papst und Kirche führe, stets darauf zurück.

Einen ganz anderen Gott suchen

Was die nächste Generation glaubt: ein Gespräch von Vater und Sohn

Hätte unser Sohn Ansgar Massimo in seinen ersten Lebenstagen gleich nach der Geburt 1977 im römischen Krankenhaus Salvator Mundi aus dem Fenster schauen können, er hätte die Kuppel des Petersdomes erblickt. Getauft wurde er wenige Wochen später in der deutschen Nationalkirche in Rom, der Anima, gleich hinter der Piazza Navona. Viel Kirche auf einmal. Die eigentliche Kindheit verbrachte er dagegen im säkularisierten Frankreich, wo die Religion aus der Schule verbannt und zur reinen Privatsache erklärt worden ist. Die deutsche Kirche war weit weg mitten in Paris. Nur zur Vorbereitung der Ersten Kommunion gingen wir dorthin. Religiöse Prägungen oder priesterliche Indoktrination blieben ihm daher fremd.

Nach dem Abitur in Bonn studierte er zuerst Betriebswirtschaft, was ihn wegen der teils menschenverachtenden Grundtendenz der Lehre von der Gewinnoptimierung nicht befriedigte. Es folgte die Auseinandersetzung mit den Weltreligionen und das Studium der Philosophie in München.

Er steht nach seinen Aussagen mit seiner kritischen Distanz zur Kirche und der Suche nach gültigen Werten nicht allein unter seinen Kommilitonen und Gleichaltrigen. Deshalb reizte es mich, mit ihm über die Zukunft von Kirche und Religion zu sprechen.

Lieber Ansgar, dich hat das Thema »Religion« unterschiedlich beeinflusst. Wie hast du dein Verhältnis im Lauf deines Lebens selbst wahrgenommen?
Das ist richtig. In jungen Jahren konnte ich wenig mit Religion anfangen, da sie für mich verbunden war mit Zwang, Vorschriften und Ritualen, die sich sehr fern und unwirklich anfühlten und mir auch keinen praktischen Nutzen versprachen. Im Verlauf meines Lebens hat sich meine Einstellung gegenüber Religion, Kirche und Spiritualität jedoch verändert.

Du machst hier eine Dreiteilung zwischen Religion, Kirche und Spiritualität, warum?
Weil sich das mit meinen Erfahrungen deckt. Für mich sind alle drei Begriffe auf unterschiedliche Gegenstände gerichtet und nicht miteinander zu vermischen.

Kannst du das näher erklären?
Spiritualität stellt für mich eine Wahrnehmung dessen dar, dass der Mensch »mehr ist« als nur ein Körper. Ein Gefühl für einen größeren Sinnzusammenhang, der sich unserem rationalen Verständnis jedoch weitestgehend entzieht. Religion hingegen ist ein Konglomerat an Ritualen, Schriften und Ansichten, die ein an die jeweilige Religion Glaubender zu befolgen hat. Wenn man die Definition enger ziehen möchte, bedarf die Religion eines »Stifters«, der die Lehren eingeführt hat. In den großen Religionen ist dies der Fall, während Naturreligionen hier herausfallen würden. Und Kirche stellt für mich die Beschreibung einer Institution dar, die von Menschen im Nachgang zu den Stiftern gegründet wurde, um den Glauben zu verwalten.

Mir fällt es schwer, das nachzuvollziehen. Du hast davon gesprochen, dass sich diese Dreiteilung mit deiner Erfahrung decken würde. Was heißt das denn konkret?

In frühen Jahren war ich mit der christlichen Religion durch die Schule, die Kommunion und Ähnliches konfrontiert. Aber ich hatte dabei nicht den Eindruck, dass ich meinen Weg finden sollte, sondern dass mir eine Glocke von Ansichten übergestülpt werden sollte. Das deckte sich nicht mit meinem Empfinden. Ich wollte und will es auch heute noch wählen können, was ich glauben möchte. Religion war für mich damit ein Text, der von einem Menschen auf eine von anderen Menschen, Priestern oder Lehrern, festgelegte Art und Weise zu lesen und zu verstehen sei. Ein Umstand, den ich nicht akzeptieren kann, besonders da die Bibel, um die sich die schulische Bildung dreht, nicht von Jesus persönlich geschrieben wurde, sondern erst viele Jahrzehnte nach ihm entstanden ist. Dazu kommen noch Ansichten, die sich mit unseren naturwissenschaftlichen Erkenntnissen schlicht nicht decken. Wer heute noch an einen Kreationismus von vor einigen 1000 Jahren glaubt, ist einfach weltfremd.

Religion ist für mich seitdem verbunden mit der Textexegese von Schriften. Ein spannendes Unterfangen, für mich jedoch nicht förderlich, wenn es um das Erkennen des Daseins geht.

Kirche, also Würdenträger, Gebäude, stellt nur einen Ort der Leistungserbringung dar und ermöglicht die Kommunikation der Schriften. Nicht zwangsläufig des Glaubens. Wenn ich heute als Christ im Petersdom stehe, finde ich die Gemälde, Skulpturen und die Ausstrahlung des Ortes interessant. Eine religiöse Ergriffenheit stellt sich dort jedoch nicht ein.

Spiritualität wiederum scheint mir ein »religiöses Gefühl« zu sein, um mit den Worten Schleiermachers zu sprechen. Etwas in mir, das mehr ist als der Körper oder der von uns so viel gelobte Verstand. Mir scheint, alles gehört irgendwie zusammen, auch wenn wir die feinsten Methoden entwickelt haben, uns zu trennen, von der Natur, von den Mitmenschen, vom Dasein als solches. Religionen sind so gesehen mögliche Antworten auf dieses Gefühl, auf die daraus entstehenden Fragen. Doch selbst nach intensiver Beschäftigung scheinen sie nur Fingerzeige, verschiedene Wege, ein und dasselbe in einer limitierten Sprache zu formulieren.

Damit sprichst du den Kirchen ihren Wahrheitsanspruch ab. Siehst du darin ein Problem?

Ganz im Gegenteil! Kirchen sind Machtapparate, Interessenverbände, die sich auf eine spirituelle Schrift stützen, sie aber über die Jahrhunderte massiv versaut haben. Ich muss das in dieser Schärfe sagen, da mir der Einfluss der Kirchen viel zu weit geht. Wenn Kirchen sich darauf beschränken würden, Suchenden einen dogmenfreien Raum zu geben, sich zu finden, wäre ich einverstanden, wenn allerdings Konkordatslehrstühle vom Segen des Papstes, religiöse Erziehung von Dogmen abhängen, Kirchensteuer in einem säkularen Staat erhoben wird und Kriege um des Glaubens willen geführt werden, bin ich fassungslos darüber, wie wenig aufgeklärt wir doch noch sind.

Daran hat sich trotz vieler neuer Erkenntnisse wenig geändert. Wenn ich zum Beispiel eine Erfahrung mit einer feinstofflichen Einheit hatte und Christ bin, werde ich versucht sein, dies als Engelserfahrung einzuordnen. Als Buddhist würde ich diese Erfahrung schon anders bezeichnen. Wir nutzen damit die traditionellen Erklärungsmuster, um Erfahrungen im Übersinnlichen zu benennen. Schaut man sich jedoch offen verschiedene Erklärungen für erlebte Phänomene an, stellt man fest, wie mannigfaltig die Deutungsmöglichkeiten sind.

Hattest du selbst solche Erfahrungen, und wie sehen sie aus?

Ja, natürlich. Ich habe entdeckt, dass weitaus mehr Menschen übersinnliche Erfahrungen haben, als wir annehmen. Leider sprechen nur wenige darüber, da sie Angst haben, als verrückt angesehen zu werden. Wohl eine Folge unserer Fokussierung auf ein übertriebenes naturwissenschaftliches Wissenschaftsparadigma.

Um meine Erfahrungen darzustellen, muss ich etwas ausholen. Eine gewisse Unzufriedenheit trug ich wohl schon mein ganzes Leben mit mir herum. Vor einigen Jahren kulminierten jedoch die Emotionen in mir. Einsamkeit, Leere, Frustration waren völlig normal. Obwohl in der »normalen« Welt der Arbeit und des Studiums alles in geregelten Bahnen verlief, fühlte ich mich völlig verlassen. Keine Nacht verging ohne Albträume, kaum ein Tag ohne Sinnfragen, ohne Gedanken an Suizid oder zumindest an Flucht aus meinem bisherigen Leben.

Ich versuchte alles: Sport, Freunde, Ablenkung, Drogen, Autosuggestion, um nur einiges zu nennen. Je krampfhafter ich versuchte, wieder »normal« zu werden, desto tiefer geriet ich in einen für mich völlig unklaren Strudel. Es lief doch alles gut, also was war los? Eine Erklärung erschloss sich mir nicht. Irgendetwas nagte in und an mir und wollte »raus«. So schien mir die einzige Möglichkeit, wieder expressiv tätig zu werden.

Das war 2006, als du anfingst, dich für Malerei zu interessieren.

Richtig, ich bin dann nach Hamburg zu deinem Schulfreund Jürgen Haberstroh gefahren, der dort erfolgreich als Künstler arbeitet. Bis dato hatte ich ihn noch nie getroffen und war von der Erscheinung sehr beeindruckt, da er einen Typ Mensch darstellt, den ich so vorher nicht getroffen hatte. Noch mehr verblüffte mich aber sein erster Satz beim Händeschütteln: »Junge, deine Seele ist unglücklich.«

Danach zeigte er mir seine Welt, sein Atelier, den Kiez, Hamburg und die Menschen. Ich erinnere mich gut, dass ich in beiden Nächten meines Besuchs nicht schlafen konnte. Das kulturelle Milieu eines Künstlers faszinierte mich. Dazu plagte mich die Frage, was er wohl gemeint haben könnte mit »Junge, deine Seele ist unglücklich«. Sah man mir das an? Was war eine Seele? Wie konnte sie nicht glücklich sein?

Über ihn lernte ich auch, Kunst mit neuen Augen zu betrachten, und begriff, dass ich über die Kunst einen Weg finden konnte, das aus mir herauszuholen, was in mir nagte, es zu betrachten und wieder in mir aufzunehmen. Sozusagen meinen Frieden mit mir schließen.

Zurück in München kaufte ich mir Staffelei, Keilrahmen, Farben und Pinsel. Mein »Atelier« richtete ich auf dem Balkon ein. Obwohl ich in dieser Phase keinerlei Antrieb hatte und lieber einfach nur an die Decke starrte, stand ich doch jeden Morgen auf, um zu malen. Bei Sonnenaufgang stand ich auf meinem Balkon, Kopfhörer mit Musik auf, und wischte mit immer größer werdender Begeisterung drauflos.

Ich genoss die Möglichkeit, einen Raum zu haben, der nur mir gehörte. Einen Ort, an dem ich mich ausdrücken konnte ohne Teammeetings, Telefonkonferenzen oder langwierige Abstimmungen. Wenn da Gelb sein sollte, war da Gelb. Fertig.

Im Sinne meines Bestrebens, mich selbst zu finden, beschloss ich, mir keine Gedanken über Motive zu machen, sondern einfach draufloszumalen. Dazu legte ich eine Farbschicht auf die Leinwand, nahm dann einen Pinsel mit einer Kontrastfarbe und machte ein paar Striche hier und da. Dann betrachtete ich, was ich gemalt hatte und ob sich ein Muster ergab. Im Anschluss gestaltete ich dieses Muster weiter aus. Das Ergebnis war nicht vorhersehbar und entstand im Prozess.

Eines meiner ersten Bilder auf einer 30×80 Zentimeter großen Leinwand war ein Gesicht auf einem schwarzen Kreuz. Ich nannte es »Jesus«. Ein zweites zeigte auf 80×80 Zentimetern eine Art Explosion von Farben aus einem weißen Kern heraus. Es heißt »Urknall«. Ein drittes stellt einen

Menschen mit übergroßem Kopf dar, auf schwarzem Grund mit leuchtenden, wilden Farben im Kopf, geschlossenen Augen und blutroten Tränen. Es trägt den Titel »Mensch«.

Interessanterweise alles Themen, die dich in deinem Zweitstudium der Philosophie in der Folge beschäftigen sollten.

Ein halbes Jahr später begann mein Philosophiestudium. Allerdings faszinierte mich zu dem Zeitpunkt vielmehr, wie ich zu diesen Motiven kam. Warum sah ich diese Dinge in abstrakten Mustern? Und warum malt ein Atheist Jesus am Kreuz? Zu dem Zeitpunkt meines Lebens war mein Leben und Erleben fokussiert auf eine materialistische Welt. Auf Ehrgeiz, den Willen, Dinge im Außen zu verändern. Etwas, das nicht empirisch beweisbar, reproduzierbar und falsifizierbar war, galt nichts. Diese Punkte habe ich mit Vehemenz in meinem Umfeld vertreten.

Und nun malte ausgerechnet ich bei dem Versuch, mein Inneres nach außen zu kehren und zu verstehen, einen Jesus. Das ließ mich nicht mehr los, und als mein Studium anfing, kamen natürlich die Fragen der Philosophie dazu. Was sind wir? Wer sind wir? Wie nimmt man wahr? Was ist eine Seele? Gibt es sie überhaupt?

Mit der Zeit bemerkte ich, dass sich mein Gemüt beruhigte und ich wieder schlafen konnte, ich aber immer noch sehr aufgewühlt war. Eine Art »Sinnsuche« hatte begonnen. In der Qualität anders als früher. Nun war nicht mehr die Frage, in welcher Branche ich arbeiten, wo ich wohnen und was für ein Auto ich fahren wollte, sondern was wir hier eigentlich machen. Sobald du dich mit Themen beschäftigst, triffst du natürlich auch andere Menschen mit anderen Themen. Ich saß nun nicht mehr mit Betriebswirten zusammen und überlegte pfiffige Strategien, wie man noch mehr Geld erwirtschaften könnte, sondern mit Theologen, Philosophen, Physikern, Esoteriken, Politikern und Soziologen.

Darf ich dich an deine übersinnlichen Erfahrungen erinnern?

Dazu komme ich gleich. In dieser sehr fruchtbaren Atmosphäre glaubte ich also endlich am Ziel zu sein. Die Fragen wurden allerdings immer größer und zahlreicher, und die Antworten fielen immer geringer aus. Zumindest die nach meinem bisherigen rein rationalen Muster. Wie erklärt man es Müttern, die spüren, wie es ihren Kindern geht, auch wenn diese Hunderte von Kilometern entfernt wohnen? Wieso verlieben wir uns in die Menschen, in die wir uns verlieben? Wie kann es sein, dass wir einen Raum betreten und spüren, ob es einen Streit gegeben hat oder nicht, noch bevor wir einen anderen Menschen zu Gesicht bekommen? Wie funktionieren Spontanheilungen? Sind alle Medien wirklich Scharlatane oder kann mit anderen Ebenen kommuniziert werden?

Dies sind nur einige Fragen, die sich mir im Bereich der Spiritualität stellten. Zuerst versuchte ich, an die Themen rational und mit logischen Ansätzen heranzugehen, stieß damit aber schnell an meine Grenzen. Ich musste einsehen, dass es Bereiche gibt, die empirisch nicht erklärbar sind. Dennoch wollte ich nicht einfach an etwas glauben, sondern für mich herausfinden, was für mich stimmt.

Somit begab ich mich auf eine Art Erkundungstour durch die Erklärungsmodelle. Zuerst beschloss ich, auf bekannte Formen zurückzugreifen. Also kaufte ich mir einen Rosenkranz, lernte die Gebete und ging einige Zeit jeden Morgen in eine benachbarte Kirche in München. Da ich keinerlei Ahnung von den Ritualen hatte, imitierte ich das Gesehene, kniete, wenn alle knieten, betete, wenn alle beteten usw.

Dabei versuchte ich, in mich hineinzuhören, doch es war Stille. Sicherlich, die Stimmung in der Kirche, die Gemeinschaft strahlten eine gewisse Geborgenheit aus, aber das, was ich von der Kanzel hörte, bereitete mir immer mehr Bauchschmerzen. Politische Ansichten, die ich schlicht und einfach nicht teile. Der Grund zu gehen war der Moment, an dem der

Leib Christi verteilt wurde. In der Schlange stehend beobachtete ich, wie ein Gläubiger nach dem anderen vor dem Priester in die Knie ging, den Leib Christi empfing, etwas murmelte und wieder ging. Wie abstrus und menschenverachtend war dieses Ritual, neutral betrachtet. Ein Mensch, in vollem Besitz seiner geistigen Kräfte, kniete vor einem anderen Menschen, der zwar ein jahrelanges liturgisches Studium hinter sich hatte und dennoch nur ein Mensch war, und nahm das Symbol für den Leib eines Mannes entgegen, der an das Kreuz genagelt worden war. Mir erschien das pervers, also verließ ich die Kirche. Ich brauchte keinen Ort, der mir ein Ritual auferlegte oder mir erklärte, wie ich die Welt zu sehen hätte, sondern einen Ort, der mir die Möglichkeit gab, mich selbst zu erkennen.

Eine Erfahrung, die auch ich und einige meiner Schulkameraden gemacht haben. Aber du schweifst etwas vom Thema ab.

Nur auf den ersten Blick. Ich gebe zu, meine Darstellung ist etwas lang, doch vielleicht hat sie ihren Reiz, da diese Art von Erfahrungen zumindest in meinem Umfeld viele gemacht haben. Vom Christentum etwas enttäuscht zog ich mich zurück und überlegte, wie es weitergehen sollte. Ich beschloss, andere Religionen auszuprobieren und zu sehen, ob sie ein besseres Erklärungsmodell liefern könnten. Also las ich den Koran, betete fünf Mal am Tag nach Mekka, fand mich im Kreis einiger Jünger Krischnas wieder und trommelte wie wild auf Tamburinen und verzichtete auf Fleisch, ich richtete mir sogar einen Schrein ein, vor dem ich zu einem Guru betete. Doch überall geriet ich an Grenzen. In dieser Zeit wurde mir klar, dass eine Suche im Außen keinen Erfolg haben konnte. Die Projektion der eigenen Sorgen, Ängste und Bedürfnisse auf etwas Externes, außerhalb des Menschen, erschien mir intuitiv falsch. So wendete ich mich von den vorhandenen Deutungsmustern ab und auch von der

Religion. Nirgends fand ich ein sowohl exoterisches als auch esoterisches stringentes und für mein Gefühl, meinen Verstand und mein Wissen angemessenes System.

Und dies war der erste Moment meiner übersinnlichen Erfahrung. Eines Nachts wachte ich auf und schnappte panisch nach Luft. Ich hatte wirklich das Gefühl zu ersticken und spürte einen unfassbaren Druck auf dem Brustkorb. Im Halbschlaf tauchte dabei immer wieder blitzlichtartig ein kleines Wesen auf mir auf, das mir eine Tüte über den Kopf stülpte. Voller Angst stocherte ich Löcher in diese Tüte, bis ich wieder Luft bekam. Dann schlief ich wieder ein. Am nächsten Morgen tat ich das Ganze als üblen Albtraum ab und dachte nicht mehr weiter darüber nach. Jedoch ereignete sich das Gleiche einige Nächte später wieder, und dieses Mal wirkte es noch realer, noch treffender, noch beängstigender.

Das klingt dramatisch.
War es für mich auch. Ich dachte, dass ich auf dem besten Weg in eine geschlossene psychiatrische Anstalt sei. In meiner Verzweiflung suchte ich schließlich den Rat eines Freundes, von dem ich wusste, dass er einen ähnlichen Weg beschritt wie ich. Er hörte meinen Ausführungen sehr geduldig und aufmerksam zu. Während ich meine Geschichte erzählte, machte ich mich schon darauf gefasst, nach Beendigung der Wohnung verwiesen zu werden. Zu meiner Überraschung geschah genau das Gegenteil. Er grinste, sagte »Willkommen auf dem Weg des spirituellen Erwachens« und berichtete von seinen Erfahrungen. Eine Zeit lang hatte er nachts öfters Besuch von einem schwarzen Wesen, das ihm die Brust aufriss und ihm sein noch schlagendes Herz zeigte.

Nun war ich völlig konsterniert, statt Ablehnung fand ich Verständnis, statt Spott Unterstützung und ein wertvolles Gespräch. Auf meine Frage, wie er damit umgegangen sei, berichtete er mir, dass er Mantren rezitiert und sich dabei auf unbändige Liebe konzentriert hätte. Mit Mantren konnte ich nicht viel anfangen, aber sich auf Liebe zu konzentrieren erschien mir sinnvoll. Als das Wesen das nächste Mal auftauchte, blieb ich ruhig und konzentrierte mich auf ein weißgelbliches Licht und auf das Gefühl von Liebe, die aus mir strahlt. Dann sagte ich: Du verpisst dich jetzt. Hier ist nur Liebe. Also bring es zu Ende oder lass mich in Ruhe.

Seitdem war das Wesen nicht mehr da. Aber natürlich waren dadurch viele neue Fragen entstanden. Was war das? Wie konnte man das erklären? In der Folge verschlang ich zahllose Bücher über Psychologie, Magie, Mystik, Geistheilung, Readings, Channelings, Seelenrückführung, Steinmagie und räucherte meine Wohnung mit verschiedenen Harzen mehrfach aus.

Das klingt vielleicht albern, aber in meinem Zustand war ich zu allem bereit. Mit der Zeit kam ich zum Ergebnis, dass irgendwo in allen Lehren ein Fünkchen Wahrheit zu finden ist, aber dass doch die Ursache und die Lösung im Menschen selbst liegen. Mir erschien es nur eine Frage des Trainings und der Einstellung, um dieser Art Dinge zu begegnen und damit umzugehen.

Damit begann meine innere Reise und der Versuch, über Meditation eine Innenschau zu erreichen.

Du meditierst seitdem regelmäßig. Ist dies nicht eine Form des Gebets, wie es das Christentum vorsieht, und was hat es dir gebracht?

Ja und nein. Wie ich lernen durfte, gibt es verschiedenste Arten der Meditation. Eine kontemplative Meditation, in der ein Engel, ein Heiliger, ein Guru, ein Prophet verehrt wird, und eine introspektive, die sich auf das »Hineinhören« fokussiert. Beide sind ganz unterschiedlich in puncto Körperhaltung, Setting, Ablauf usw. Nach verschiedenen Versuchen landete ich schließlich beim Zen.

Um auf deine zweite Frage zu antworten: Es bringt mir

eine ganze Menge, auch wenn ich die Frage etwas unpassend finde, weil »bringen« nach einem Nutzenkalkül klingt. Als wäre eine nach innen gerichtete Sinnsuche etwas mit einem Input und Output und einem definierten Prozess. Aber wer sich auf eine spirituelle Reise begibt, kann kaum am Tag X ein bestimmtes Ergebnis erwarten. Spiritualität ist keine Dienstleistung mit Rückgaberecht, kein online bestellbares Gut mit einer Trackingnummer der Post. Mir scheint das Ganze vielmehr als eine Reihe von Antworten, die sich in einem langen Prozess ergeben. Eine Reifung des eigenen Selbst, auch wenn ich vor dem Hintergrund meiner meditativen Praxis den Begriff falsch gewählt finde und dennoch keine besseren Worte dafür finde.

Was mir das bringt? Alles und nichts. Oberflächlich sicherlich Ruhe, Gelassenheit, Ausgeglichenheit, eine gewisse Gleichmütigkeit. Tiefer gehend die Auflösung von Problemen. In der Meditation sind mir viele meiner Verhaltensweisen bewusst geworden und deren Ursachen. Dadurch hat sich mein Wesen zum Positiven verändert, wie ich finde. Noch tiefere Schichten bilden Erkenntnisse über das Leben, Weisheit in diesem Sinne, der Kreis schließt sich zur Philosophie.

Was meinst du mit »Erkenntnisse über das Leben«?
Lass mich ein Beispiel darstellen. Vor einiger Zeit war ich für ein einwöchiges Sesshin mit einem Zen-Meister im Kloster Altötting. Bei einem Sesshin meditiert man unterbrochen von Mahlzeiten von morgens um sechs bis abends um zehn. Das Ganze eine Woche, gehüllt in Schweigen. Zwischendrin erzählt der Zen-Lehrer verschiedene Geschichten oder schickt einen in die Natur. Andere Lehrer verknüpfen die Meditation mit Pausen, in denen Yoga oder Tai-Chi praktiziert wird. Traditionelle Sesshins bestehen jedoch aus Sitz- und Gehmeditationen, die nur durch die Einzelgespräche mit dem Lehrer unterbrochen werden, in denen man ihn über seine aktu-

elle Lage informiert und er so einen Eindruck bekommt, wo man steht, um einem gegebenenfalls weiterzuhelfen. Wobei dies wieder schwer zu fassen ist, da Zen keine Lehre hat und im Grunde nichts ist.

Das musst du genauer erklären.
Der Grund, warum ich beim Zen gelandet bin, ist der, dass Zen nichts bietet. Keine Lehre. Kein Dogma. Keine Methode. Keinen Inhalt. Zen ist, wie mir scheint, auch wenn ich noch kein fortgeschrittener Schüler bin, ein Weg zur totalen Introspektion und zur Erkenntnis. Alles, was man wissen muss, liegt in einem. Der Lehrer dient nur dazu, einen auf dem Weg zu unterstützen, da er ihn selbst schon beschritten hat. Er wird einem dabei aber keine Meinung aufdrücken oder einen von etwas zu überzeugen suchen.

Klingt, als wolltest du missionieren.
Dann drücke ich mich falsch aus. Mir liegt nichts ferner, als zu missionieren. Zen ist nur für mich richtig, aber nicht für jeden. Es gibt zahlreiche verschiedene Wege, zu Erkenntnissen zu gelangen. Der einzig verbindende Nenner ist, dass der Weg selbst beschritten wird. Die Information, das Wissen sozusagen, ist schon immer da gewesen, wir erinnern uns nur nicht mehr daran. Jede Form der Erfahrung scheint damit nur der Rückbindung an das vollständige Wissen zu dienen. Interessanterweise ist Rückbindung eine mögliche Übersetzung von Religion, nimmt man die lateinische Herkunft religio als Basis. Auch Rückerinnerung ist eine mögliche Übersetzung.

Bevor ich weiter schildere, was während des Sesshins in meinem Kopf geschah, möchte ich einen kurzen Ausflug über das Denken und die Ratio einfügen, der mir wichtig erscheint.

Gerne.
Nun, zweifelsohne kann die Menschheit auf eine Geschichte großartiger und brillanter Gedanken zurückblicken. Natür-

lich liegt noch viel im Argen, und es gibt noch viel zu tun, dennoch scheinen wir uns konstant weiterzuentwickeln. Manche zweifeln das an, doch sehe ich dies nicht so kritisch. Wir sprechen von herausragenden Malern, Politikern, Soziologen usw., und eine große Kategorie ist die der Denker, unter die mehr subsummierbar sind als nur Philosophen. Ich vermute, dass viele Menschen zustimmen würden, dass uns der Verstand und das Denken den Fortschritt ermöglicht haben.

Doch betrachten wir das Denken etwas genauer. Ist Denken wirklich das, was uns ausmacht? Oftmals wird die Abgrenzung zu Tieren dadurch charakterisiert, dass wir denken. Wir haben eine Vernunft, das Tier nicht und ein Stein wohl noch weniger. Auch wenn wir unser Denken so hoch einschätzen, so machen wir uns doch wenig Gedanken darüber, was Denken genau ist. Mich hat das Denken an sich interessiert, und ich bin zum Ergebnis gekommen, dass das, was wir als Denken bezeichnen, eigentlich kein Denken ist. Wir setzen Denken oftmals mit Sprache gleich. Aber dies erscheint mir zu eng gefasst. Sicherlich gibt es Momente des Geistesblitzes. Da sitzt man vielleicht auf der Toilette oder ist mit anderen Dingen beschäftigt, und auf einen Schlag ist da die Lösung für etwas da, das einen lange beschäftigt hat. Das Gefühl, die Lösung zu haben, ist sogar noch vor dem Moment da, in dem die Erkenntnis verbalisiert werden kann.

Auch beim Sprechen denken wir nicht wirklich nach. Wir unterhalten uns einfach, und die Worte kommen irgendwie daher. Man spricht den Satz nicht vorher im Kopf vor, er entsteht einfach, und manchmal wundert man sich selbst darüber, was man gerade gesagt hat. War ich das etwa? Eine Frage nicht nur in Dialogen, sondern auch, wenn wir auf eine Art auf eine Situation reagieren, die wir an uns nicht kannten.

Ein Philosoph könnte hieraus das Leib-Seele-Problem konstruieren, der Theologe die mächtige Wirkung Gottes. Der Neurobiologe Libet oder auch jüngst Wolf Singer entwickelt daraus die These, dass Willensfreiheit eine Illusion ist.

Natürlich gibt es auch hierzu Gegenpositionen, die Forschungsergebnisse anzweifeln. Doch scheint einiges darauf hinzudeuten, dass unser Gehirn die Entscheidungen schon getroffen hat, bevor wir uns darüber klar werden.

Daraus ergeben sich natürlich zahlreiche interessante Fragen, über die zu diskutieren lohnt. Wenn wir, wie oft gedacht, uns mit unserem Verstand identifizieren, dann sind wir natürlich weiterhin frei. Wir begreifen diese Freiheit nur nicht in dem Maße, wie wir es wohl gerne würden. Liegt diese Identifikation nicht vor, so trifft etwas für uns Entscheidungen. Was sind wir dann noch? Bioreaktoren für ein Bewusstsein, das einfach nur etwas erlebt und auf Nach-Denken reduziert ist? Dies ist ein sehr westliches Problem, geprägt von einem naturwissenschaftlichen Wissenschaftsparadigma. Kontemplative Wissenschaften, speziell die Erkenntnistheorie im Buddhismus, lösen dies sehr elegant.

Wir haben die fünf Sinne, die uns über ein Objekt fünf Informationen liefern. Diese fügen wir zu einem Abbild zusammen und schaffen einen Begriff. Das nennt man Denken. Über weitere Abstraktion werden weitere Begriffe gebildet, und bald unterhalten wir uns über Begriffe siebter Ordnung, ohne den konkreten Sinneseindruck zu haben. Als Beispiel: Nimm einen Apfel und stell dir vor, du hättest noch keinen Begriff dafür. Dann wäre es vielleicht etwas Grünes mit einem besonderen Tasterlebnis, Geschmack, Geräusch usw. Diese Eindrücke der empirischen Welt nennst du nun Apfel. Mit der Zeit stellst du fest, dass es verschiedene Äpfel gibt. Also gibt es nun Kategorien von Äpfeln usw. Spreche ich also von einem Apfel, so ist nicht klar, was damit genau gemeint ist, ich gebe nur eine Approximation an.

Nun scheint mir der Verstand oder das Denken ein Ort der Zusammenführung dieser Eindrücke. Dabei würde ich den Kreis der Sinne um einen sechsten Sinn erweitern. Nicht im klassischen Sinne einer Vorahnung von drohendem Unheil, sondern als Sammelbecken für verschiedene, nicht empirische – oder zumindest aktuell nicht empirisch beweisbare – Wahrnehmungen. Das Nach-Denken stellt für mich ein Werkzeug dar zu begreifen, oder besser: begrifflich zu machen, was ich erlebe, was ich wahrnehme. Dies ist aber nicht nur auf die empirische Welt reduziert, sondern umfasst ebenfalls eine übersinnliche Welt.

Sofern wir dies akzeptieren können, ergeben sich einige interessante Überlegungen. Zum einen ist das, was viele von uns machen, nämlich in ihrem Nach-Denken gefangen zu sein, verlorene Liebesmühe. Im Grunde ist es nur der Versuch, das zu begreifen, was schon entschieden oder schon wahrgenommen wurde. Dass wir daran oftmals verzweifeln, scheint eher ein Indiz dafür zu sein, dass wir verlernt haben, auf »uns« zu hören. Auf das Innere, die Intuition, das Bauchgefühl oder auch die Seele. Für mich verschiedene Begriffe, die das Gleiche umschreiben.

Das ist keine leicht zu schluckende Kost. Doch was hat das mit deiner Erfahrung im Sesshin zu tun?

Die Überlegung dient dem Verstehen dessen, was mit »Nicht-Denken« im Rahmen einer Meditation gemeint sein kann. Eine grundlegende Übung jeder Form der Meditation liegt im Nicht-Denken. Für mich war dies noch vor einiger Zeit ein Affront, da ich mich mit meinem Denken identifiziert habe. Cogito, ergo sum. Über die Meditation habe ich gelernt, all die kleinen Äffchen, die mich den lieben langen Tag bereden und ablenken, zum Schweigen zu bringen. Ich denke damit nicht, obwohl ich weiterhin denke. In mir finden also Wahrnehmungsprozesse klarer statt, obwohl ich nicht aktiv versuche, einzugreifen und zu steuern. Mir ist bewusst, dass dies schwer nachvollziehbar ist. Zumindest war dies zu verstehen ein langer Weg.

Mit der Zeit erfuhr ich nun aber eine gewisse Entspannung und eine stärkere Intuition. Die Dinge nehmen mich weniger mit, und ich weiß – woher und warum auch immer –, dass alles seinen Sinn hat und vorangeht. Wichtig zu erwähnen scheint hier, dass ein Zustand des Nicht-Denkens nicht heißt, in Lethargie zu verfallen. Im Gegenteil, das Nach-Denken wird gezielter eingesetzt, und das Denken übernimmt unverfälschter, durch weniger Filter verzerrt, immer mehr die Führung.

In meiner Meditation habe ich vom Zeitpunkt dieser Erkenntnisse an weitere Schritte gemacht, in denen sich mir auf einmal Dinge erschlossen, die ich nicht über das Nach-Denken erkannt habe, sondern die einfach da waren. An dieser Stelle wieder zurück zum Sesshin.

Ich saß nun also in Meditation, und die Gedanken glitten dahin. Keiner konnte mich wirklich faszinieren, daher ließ ich sie alle vorüberziehen, bis ich einen Zustand der Leere erreichte. Zu diesem Zeitpunkt bemerkte ich, wie sich, trotz geschlossener Augen, klare Bilder formten. Als diese scharf wurden, stand ich hinter mir und betrachtete mein Sitzen. Ich sah mich im Raum um und sah auch alle anderen. Bevor ich die Möglichkeit hatte, mich weiter damit zu beschäftigen, sog mich etwas mit sich, und ich schoss durch die Decke. Dann stand ich plötzlich auf dem Mond, und einen Bruchteil später sah ich das Sonnensystem, die Milchstraße, und zu guter Letzt blickte ich auf das Universum. Dabei sah ich, wie es »atmete«. Besser kann ich es nicht beschreiben. Es dehnte sich aus und zog sich zusammen. Völlig fasziniert von diesem Anblick bemerkte ich erst recht spät, dass noch weitere solcher Gebilde im schwarzen Raum existierten und alle mit sehr feinen Fäden miteinander verbunden waren.

Das hört sich faszinierend an, lässt sich von mir aber nur schwer nachvollziehen. Wie ging es weiter?

Das Ende war sehr abrupt, da der Übergang in die Gehmeditation wieder anstand. Bis heute bin ich völlig beeindruckt von dieser Erfahrung. Ist es etwas, das aus mir heraus entstanden ist, weil ich mich mit diesen Themen beschäftige? Oder war es eine Art Zugriff auf ein universales Wissen? Hierzu existieren verschiedene Ansätze, die von der Vorstellungskraft des Gehirns bis zu esoterischen Extrempositionen alles abdecken. Für mich ist eine Erklärung wenig interessant. Die Erfahrung war für mich völlig real, so wie eine morgendliche Brötchenbestellung beim Bäcker. Sie hat mich so fasziniert, dass ich im Anschluss für zwei Tage aus der Meditationspraxis ausgestiegen bin und 70 Seiten einer Erkenntnistheorie produziert habe. Das meine ich mit tieferer Erkenntnis.

Für mich ist seitdem die meditative Praxis etwas unfassbar Spannendes. Passiert so etwas wieder? Was kommt als Nächstes? Festzuhalten waren im Anschluss jedoch eine tiefere innere Ruhe und Gelassenheit. Selbst wenn es sich um eine Selbsttäuschung handeln mag, so war dies doch ein sehr begrüßenswerter Zustand, neben der geistigen Klarheit und der Inspiration für meine Arbeit.

Was bedeuten diese Erkenntnisse für dich heute?
Zuerst ein kleines Problem. Als Nachwuchswissenschaftler fällt es mir schwer, die Kriterien der Objektivität und der empirischen Beweisbarkeit als wirklich sinnvoll zu erachten. In den Naturwissenschaften ist dies sicherlich haltbar und auch sinnvoll, bei den Geisteswissenschaften erscheint es mir schwer. Das Leben und die individuelle Erfahrung sind derart subjektiv und vielschichtig, dass jedes Modell die Realität derart unterkomplex darstellt, dass eine sinnvolle Diskussion müßig erscheint. Hierzu habe ich selbst ein theoretisches Konstrukt entwickelt, zu dem wir vielleicht später kommen.

Ein gewisses Gefühl des Unverständnisses für das, was wir hier treiben, für all die Wichtigkeit von Status, Macht und Erfolg ist jedoch geblieben. Auch vergeht kaum ein Tag ohne Staunen über die Vielfalt und Schönheit des Universums. Allein die Dimensionen sind schwindelerregend, wie kann ich da noch von acht bis fünf an Powerpointpräsentationen arbeiten?

Lassen wir nun diesen Diskurs. Ich würde gerne einige Fragen zu deiner Kindheit und Religion stellen. Wir haben dich mit Werten erzogen, aber nicht religiös. Hast du das bedauert oder etwas vermisst?
Eine schwer zu beantwortende Frage. Ich denke, dass ihr mich gut erzogen habt und in mir Neugierde und Fragen geweckt habt. Das Vertrauen darauf, dass ich meinen Weg finden werde, habt ihr mir stets gegeben. Für einen Jungen wie mich war dies genau richtig. In meiner Wahrnehmung unterschätzen wir Kinder oftmals. Aus der Beobachtung heraus stelle ich fest, dass Kinder mit einer sehr klaren Vorstellung reifen. Je mehr sie eingezwängt werden, desto mehr machen sie sich von dieser ungewollten Einschränkung später frei. Damit spreche ich mich nicht für eine antiautoritäre Erziehung aus, denn gerade Kinder brauchen auch in Teilen klare Grenzen.

Im spirituellen Bereich würde ich den Kindern aber nicht erzählen, was sie glauben sollen, sondern vielmehr fragen, was sie glauben und glauben wollen. Die Ergebnisse würden uns überraschen. Ich würde im Religionsunterricht daher nicht versuchen, die Bibel zu lehren, sondern die Sehnsucht nach der Erkenntnis schüren und dann verschiedene Möglichkeiten darlegen, was es an Antworten gibt, sei es aus dem Buddhismus, dem Judentum, dem Islam, dem Christentum oder auch aus esoterischen und philosophischen Schriften.

Also Relativismus und Patchwork-Religion?
Warum nicht? Letztlich geht es doch darum, dass wir mit uns selbst im Reinen sind, und schaut man sich die Frustration der heute 30-Jährigen an, scheint ein bisschen spirituelle Rückbindung vielleicht gar nicht verkehrt, solange der Einzelne wählen kann, wie viel und was. Ich könnte mir zum Beispiel vorstellen, dass wir Kindern in jungen Jahren Meditation beibringen, also das Still-Sitzen und In-sich-Hören.

Mein Zen-Lehrer hat dies einmal mit einer Schulklasse

einer Hauptschule gemacht. Die Kinder waren 14 oder 15 Jahre alt und vollauf begeistert. Sie wollten danach sogar in der Freizeit wieder in die Schule kommen, nur um still dazusitzen und nichts zu tun.

Damit machst du dir wenig Freunde …

Das glaube ich nicht. Vielleicht bei den Würdenträgern der Kirche, die der Illusion ihrer Deutungshoheit nachhängen. Ich sehe das pragmatisch. Als junger Mensch in einer pluralistischen Welt muss man sich seinen eigenen Weg suchen. Was die Eltern machen, ist nicht richtig, was die Kirche sagt, auch nicht, Freunde und verschiedene gesellschaftliche Strömungen beeinflussen einen auch. Und über allem schwebt das Damoklesschwert der »schnellen Zuführung von Produktivkräften zum Arbeitsmarkt«, also wird man ausgebildet, mit Zielen wie Haus, Frau, Kind, Hund und Auto versehen und durchs Leben geprügelt. Wenn dann all die Ziele erreicht sind, entsteht in den Menschen Leere. Sie haben alles und sind doch nicht glücklich. Wie kann das sein? Dann beginnt die Sinnsuche.

Ich kenne fast niemanden in meinem Umfeld, der dies mit Ende 20 bis Mitte 30 nicht erlebt hätte. Das frustriert, zum Teil stürzen Weltbilder wie ein Kartenhaus zusammen, und neue Wertvorstellungen müssen etabliert werden. Also warum dies nicht als verantwortungsvolle Gesellschaft, die den Gemeinschaftssinn so oft beschwört, schon früher ermöglichen? Fragen wir doch die jungen Menschen, was sie denken und fühlen, und helfen ihnen dabei, sich selbst und ihren Weg zu finden. Wir sind uns wohl einig, dass viele Dinge in unserer Gesellschaft suboptimal laufen. Aber diese Probleme haben wir geschaffen. Lösen wir sie dadurch, dass wir nachfolgende Generationen in die gleichen Muster pressen?

Wohl kaum. Trotz dieser Überlegungen: Hätte ich dir als Vater mehr mitgeben sollen?

Ich glaube, das habe ich gerade schon beantwortet. Die Möglichkeit, selbst herauszufinden, was für mich richtig ist, wie ich leben will, was für ein Mensch ich sein möchte, ist das Wertvollste, was du mir gegeben hast. Der Rest kommt von alleine.

Wie würdest du vor diesem Hintergrund deine Kinder erziehen?

Wohl so ähnlich. Ich würde versuchen, ihnen nicht nur die empirische Welt und die Logik beizubringen, sondern auch Methoden an die Hand geben, sich selbst über Werte und ihr Inneres Gedanken zu machen. Da ich nicht von einem dramatischen Wandel innerhalb der Schulen ausgehe, würde ja nichts gegen eine kleine Vater-Kind-Meditation vor der Schule sprechen.

Könnte vor diesem Hintergrund ein autoritäres Kirchensystem wie das katholische suchenden Menschen Orientierung bieten oder behindert es sie mehr?

Autoritäre Systeme stellen immer eine Behinderung dar. Ein Vorteil erschließt sich mir nicht, es sei denn, es gäbe ein klares Ziel, auf das eingeordnet werden müsste. Das ist im Bereich der Spiritualität nicht gegeben, insofern sehe ich keinen Sinn. Mich beschleichen auch Zweifel, ob die katholische Kirche durch ihre Doktrin wirklich noch lange existieren wird. In meiner Beobachtung gehen viele Menschen in die Kirche, weil sie glauben wollen, nicht weil sie in die Kirche gehen wollen.

Schopenhauer beschreibt den Menschen als »animal metaphysicum«. In meinen Augen völlig zu Recht. Wir sind weit mehr, als wir begreifen und als wir uns eingestehen wollen. Hans-Peter Dürr umschreibt dies mit den schönen Worten: »Wir erleben mehr, als wir begreifen.« Würden wir mehr Angebote schaffen, sich offen mit Spiritualität zu beschäftigen, und dies auch nicht als Hokuspokus abtun, würden wir eine sinnvolle Reformation erleben. Vielleicht sogar mit ungeahnt positiven Effekten. Jede religiöse Schrift, die ich gelesen habe, scheint mir in die gleiche Richtung zu zeigen, nur das Vokabular und die Inhalte unterscheiden sich. Spirituelle Erlebnisse in Worte zu fassen und begreiflich zu machen ist ein nahezu unmögliches Unterfangen. So sehe ich auch die Botschaften Jesus heute mit anderen Augen als noch zu meiner Schulzeit.

Wie meinst du das?
Ich suche nach Weisheit und nicht nach einer Wahrheit im katholischen Sinne. Die Erfahrungen mit der Kirche haben mir gereicht. Wenn man ein Problem hat, wird man oftmals mit Bibelzitaten im Stil von »Jesus hat gesagt …« vertröstet. Das hilft mir aber wenig. Das Leben ist Erfahrung, und diese mündet idealiter in Erkenntnis. Aber die Erkenntnis von anderen, so wertvoll sie zu sein scheint, lässt sich im spirituellen Kontext nicht einfach übernehmen. Ein Phänomen, das ich oft beobachtet habe, gerade wenn religiöse Praktiker auf religiöse Theoretiker treffen. Während der Theoretiker über umfangreiches Wissen verfügt und allerlei Stellen in verschiedenen Texten mit Seitenzahl, Vers usw. darbieten kann, lächelt der Praktiker oft nur.

Spiritualität ist für mich daher Praxis. Texte sind Übersetzungsmanuals des eigenen Empfindens in eine weltliche Sprache. Bereits Wittgenstein hat dargelegt, dass Worte verschiedenste Bedeutungen haben und daher mehr Erklärung bedürfen als das Wort selbst. Sie stehen immer in einem Kontext und werden durch ihn in ihrer Bedeutung definiert. Für mich ist daher nicht wichtig, was Jesus oder seine Jünger gesagt haben, sondern was er meinte, und was er meinte, ist an seine subjektive Lebens- und Erfahrungswelt gekoppelt.

Hier ergeben sich natürlich einige Probleme. Zum einen kann individuelle Erfahrung nicht kopiert werden, zum anderen ist Sprache etwas Lebendiges, Dynamisches. Wenn ich also Christen höre, die davon ausgehen, sie könnten missionieren und das Wort des Herrn verkünden, muss ich schmunzeln, da sie nur eine mögliche Interpretation darstellen und nicht wissen können, was wirklich gemeint war. So verstehe ich die Bibel als einen spirituellen Wegweiser und nahezu unmöglichen Versuch, eine eigene spirituelle Erfahrung irgendwie zugänglich zu machen. Ein richtiges oder gar wahres Verständnis erscheint mir absurd.

Ein Problem, das dich schon in der Schule beschäftigt hat.
Absolut. Mir ist bis heute rätselhaft, warum wir so viel Zeit darauf verwenden, verstehen zu wollen, was jemand gesagt hat, statt uns damit zu beschäftigten, was uns ein Text sagt. »Nein, nein, Herr Oschwald, das hat Goethe damit nicht gemeint.« Dieser oft gehörte Satz erzeugt noch heute in mir Wut. Ich bin nicht Goethe, und niemand anderes außer Goethe selbst ist Goethe. Nun hat er Bücher geschrieben, die inspirieren und begeistern. Was er damit allerdings meinte, kann nicht rekonstruiert werden, da wir auf sein inneres Leben und Erleben keinen Vollzugriff haben. Damit ist jede Auseinandersetzung mit Texten immer etwas Subjektives, basierend auf meiner Erfahrung und meinem Wahrnehmen. Wie kann dies aber falsch sein, und was maßt sich ein anderer an, wenn er mir zu erklären versucht, ich läge falsch?

Du hast selbst zahlreiche Bücher veröffentlicht und Rezensionen darüber gelesen, und ich erinnere mich, wie erstaunt du oft warst, was die Menschen alles in deinen Texten gelesen haben.

Das stimmt.
Jesus wäre vermutlich auch erstaunt, was alles aus seinen Lehren gemacht wurde. Wie gesagt, ich lese die Bibel heute eher als einen Leitfaden zur spirituellen Entwicklung. Wenn ich eine Passage lese wie: »Wer den ersten Tod stirbt, braucht den zweiten nicht zu fürchten«, dann ordne ich dies ein als

die Erkenntnis, dass unser Denken – unser Ego – nicht wir sind. Wenn ich also bereit bin, das Ego – nicht im Sinne einer Selbstauflösung – sterben zu lassen, mag ich den Zusammenhang und die ewige Wiederkehr, das ewige Leben, erkennen. Damit brauche ich keine Angst vor dem zweiten, endgültigen Tod mehr zu haben.

Durch diese Brille gelesen, bekommt die Bibel einen anderen Tonus, eine andere Farbe, und die Dinge, die wir als tatsächliche Ereignisse und in der Materie stattfindende Ereignisse interpretieren, werden zu Phänomenen einer Bewusstseinsentwicklung im Rahmen einer inneren Reise. Engel, Teufel usw. sind dann Projektionen eines »Kampfes« auf dem Weg zur Erleuchtung. Zumindest deckt sich dies in Teilen mit meiner persönlichen Erfahrung. Vielleicht war Jesus einfach nur ein Mensch, der über Beobachtung, Meditation, Prädisposition einen Zustand der Erleuchtung erreicht hat und damit des inneren Friedens und der Gelassenheit. Dies hat er dann seinen Schülern zu vermitteln versucht. Dies könnte auch eine Erklärung sein, warum er kein Wort niedergeschrieben hat. Zum einen aus den Limiten der Sprache heraus. Angenommen, er hatte Zugriff auf das Absolute, das Ganze, wie erklärst du einem Viehhirten, was das ist? Vielleicht über Begriffe wie »Vater«, »Ewigkeit«, »Allmacht« usw. In der Schrift ist dies schwer, da zum einen nicht jeder Schüler bereit ist, einen spirituellen Weg zu beschreiten, zum anderen, da das geschriebene Wort subjektiv interpretiert wird und keine Rückkoppelung ermöglicht.

Die Tatsache, dass seine Jünger später seine Lehren textualisiert haben, macht das Ganze nur noch schwerer, da sie selbst vermutlich bereits nicht mehr die besondere Erfahrung hatten.

Das klingt interessant. Wie ordnest du diese Sicht für dich als jungen Menschen ein, gerade im Umgang mit der Kirche bzw. als Wissenschaftler?

Das fällt mir aktuell noch sehr schwer. Ich bin zu der Überzeugung gelangt, dass Dinge, die wir heute als spirituell oder religiös bezeichnen, durchaus erklärbar sind und auch einer wissenschaftlichen Prüfung, zumindest ihrer aggregierten Mechanismen, nicht ihrer individualen Ausprägung, unterzogen werden können. Diese Art des Denkens stößt im Moment noch auf Widerstände, da viele Wissenschaftler Religion als Unfug abtun und viele religiöse Menschen Wissenschaft als kleinkariertes empirisches Denken verteufeln.

Hans-Peter Dürr formuliert: »Wissenschaft und Religion sind zwei Seiten ein und derselben Medaille.« Ich glaube, damit hat er durchaus recht. Die Nomenklaturen und die Methoden mögen unterschiedlich sein, trotzdem dienen sie beide dem Verstehen der Erfahrung Mensch-Sein.

Du erwähntest ein Modell, das du für dich entwickelt hast. Magst du es darstellen?

Einen Versuch ist es wert. Ich bin ich an dem Punkt angekommen, weder die empirische Welt noch die geistig-spirituelle Welt leugnen zu können. Beides scheint mir real. Die Schwerkraft wirkt auf mich, die Biologie arbeitet an meinem Körper, und auch in mir arbeitet etwas Seelisches. Dies denke ich nicht als dualen Widerspruch, sondern als Einheit, als eine Erfahrung. Diese Verbindung ist noch fragil, könnte allerdings wie folgt aussehen.

Die Arbeiten von Jack Sarfatti postulieren mögliche Implikationen des Verschränkungsprinzips. Dies geht davon aus, dass seit der Entstehung unseres Universum vor 13,7 Milliarden Jahren die Dinge miteinander feinenergetisch verschränkt sind. Ein recht einleuchtender Gedanke. Stellt man sich vor, dass du, ich, dieses Haus, der ganze Planet, ja sogar das ganze Universum ursprünglich einmal eins waren, dann scheint nachvollziehbar, dass alles miteinander zusammenhängt.

Hier sehe ich Parallelen zu spirituellen Schriften, die auf die »eine Quelle«, den »Ursprung« usw. hindeuten. Die Frage, die natürlich nicht geklärt ist, ist, warum das Universum aus dieser Singularität entsprungen ist. Gab es einen ersten Beweger? Gott? Fällt das Universum wieder zusammen und entsteht ein neues? Der Big Bounce suggeriert dies, auch wenn noch einiges an Arbeit vor uns liegt, bevor die mathematischen Modelle allgemeine Gültigkeit erreichen.

Das Verschränkungsprinzip geht nun davon aus, dass einmal miteinander verbundene Teilchen miteinander in Kontakt stehen. Wenn ein Teilchen seine energetische Position ändert, ändert auch das verschränkte Teilchen seine Position. Dies funktioniert auf einer unvorstellbar kleinen Ebene der Quanten. Amit Goswami formuliert aus diesen Überlegungen heraus die These, dass unsere »Energie«, nichts anderes ist unser Denken als elektrische Impulse, in einer Art »energetischer Festplatte« gespeichert wird.

Hans-Peter Dürr verwendet hier gerne den Begriff der Kreativität. Also der Möglichkeit des Menschen, über Denken und Handlungen kreativ zu wirken und Veränderung herbeizuführen. Nehmen wir nun an, jeder Gedanke, jede Handlung würde in dieser Festplatte als Energie gespeichert, dann ergeben sich einige interessante Überlegungen. Zum einen könnte dies eine Erklärung für eine »Seele« sein. Im geschlossenen Kreislauf würden Verschränkungen vererbt.

Wie das?

Nehmen wir an, ein Mensch stirbt. Der Mensch wird wieder zu Staub und wird in die Erde aufgenommen. Wenn du die Masse eines Menschen reduzieren würdest, also alle Luft aus den Atomen herausnimmst, bliebe in etwa die Größe eines 1×1 Zentimeter großen Würfels übrig. Dennoch könnte hierin Information gespeichert sein, die nun in den Kreislauf des Lebens aufgenommen wird. Aus der Erde erwachsen Pflanzen, von Pflanzen ernähren sich Tiere, und schlussendlich ernähren wir uns von Tieren. Vielleicht nehmen wir so alte Informationen, alte Verschränkungen wieder auf und vielleicht können diese Informationen auch auf, im Mutterleib heranwachsende Kinder übertragen werden.

Damit würde sich erklären, wie eine »Seele« funktionieren könnte. Nicht als eine individuelle Repräsentation des eigenen Selbst, sondern eine energetische Verbindung, die kollektiven Charakter hat, auf die wir als Individuum allerdings nur in Teilen Zugriff haben. Je größer dieser Zugriff ist, desto mehr »alte Informationen« stecken bereits in uns.

Über den Gedanken eines Kreislaufs versuche ich auch die Entwicklung des Einzelnen und der Menschheit zu erklären. Dabei stützen sich meine Überlegungen auf Arbeiten von Varda Hasselmann, ein in München arbeitendes Medium, die verschiedene »seelische Entwicklungsstufen« formuliert hat.

Angenommen, ich habe als Mensch Zugriff auf Informationen von zahlreichen anderen Leben, dann könnte dies erklären, warum einige eine gewisse Weisheit und Ruhe mit auf den Weg bekommen haben und andere nicht. Dies könnte auch erklären, warum bei einigen Rückführungstherapien fruchten und bei anderen nicht, oder warum manche spirituelle Entwicklungen erleben und andere nicht.

Doch dies erscheint mir nur ein möglicher Mechanismus, aus dem sich viele Fragen ergeben und der natürlich aktuell nur eine Grobskizze darstellt mit fragwürdigem wissenschaftlichem Gehalt. Ich bin hier sehr gespannt auf weitere Forschungsergebnisse und Überlegungen.

Glaubst du damit noch an Gott oder würdest du gerne an ihn glauben?

Durchaus, allerdings stelle ich mir Gott wohl anders vor als die Kirche. Für mich ist er sozusagen ein Wissenschaftler, der erste Beweger, etwas, das die Entäußerung der Singularität als Universum herbeigeführt hat mit einer Frage. Für mich ist diese Frage die Möglichkeit der Existenz in Dualität.

Betrachten wir das Leben, wie wir es kennen, ist alles dual aufgebaut. Selbst unsere Begriffe bilden Gegensatzpaare auf bipolaren Achsen mit verschiedensten Schattierungen.

Gott ist damit nichts Externes, sondern wir alle sind Kinder Gottes, da wir die Erfahrung als solche konstituieren. Über unsere individuelle Erfahrung sammelt sich Erfahrung an. Dies geschieht in einem empirischen Feld des Begreifens unseres Universums mit seinen Gesetzen, im Intellektuellen im Sinne einer Auseinandersetzung mit dem Inneren und dem Äußeren und im Spirituellen als eine Art Speicher von Erfahrungen und Impulsgeber.

Dabei denke ich unseren Willen als frei. Dies bedeutet, ich bin weder determiniert noch gesteuert, sondern frei in meiner Entscheidung, wie ich mit den Impulsen der Wahrnehmung umgehen möchte. Dies Denken und Handeln wird gespeichert und nachfolgenden Generationen zugänglich gemacht. Dadurch bin ich selbst mit unendlichem Leben gesegnet, auch wenn es mich selbst nach meinem Tod nicht mehr gibt.

So besehen entwickelt sich die Menschheit immer weiter voran. Sowohl in einem materiellen als auch in einem spirituellen Sinn. Je älter unsere Weltenseele damit wird, desto feiner und subtiler werden unsere Erfahrungen. Je größer die Anzahl der Erfahrungen ist, auf die wir Zugriff haben, desto mehr erkennen wir die Interdependenz und die Illusion eines eigenen Egos. Nur das Ganze ist das Wahre, und das Einzelne ist doch von enormer Wichtigkeit, da es eine spezielle einmalige mögliche Erfahrung darstellt.

Das klingt schwer nachvollziehbar.

In der Kürze ist dies sicherlich auch nicht darstellbar. Dazu gibt es noch viele Fragen, die ich zu beantworten suche, bevor ich selbst eine stringente Theorie entwickeln kann, die einer kritischen Prüfung standhält. Die Richtung erscheint mir dennoch vielversprechend.

Ist dein Denken unter Gleichaltrigen weitverbreitet?
Dieses spezielle Denken sicherlich nicht. Allgemein beobachte ich jedoch eine Sinnsuche bei den Menschen und eine Ablehnung des Alten. Wir scheinen uns mit den bisherigen Deutungsmustern nicht zufriedenzugeben und spüren intuitiv, dass es mehr gibt. Dabei sind die Erfahrungen sehr verschieden und von unterschiedlicher Intensität. Dennoch sind die von mir dargestellten Entwicklungen mit Erscheinungen, religiösen oder spirituellen Erfahrungen, aus meiner Perspektive eher die Regel als eine Ausnahme. Die interessante Frage wird nun sein, was wir daraus machen und ob wir den Mut finden, eine Diskussion über Spiritualität, Religion und Glauben jenseits von traditionell-dogmatischen Strukturen zu führen.

Bruchstellen und Fluchtpunkte

Der langsame, aber unvermeidliche Abschied von der Kirche – Versuch einer Zusammenfassung

Der Abschied vom System Kirche hat sich nicht von heute auf morgen vollzogen. Der Prozess dauerte Jahrzehnte. Ein enger Freund hat ihn erst mit über 80 Jahren durch Austritt vollzogen, obwohl er längst nicht mehr an das glaubte, was die Kirche lehrte. Meine Bruchstellen lassen sich ebenfalls über Jahrzehnte verfolgen. Sie belegen, dass die Kirche den meisten von uns nicht den Glauben an Gott, aber den an die Institution Kirche ausgetrieben hat. Die *Flucht vor dem Kaplan* umschreibt eine Entfremdung.

Meine Abnabelung begann mit der frühkindlichen Indoktrination, die ich damals gar nicht bemerkte. Dort ist der Anfang dessen, was sich als Trend durch dieses Buch zieht. Die einzelnen Kapitel beschreiben meine Bruchstellen, die sich am Ende als Etappen eines lebenslangen, offenen Prozesses mit vielen Fluchtpunkten identifizieren lassen. In der Zusammenfassung wird die Grundlinie deutlich mit einem am Ende dann doch unerwarteten Ergebnis.

Die Indoktrination war wie eine Impfung. Sie ging unter die Haut, legte dort ein Depot an aus Glaubenswahrheiten, Glaubenssätzen und Pflichten, das sich langsam leerte. Aber statt im ganzen Körper eine heilsame Wirkung zu entfalten, stießen die sich ausbreitenden Zellen zunehmend auf den Widerstand eines gesunden Organismus. Er isolierte sie wie Krebszellen, entzog ihnen die Nahrung. Und sie starben ab.

Als tote Zellen noch identifizierbar, nehmen sie im Körper zwar noch Platz weg, aber es ist nur noch jener, den Narben der Erinnerung brauchen.

Glücklicherweise haben mich dank Ortswechsels die hysterischen Ausfälle der Pfarrer meiner frühen Kindheit in Waldkirch gegen behoste Mädchen und evangelische Buben nicht voll erwischt. Die unerklärlichen Ängste vor »den Evangelischen« habe ich in Hausach zusammenphantasiert, als wir neben der evangelischen Kirche wohnten. In diese Kirche zu gehen war uns verboten, also musste es dort sündhaft zugehen.

Die nächste, eher glückliche Zeit wird durch die katholische Jugend in Hausach markiert. Der Beichtunterricht säte mehr oder weniger neurotisches Sündenbewusstsein, das sich bei mir nicht so ausgeprägt entwickelte wie bei Gleichaltrigen. Meine Orientierung an Werten, die auch unabhängig von Kirche und Glauben entstehen und bestehen können, hat sich in dieser Zeit geformt. Die nächtlichen Meditationen entlang der Kinzig zeigten mir Grenzen des Vertrauens in die christliche Kirche auf, nicht aber in ein Gottvertrauen, das ich weder definieren konnte noch wollte, noch will. Es war und blieb da. Um mich von der Angst vor der Liebe Gottes, die sich durch Strafe zeigt, zu befreien, brauchte ich einige Zeit. Diese Angst wurde uns eigentlich nur eingeredet, damit wir alle Übel des Daseins gutmütig und voller Hoffnung auf das Leben danach schluckten. Ich tat aber lieber etwas dagegen und wollte keine schrecklich strafende Liebe masochistisch genießen.

Meine jugendliche Gottessuche wäre schon damals von Joseph Ratzinger bzw. Papst Benedikt XVI. als Horrorbild der Gegenwart verdammt worden. Ich suchte nach glaubwürdigen Überzeugungen und Glaubensinhalten, die ich nachvollziehen konnte, gleich, wo ich sie fand, in Büchern, Gesprächen und Meditation. Relativismus nennt Ratzinger das. Ich aber spreche von Suche nach Gott, von meinem Abschied vom Mittelalter auf dem Weg in die Moderne.

Über meine Jugendkapläne haben andere zu klagen. Ich sehe zumindest in meiner Erinnerung keinen Grund dazu. Übergriffe sind mir auf uns Buben in Hausach nicht bekannt. Mädchen haben da wohl anderes erfahren. Aber die jungen Pfarrer verkörperten selbstverständlich das, wozu sie schließlich ausgebildet worden sind. Sie standen trotz Jugendnähe durch Moped und Räuberzivil (Anzug ohne Römerkragen und lockeres Hemd bzw. Krawatte) weit über uns. Der Stadtpfarrer war der Über-Bürgermeister, der heimliche Herrscher des Städtchens. Glücklicherweise wusste er von uns sehr wenig, denn wir beichteten nicht bei ihm und lieferten ihm so nicht das wichtigste Herrschaftsinstrument für die Beeinflussung der Pfarrgemeinde, die Kenntnis des Privatlebens der Kirchgänger.

Der Antisemitismus war latent vorhanden. Trotz Holocaust und ideologischer Verstrickungen der Kirche in die Judenvernichtung hörten wir noch im Religionsunterricht in den 60er-Jahren von manchem Pfarrer, dass die Juden als Gottesmörder schließlich selbst schuld an ihrem Schicksal seien. Diese Selbstverständlichkeit, mit der sie davon sprachen, war aber nicht durch oberflächliche Sündenbekenntnisse zu tilgen oder durch Schweigen zu vertuschen. Sie nährte sich aus Jahrhunderten des brutalen Antisemitismus. Als ich den antijudaistischen Religionsunterricht, den Eugenio Pacelli, später Pius XII., in seiner Kindheit erfahren hatte, in meiner Pius-Biografie schilderte, warf mir ein katholischer Historiker vor, ich hätte Lügen von einem Bestsellerautoren übernommen. Aber seit wann sind es Lügen, wenn man den im 19. und 20. Jahrhundert selbstverständlichen antisemitischen Religionsunterricht als Tatsache beschreibt? Ein wahrheitsgemäßer Umgang mit der Kirchengeschichte, der auch die Wirklichkeit des menschlichen Alltags wahrnimmt, wäre vielleicht auch eine Pflicht aufrichtiger katholischer Geschichtsforschung. So bleibt der Umgang mit dem kirchlichen Antisemitismus auch eine von der nachkonziliaren Kirche durchaus vermeidbare Bruchstelle.

Dankbar nahm ich an Schulungen und Lehrgängen für uns katholische Gruppenführer teil. Den nachhaltigsten Eindruck hinterließ eine Tagung über die neuen katholischen Schriftsteller in Frankreich, vorneweg Georges Bernanos mit seinem *Tagebuch eines Landpfarrers* und *Unter der Sonne Satans*. Die beabsichtigte Botschaft blieb hängen: Der Pfarrer kann noch so verkommen, versoffen, unanständig und unmoralisch sein, er ist und bleibt ein geweihter Mann. Später entdeckte ich, dass genau hier die Ursache für das Schweigen der Kirche zu den Missbräuchen liegt. Dass hier die Unterwürfigkeit der Gläubigen begründet ist, die es verhinderte zu wagen, den Priester zu kritisieren, sich gegen ihn aufzulehnen oder schließlich bei der Polizei anzuzeigen, wie es bei Kriminellen gleich welchen Standes sein müsste. Der Pfarrer war eben unantastbar und seine Untaten möglicherweise nur die Strafe Gottes für irgendwelche Sünden, die einer sicherlich begangen hatte, auch wenn ihm keine einfielen. Böse waren wir doch alle, das hatten wir doch so im Beichtunterricht erfahren.

In den 60er-Jahren zerfiel allmählich der Glauben an die päpstliche Autorität. Rolf Hochhuths *Stellvertreter* beraubte den Papst in bisher ungekannter Weise seiner Unantastbarkeit. Über den Papst konnte fortan kontrovers und ungestraft kritisch diskutiert werden, sogar öffentlich. Seine Autorität war wirkungslos, und er konnte die Emanzipation der Katholiken nicht mehr verhindern.

Der zweite Nachfolger von Pius XII., Papst Paul VI., vollendete diesen Zusammenbruch päpstlicher Autorität dann mit seiner Pillenenzyklika. Für katholische Frauen war sie der Anfang vom Ende der Kirchenfolgsamkeit, für Männer und Frauen war sie die Bestätigung einer unverständlichen, überholten Sexualmoral, die nicht mehr akzeptiert wurde. Eine der tiefsten Bruchstellen zwischen Kirche und Gesellschaft hat sich dadurch zu einem nicht mehr überbrückbaren Abgrund geweitet. Dabei ist es bis heute geblieben, verstärkt noch durch die unsägliche Kampagne gegen Aids-Prävention und Präservative.

Zu Beginn meines Berufslebens war ich noch naiv davon überzeugt, dass eine katholische Welt am besten gefeit wäre gegen Mord und Totschlag, Krieg und Unrecht. Ich wollte daher ein für die Wahrheit arbeitender katholischer Journalist werden. Mein Volontariat bei der katholischen Stuttgarter Tageszeitung *Deutsches Volksblatt* trieb mir dann aber bald allen derartigen Ehrgeiz aus. Es blieb bei der Selbstverpflichtung zur Wahrhaftigkeit. Wahrheit war im katholischen Verlag immer nur unsere Meinung. Andere Meinungen, vor allem konfessionelle und politische, wurden ignoriert. Über die SPD durfte nicht berichtet werden, katholische Pfarrer waren tabu und die Welt heil, wenn alle sonntags zur Kirche gingen. Der Bischof in Rottenburg las stets mit, und ein Weihbischof saß im Aufsichtsrat. Der Verlag gehörte dem Bistum.

Dem Idealismus folgte ich danach noch für eineinhalb Jahre als Presse- und Werbemensch des Bauordens in Worms. Nachdem ich zur Deutschen Presseagentur gewechselt war, wollte ich Kirche eigentlich nurmehr als meine Privatsache behandeln, doch in den Medien kannten sich nur wenige mit Kirchenthemen aus. Und keiner ging gerne zu Kirchenterminen, obwohl die mitunter mehr über unsere Gesellschaft aussagten als kluge theoretische Analysen. Kirche konnte aufregend sein, und so wurde diese Nische mein Hauptnebenfach und führte mich bald zu den wichtigsten Kirchenereignissen, dann als Korrespondent nach Rom und schließlich zu fast 20 Büchern.

Zur Kirchenberichterstattung gehörte auch die Erfahrung, dass unangenehme Fakten nicht nur von der Amtskirche gerne geleugnet wurden. Wenn sie nicht zu bestreiten waren, versuchten Kirchenvertreter, ihre Veröffentlichung zu verhindern. Ebenso bitter wie heilsam war für mich die Forderung der Deutschen Bischofskonferenz, die dpa möge mich entlassen, weil ich mich über das neue Mischeherecht von Papst Paul VI. zwar absolut korrekt (was damals keiner zugeben wollte), aber skeptisch geäußert hatte. Das war die Kirche, zu der ich fortan die Bindungen lockerte, bis ich nicht mehr viel mit ihr zu tun haben wollte. Statt rausgeschmissen wurde ich dann von der dpa nach Rom versetzt, wo ich mit etwas Stolz sagen kann, dass ich einige Jahre lang die Vatikanberichterstattung in den deutschen Tagesmedien in großem Umfang bestimmt habe, wobei ich versuchte, die Kirche von innen zu verstehen, um sie nach außen verständlich zu vermitteln.

Einen sich ständig ausweitenden Riss haben bis heute die täglichen politischen Nachrichten verursacht. Gerade christlich geprägte, konservative Regierungen scheinen sich darin zu überbieten, wer beispielsweise die schärfsten Abschiebegesetze anwendet. Mitglieder des Zentralkomitees der deutschen Katholiken verantworten eine ausländerfeindliche Abschiebepraxis, ohne sich bewusst zu machen, dass sie dadurch Grundsätze ihres Glaubens verraten. Die Kirche kann für diese christlichen Politiker sicher nicht verantwortlich gemacht werden, aber ich habe auch noch nicht vernommen, dass sie sich ausdrücklich gegen sie gewandt oder sie zur christlichen Ordnung gerufen hätte. Manche CDU-Politik ist mit meinem Verständnis von Christentum schlichtweg unvereinbar. Entweder die verantwortlichen Politiker haben nichts mit der katholischen Kirche zu tun oder sie sündigen öffentlich.

Eine Bruchstelle vertieften auch einige Theologen. Schon vor 40 Jahren rieten einige von ihnen, die sich damals progressiv nannten, zum Austritt aus der Körperschaft des öffentlichen

Rechts katholische Kirche, um durch Geldentzug die Kirche zu Reformen zu zwingen. Eine meines Erachtens richtige, weil wirksame Methode. Leider, so referierten sie, könnten sie diesen Schritt nicht selber tun, weil sie als Hochschulprofessoren dann die kirchliche Lehrbefugnis verlören. Wasser predigen, Wein trinken, nennt das der Volksmund. Die Initiative zum Austritt aus der Körperschaft versandete damals und wurde erst nach den Skandalen 2010 wieder aufgegriffen.

Mich wunderte der Streit doch sehr. Ich mache keinen Unterschied zwischen steuerzahlenden und nicht steuerzahlenden Katholiken. Wenn jemand austreten will und seinen Glauben bewahrt, dann braucht ihn das umstrittene rechtliche Verhältnis zur Kirche in Deutschland nicht zu stören. Die Kirche lehrt ja schließlich, dass die Taufe ewig gültig ist. Der Rest ist nur Streit um den Mammon. Meinen Zwangsbeitrag bezahle ich schließlich nicht gerne für eine Institution, die mich nicht ernst nimmt und nicht ernst nehmen will. Dass die Kirche in ihrem paternalistischen, autoritären Denken immer wieder versucht hat, Andersdenkende zum Schweigen zu bringen und Diskussionen einzudämmen, belegen viele meiner Erfahrungen. Mit der Zeit reihte sich so Bruchstelle an Bruchstelle wie bei einem Reißverschluss, der sich langsam öffnet. Bei mir brachen dabei die Zacken aus, und er konnte nicht mehr geschlossen werden.

Die wunderbaren römischen Mythen lassen das Christentum zudem als eine Religion erscheinen, deren Alleinstellungsmerkmale so einzigartig gar nicht sind. Alles, aber wirklich alles findet sich auch in anderen Religionen wieder, zwar mit unterschiedlichen Bezeichnungen, aber inhaltlich gleich.

In den ersten Weltbischofssynoden begeisterte ich mich noch, wie die Bischöfe versuchten, ernsthaft mit dem Papst gemeinsam zu regieren und nicht nur Befehle zu empfangen. Das Zauberwort dabei war Kollegialität. Wie mancher Zauber verlor es jedoch bald an Strahlkraft. Aus kollegial mitregierenden Bischöfen wurde eine parlamentarische Versammlung von Vaterfiguren, die der Mutter Kirche Ratschläge erteilen durften, die derjenige nicht befolgte, der sie hätte anwenden können, der Heilige Vater.

Zur Kollegialität gehören logischerweise zwei Seiten: der Papst und die Kollegen. Doch wie bei den Kardinälen, die der Papst, so die amtliche Bezeichnung, kreiert, also nach eigenen Vorstellungen schafft, entsprechen die Bischöfe ganz den Profilen, die der Mann im Rom vorgibt. Nur in wenigen Ländern haben die Diözesen bzw. die Domkapitel ein Wahlrecht, und das wird vom Papst auch noch ausgehebelt, zumindest versucht er es. So war es der Fall im Erzbistum Freiburg, wo zuerst der Erzbischof Oskar Saier kränker gemacht wurde, als er war, um ihm einen nicht gewählten Koadjutor mit Nachfolgerecht zur Seite zu stellen, Georg Gänswein. Als dieser nicht durchsetzbar war und endlich ein Nachfolger bestimmt werden musste, wurde der Wunschkandidat Weihbischof Paul Wehrle nicht auf die römische Dreierliste (Terna) gesetzt, aus der das Domkapitel auswählen darf. Der reichlich farblose Personalreferent Robert Zollitsch wurde dann Erzbischof.

Wo Rom weniger Rücksicht nehmen musste, setzte es rigoros gegen die Wünsche der Katholiken seine Leute durch: in Köln Joachim Meisner, in Fulda damals Johannes Dyba, in Regensburg Gerhard Ludwig Müller. In über 30 Jahren und unter zwei Päpsten mit erzkonservativen Personalentscheidungen hat sich ein Episkopat gebildet, der weniger eigenes Profil und mehr Opportunismus zeigt als je zuvor und stets Rom ergeben ist. Meisners Kölner Herrschaft mithilfe des Opus Dei ist geradezu eine Aufforderung, die Körperschaft katholische Kirche zu verlassen.

Unter den romtreuen Hardlinern im Gefolge von Meisner sorgte der Limburger Bischof Franz-Peter Tebartz van Elst 2010 für böse Schlagzeilen. Sein herrschaftlicher Lebensstil bricht so radikal mit dem seines bescheidenen Vorgängers Franz Kamphaus, dass sich sogar gestandene Pfarrer von ihm abwenden. Die Meisnerisierung des Bistums mithilfe von Meisners dem Opus Dei nahestehenden Personal setzt er zielstrebig fort. Ein Brandbrief von über 20 besorgten Pfarrern unter der Überschrift »S.O.S« machte im November 2010 in der Diözese die Runde. Er ist eine einzige Klage gegen den Bischof, der besser ins 17. Jahrhundert gepasst hätte als ins 21. Er beginnt mit den Worten »Dies ist ein Aufschrei von Seelsorgern«. Kritisiert wird darin neben »Prunksucht und Hochglanzkitsch« auch der autoritäre Führungsstil des Bischofs. Die Rede ist von »klerikalem Dünkel« und »selbstverliebten Ritualen«. Engagierte würden wie Klappstühle in die Ecke gestellt, sparen die Priester nicht mit Kritik. In wichtigen Fragen würden Priester und Gläubige einfach vor vollendete Tatsachen gestellt.

»Er denkt in Organigrammen, Gespräche sind bedeutungslos«, sagte Pfarrer Albert Dexelmann von der St. Lambertusgemeinde in Runkel, der den Brief unterstützte. Längst abgeschaffte Ehrentitel wie »Monsignore«, »Prälat« oder »apostolischer Protonotar« seien wieder eingeführt worden. Die Stimmung sei »wie in der ausgehenden DDR«, so Dexelmann. »Wir träumen von dem Katholizismus, wie er sein könnte, aber das Klima ist so, dass viele sehr geduckt sind.«

Solche Bischöfe vertreiben selbst gut meinende Gläubige. Die Zeitschrift kritischer Christen *Publik-Forum* wirft dem Limburger Bischof daher auch vor, noch mehr Kirchenaustritte zu provozieren. Auch meine Bruchstelle weitet sich.

Wie die Kirche mit Kritikern umgeht, habe nicht nur ich kleiner Nachrichtenjournalist der dpa erfahren, für öffentliche Aufregung sorgten Verbote, verlogene Ermittlungsverfahren,

Entzug von Lehrerlaubnis und Entlassungen aus dem Priesteramt. Unter den Opfern der verschiedenen Maßnahmen fanden sich so prominente Theologen wie Karl Rahner und weitaus schlimmer Hans Küng, Edward Schillebeeckx, Giovanni Battista Franzoni, später Leonardo Boff oder Ernesto Cardenal, Gotthold Hasenhüttl, der Ende 2010 aus der Kirche austrat, Hubertus Halbfas und viele mehr. Rom ergebene alte Männer wie Hans Urs von Balthasar wurden dagegen mit dem Kardinalspurpur ausgezeichnet. Rahner und Küng hätten ihn allerdings mehr verdient. Mir hat Küng im Glauben mehr geholfen als ein halbes Dutzend wohlmeinender Pfarrer (die wiederum selbst in ihrer eigenen Not bei Küng Trost fanden).

In meiner Rom-Zeit hat sich zwar Distanz aufgebaut, aber die wahren Bruchstellen lieferte die Kirchenzentrale nicht, sie vertiefte sie nur. Den Vatikan verstand ich als historisch faszinierend, aber wenig Glauben fördernd. Vor meinem Wechsel nach Rom war ich Mitglied im Bensberger Kreis, der 1966 von den katholischen Publizisten Walter Dirks und Eugen Kogon gemeinsam mit Freunden aus der Pax-Christi-Bewegung zunächst unter dem Namen »Freunde von Pax Christi« in Bensberg bei Köln gegründet wurde. Er verstand sich als Zusammenschluss von »deutschen Katholiken mit kritischem und reformerischem Engagement in Kirche und Gesellschaft«. 2004 beschloss der Kreis schließlich seine Auflösung, was vor allem mit der Überalterung der Mitglieder sowie der geringen Resonanz bei jüngeren katholischen Christen begründet wurde. Zuletzt hatte der Kreis noch 110 Mitglieder. Das sinkende Interesse ging aber auch auf die bittere Erfahrung zurück, dass der Kreis, abgesehen von der Versöhnung mit Polen, nichts erreicht hatte. Er hatte sich vor allem mit gesellschaftspolitischen Fragen auseinandergesetzt, zu denen er immer wieder in Memoranden öffentlich Stellung bezog: Friedenspolitik, Demokratieentwicklung, Verständigung mit Polen, innerkirchliche Reformen wie Demokratisierung der Kirche und Gerechtigkeitsfragen.

Seine schönen Absichten wurden allerdings in der Kirche weitgehend ignoriert. Der Stempel »linkskatholisch« zeichnete ihn nur in der erwartungsvollen Zeit nach dem Konzil aus. Danach erschwerte er jede Wirkung. Die Mitglieder verloren daher ihr Interesse, einige Prominente starben, und gegen den Geist der inneren Emigration fand der Kreis kein Mittel. Erst recht sah ich aus der römischen Distanz keinen Grund, dort zu bleiben. Ein weiterer Bruch.

Erfahrungen von Kollegen in der Kirchenpresse zeigten von Jahr zu Jahr deutlicher die Grenzen des Aufbruchs. Ein Artikel mit offen zur Diskussion gestellten Reformvorstellungen löste gewöhnlich eine Flut von Leserbriefen aus, die bereits Häresien witterten. Die vom Konzil verordneten Reformen hatten das Kirchenvolk unvorbereitet getroffen. Die Jungen brachen zu neuen Ufern auf, die treuen Alten bauten höhere Dämme gegen den Einfluss der modernen Welt. »Ihre« Kirchenzeitung durfte aber auf keinen Fall zum Forum für den Dialog werden. Die Kirche hat versagt, weil sie vom autoritären Lehramt nicht auf meinungsvielfältige Gesprächsbereitschaft umschalten konnte. Das Konzil hatte viele Katholiken mitgenommen, die meisten aber nicht mit genommen.

Im Sog des Widerstands blühten sogenannte Movimenti auf, Bewegungen, die unter dem Etikett »Erneuerung« die Rückkehr zur vorkonziliaren Ordnung versteckten. Mit diktatorischem Gehorsam und Schweigeverpflichtung, totaler Kontrolle durch private Vernehmung und öffentliche Beichten zwangen sie ihre Mitglieder, die oft orientierungslos Suchende waren, in eine papstergebene Truppe. Von des Papstes neuen Soldaten sprach eine französische Untersuchung dieser Bewegungen wie Opus Dei, Focolarini und Legionäre Christi. Ihnen wäre es am liebsten, die Kirche würde in eine schlagkräftige militante Großsekte verwandelt. Für mich ist das der Abschied von der Volkskirche.

Die Begründungen für meine Bruchstellen mit der Kirche wurden mir am Ende der Arbeit für dieses Buch von einem ehemaligen Kollegen ungewollt bestätigt, von Peter Seewalds Interview-Buch mit Benedikt XVI. Irgendwie kann ich die Bekehrung eines früheren Ministranten und späteren Kommunisten zum papstfrommen Gläubigen ja noch nachvollziehen, aber Seewalds pauschale Kritik an den heutigen Medien in Deutschland kann ich weder verstehen noch rechtfertigen. Ist ihm eigentlich bewusst, was er bei der Vorstellung des Buches *Licht der Welt* im November 2010 gesagt hat, als er seinen ehemaligen journalistischen Kollegen Gleichschaltung vorwarf? Oder hat er vielleicht zu viel mit dem weltfremden Benedikt XVI. gesprochen und die Wirklichkeit dabei aus den Augen verloren, dass er den beschämenden Vergleich mit den Nazis und deren Gleichschaltung der Presse ziehen konnte? Das Wort ist wie die entartete Kunst nun mal damit besetzt, und ein so intellektueller Autor wie Seewald müsste das doch wissen. Oder hat ihn Ratzinger animiert, der durch Geschichtsklitterung und Fehlinterpretationen seine Weltferne bewiesen hat, von der Regensburger Anti-Islam-Rede über die Indios, die angeblich immer auf Christus gewartet haben (und Mörder empfingen), bis zu den Portugiesen in Angola, die als Gäste kamen und Millionen Schwarze in die Sklaverei führten?

Wo bleibt denn die uns überzeugende Argumentation des ach so missverstandenen Papstes? Soll man über seine Fehlurteile hinwegsehen, nur weil er als ein deutscher Gelehrter zu Papst Benedikt XVI. geworden ist und sich durch höhere Weihen der banalen öffentlichen Kontrolle der Medien seiner Heimat entziehen darf?

Es muss beide irritiert haben, dass nicht nur die böse deutsche Presse das keineswegs nur Erhellende in Benedikts *Licht der Welt* kritisierte. Christine Vollmer forderte beispielsweise den Papst auf, er möge aufhören, von sexuellen Irrungen zu sprechen, und lieber mehr von Jesus reden. Frau Vollmer leitet die Allianz für die Familie in Miami und ist Mitglied der Päpstlichen Akademie für das Leben.

Ihr sekundierte Professor Luke Gormally, Mitglied derselben Päpstlichen Akademie und Hochschullehrer an katholischen Instituten in London und Michigan. Er hielt dem Papst vor, er wolle als einfacher Theologe über eine Materie sprechen, »in der er über keine besondere Kompetenz verfügt«. Benedikt XVI. habe Raum für Zweideutigkeiten geschaffen. »Viele Menschen, die ich kenne, halten die Papstworte für verantwortungslos, weil sie hier einen Papst sehen, der es sich zu bequem macht, wenn er sich auf eine ruhige Zone der privaten Meinungsäußerung zurückzieht und so die dringenden Aufgaben des Regierens vernachlässigt.«

Seewalds Buch und die Thesen, die der Papst darin vertritt, haben meine Kirchendistanz nochmals vergrößert, selbst wenn der Papst »sensationell« den Gebrauch von Kondomen eingeschränkt kirchlich erlaubt. Mich aber stört es gewaltig, dass der Papst sich dafür feiern lässt, dass er Prostituierten zur Verhinderung der weiteren Verbreitung von Aids Kondome erlaubt und das noch in einen Zusammenhang mit einer Moralisierung stellt. Ein eigentlich bizarres Szenario, fand die *Frankfurter Allgemeine*: Ein Gummi zur Ausübung des Geschlechtsverkehrs gerät zum Testgummi für die Modernetauglichkeit einer Institution mit 1,2 Milliarden Mitgliedern. Wie viel Druck muss dieser Gummi aushalten, wenn sich an ihm jetzt die Frage entzündet, ob es innerhalb der katholischen Kirche eine »revolutionäre Wende« gegeben hat oder nicht.

Als ich die Berichte über das Interview gelesen hatte, war meine erste Reaktion empörtes Staunen. Mitten in meine Lektüre platzte ein Anruf meines römischen Freundes und Kollegen Giancarlo Zizola, der die italienische Ausgabe des

Buches schon länger mit Sperrfristvermerk besaß. Er beurteilte Peter Seewald als reaktionären Stichwortgeber, der es dem Papst ermöglichte, sich durch weniger reaktionäre Antworten als fortschrittlich darzustellen.

Seewald war in jener Zeit bekennender Kommunist, als viele reformfreudige Katholiken den Aufbruch des Konzils umsetzen wollten. Diese Entwicklung hat er fernab der Kirche übersprungen und am Ende dort wieder angefangen, wo er als Jugendlicher ausgestiegen war. Besonders einmalig war das Interview schließlich auch nicht. Vor Seewald/Ratzinger hat schon Paul VI. Alberto Cavallari vom *Corriere della Sera* am 3. Oktober 1965 zum Abschluss des Konzils ein Zeitungsinterview gegeben.

Seewald billigt dem restaurativen Papst eine längst überholte Rolle zu, die ihn über jeden Verdacht erhebt und unantastbar macht. Diese Zeiten der Kleriker sind aber vorbei, und sämtliche kirchlichen Würdenträger müssen sich endlich damit abfinden, dass auch sie in dieser Welt leben ohne Anspruch darauf, sich über sie erheben zu können. Ich schätze den Papst als hochintelligenten Philosophen und Theologen, der mich mit seinem Kirchenbild aber nicht erreicht und bei dem ich mehr Widersprüche sehe, als ich mit meiner Vorstellung von einem modernen Christentum vereinbaren kann.

Ein Rückblick sollte Seewald und seinesgleichen helfen, die kritischen Reaktionen in Deutschland besser zu verstehen, statt von Gleichschaltung und Gehässigkeiten zu fabulieren. Bis zum 19. April 2005 um 18.00 Uhr war für mich und ähnlich gesinnte, auf Reformen hoffende Katholiken Joseph Ratzinger der Inbegriff allen Ärgers, den die sich modernisierende katholische Kirche in Deutschland mit Rom hatte. Wenige Minuten danach waren »wir Papst« und sollten jubeln. Doch die Ernüchterung kam bald, und das Bild von Benedikt/Ratzinger fiel dank seiner Äußerungen und Maßnahmen wieder auf den Stand zurück, als er noch oberster Glaubenswächter und Chefdenker von Papst Johannes Paul II. in Rom war. Unvergessen die Erneuerung seiner Verurteilung der evangelischen Kirche als nicht vollwertig. Seewald aber feiert ihn als Ökumeniker.

Diese Normalisierung der Papst-Einschätzung stößt Seewald vermutlich deshalb so bitter auf, weil er anscheinend die Papst-Euphorie von 2005 für nachhaltig hielt. Sie spiegelt sich auch in den kritischen Kommentaren der Medien wider, die sich ihrer Kontrollfunktion bewusst geworden sind, von der der Papst heute nicht mehr ausgenommen wird, selbst wenn es um den deutschen Papst geht. Dass Rom und einige Papst-Fans damit nicht umgehen können, spricht nicht gegen die berechtigte Kritik. Es beweist nur die Unvereinbarkeit von journalistisch und katholisch, wie ich sie in meinem Medienkapitel beschrieben habe.

Ich müsste mich über Benedikt XVI. eigentlich freuen. Zu seiner Wahl hatte ich kommentiert, ich wünsche mir Ratzinger als Papst, weil er die Kirche gegen die Wand fahren und damit erst den nötigen Druck erzeugen werde, sodass endlich grundlegenden Reformen nicht mehr ausgewichen werden könne.

In derselben Woche, in der das Seewald/Benedikt-Buch erschien, brachte auch ein einst kirchlich hoch angesehener Theologe ein Buch heraus, das mehr als alle päpstlichen Beschönigungen über die sexuelle Verdrängung und die Folgen für die Missbräuche aussagt. Der Theologe David Berger, der als korrespondierender Professor für die Päpstliche Akademie des heiligen Thomas von Aquin in Rom arbeitete, verlangte im Gespräch mit dem *Spiegel* ein Ende der kirchlichen Schwulendiskriminierung: »Es muss anerkannt werden, dass ein großer Teil der katholischen Kleriker und Priesteranwärter in Europa und den Vereinigten Staaten homosexuell veranlagt ist.«

Berger berichtet, er selbst habe als katholischer Theologe, der mit einem Partner zusammenlebe, viele Jahre unter der schwulenfeindlichen Atmosphäre seiner Kirche wie unter einem »Albtraum« gelitten. Seine Arbeit bei der theologischen Zeitung sei überwacht und zensiert worden. So habe er in Artikeln nicht »Lebensgefährte« schreiben sollen, sondern »Unzuchtpartner«. »Homosexuell« habe als zu neutraler Begriff gegolten, er habe »widernatürliche Unzucht« schreiben müssen.

Dabei gehe »die größte Schwulenfeindlichkeit in der katholischen Kirche von homophilen Geistlichen aus, die ihre Sexualität krampfhaft verdrängen«, meint der inzwischen von seinen Ämtern zurückgetretene Berger. »Offensichtlich werden diejenigen, die ihren Trieben nachgehen, besonders heftig abgelehnt, wenn man die Veranlagung bei sich selbst so schmerzhaft unterdrückt.« Das erinnerte mich an frühere Recherchen über homosexuelle Pfarrer, bei denen mir ein Kollege erzählt +hatte, wie ihn ein als besonders harter Schwulenkritiker bekannter Bischof homosexuell angemacht habe. Eine andere Recherche belegte, dass der Schwulenanteil unter katholischen Priestern mit mindestens 20 Prozent weit über dem Bevölkerungsdurchschnitt liege.

Verständlicherweise wirft der Theologe Berger seiner Kirche eine Wagenburgmentalität vor: »Die Angst vor der Welt, vor einer verdorbenen gottlosen Zivilgesellschaft, von der man sich abgrenzen will«, führe in eine Isolation und seinen Erfahrungen nach auch zum »Schulterschluss mit Evangelikalen, Bibelfundamentalisten und extrem reaktionären Kräften«. Da schließt sich wieder der Kreis zu den Bewegungen, deren oberstes Gebot »gehorchen und schweigen« heißt und von denen die Päpste so viel halten.

Meine Erlebnisse als professioneller Beobachter der kirchlichen Szene waren natürlich nicht zu trennen von der privaten Frage nach der Religion. Vor allem die Berichte über fundamentalistische Radikale mit ihrem naiven Schöpfungsglauben provozierten Fragen, die von der katholischen Amtskirche nicht befriedigend beantwortet werden. Die mich faszinierende Evolutionstheorie und die Hirnforschung stoßen auf ein gewaltiges Hindernis, den Glauben, also die Religion, besser noch: Die Vernunft sieht sich mit ihr konfrontiert. Sie dämmt das zu Glaubende immer weiter ein. Darin sehe ich eine tiefere Ursache für die heutige Krise der Kirchen, die sich aus Existenzangst nicht ausreichend der Auseinandersetzung darüber öffnen, was wirklich zu glauben ist, was sinnvoll zu glauben ist und was traditionell, genetisch bedingt oder historischen Umständen geschuldet ist und damit zu vernachlässigen ist.

Mir stellt sich die Frage noch einmal anders: Was ist Religion, und welchen Bedarf habe ich für mein inneres Gleichgewicht, meine Seele? Mir erschien es wichtig, zuerst die grundsätzliche Frage zu beantworten, was Religion ist. Je nachdem, wen ich befragte, den Theologen, den Philosophen, den Biologen, den Evolutionstheoretiker, bekam ich andere Antworten. Ich fragte das Lexikon, und siehe da: Es gibt keine wissenschaftlich allgemein anerkannte Definition des Begriffs »Religion«. Lexikalisch bezeichnet man als Religion eine Vielzahl unterschiedlicher kultureller Phänomene, die menschliches Verhalten, Handeln und Denken prägen und Wertvorstellungen normativ beeinflussen. Alltagssprachlich werden zudem die Ausdrücke »Religion«, »Religiosität« und religiöser »Glaube« gleichbedeutend verwendet.

Wie viel braucht man aber von etwas, das man so genau gar nicht definieren kann? Der eine braucht 100 Prozent, der andere vielleicht nur eins – aber wofür? Für sein Denken, sein Seelenleben oder seine Lebensorientierung? Fundamentalisten benötigen 100 Prozent Religion für alles, da sie ja auch die Wahrheit gepachtet haben. Liberale Humanisten begnügen sich mit einem vielleicht einprozentigen Restrisiko des Transzendentalen für ihren privaten Gebrauch. Die Definition ist also schwierig, aber auch spannend. Schon Wilhelm Busch wusste, »wer nach dem Glauben fragt, erhält leicht unchristliche Antworten«. Ein sanfter Hinweis darauf, dass Fragen nach dem Glauben schnell zur Distanz von der Kirche führen. Ein Wissenschaftsjournalist meinte, am Ende brauche man keine Religion, weil sie ein Überbleibsel aus der Steinzeit sei und von der Evolution überflüssig gemacht worden sei. Wissenschaftliche Erklärungen, wie das funktioniert haben könnte, strapaziere ich nicht. Da fühle ich mich auch nicht zuständig.

Religion hängt wohl, so weit habe ich es verstanden, mit dem unterschiedlichen kognitiven Denken zusammen, das uns erlaubt, beispielsweise hinter Geräuschen etwas zu vermuten, das gar nicht wirklich sein muss. Wir können solche Interpretationen aus Erfahrungen abstrahieren oder personalisieren und damit zu einem persönlichen Gott stilisieren. Der Biochemiker und Verhaltensgenetiker Dean Hamer meinte, das »Gottes-Gen« sei verantwortlich. Es ist für die Ausschüttung chemischer Botenstoffe im Gehirn zuständig, die Stimmungen und Gefühle steuern, von Übernatürlichem also keine Spur.

Eine reizvolle Theorie, die ich zusammenfassend aus den verschiedenen Publikationen über die Evolutionslehre gezogen habe, erklärt den religiösen Glauben als eine Anpassung, die in der Frühzeit den Menschen im Überlebenskampf geholfen hat. Denn Zeremonien festigten den Zusammenhalt der Gruppe, was ihr auch beim Jagen und Sammeln von Nahrung sowie der Aufzucht der Kinder zugute kam. Damit war sie weniger stark kooperierenden Gruppen überlegen. Aus diesem Grund wurde Religiosität bei der Fortpflanzung selektioniert und setzte sich als Wesenszug genetisch durch, bis schließlich alle menschlichen Gesellschaften davon durchdrungen waren.

Unsere kognitiven Fähigkeiten, die den Homo sapiens als Art so erfolgreich machten, wirkten so zusammen, dass sie den Glauben an Übernatürliches hervorbrachten. Religiosität ist demnach also im Denkorgan fest verdrahtet. Andere Forscher überprüften diese Idee anhand von Experimenten mit Kindern, die eine natürliche Tendenz besitzen, an übernatürliche Erscheinungen zu glauben. Das macht sie auch empfänglich für religiöse Vorstellungen von Gott. Und diese Fähigkeit bleibt lebenslang im Gehirn verankert.

Die Idee von Göttern macht aber noch keine Religion. Um sie zu schaffen, muss nach Überzeugung einiger Seelenkundler ein weiteres Element hinzukommen: die Beziehung von Ursache und Wirkung. Die Fähigkeit, kausale Zusammenhänge zu erkennen, wurde früh in der Evolution des Menschen angelegt. Raschelt es im Gebüsch, muss es einen Grund dafür geben – möglicherweise ein Raubtier. Diese Leistung unseres Gehirns kann uns aber auch in die Irre führen. Sie bewirkt nämlich unter Umständen, dass wir Zusammenhänge oder Zwecke sehen, die es in Wahrheit gar nicht gibt.

Diese kognitive Voreingenommenheit führt laut der Psychologin Olivera Petrovich von der Universität Oxford zum Glauben an eine übernatürliche Welt, der auch bei Erwachsenen erhalten bleibt. Die legen dann allerdings mehr Gewicht auf die moralische Dimension des Glaubens als auf übernatürliche Phänomene. Daraus erwächst schließlich eine von vielen Menschen geteilte Religion.

Hätte Religion der Evolutionslehre folgend nichts gebracht, also keine Vorteile generiert, hätte sie sich wahrscheinlich nicht durchsetzen können. Es war aber vorteilhaft, religiös zu sein, denn Religion oder Glaube lieferte nicht nur Überlegenheit – Jagdglück, gesellschaftlichen Zusammenhalt, leichteres Zusammenleben –, sondern auch politische Identifikation (bis zum Staat) und schließlich, worauf ich besonders hinauswill, selbst bei Unglücken und Rückschlägen eine gewisse Geborgenheit und Zuversicht, Stärke, die zum Weitermachen animiert und damit die Überlebenschancen erhöht.

Wie ordne ich hier aber das Christentum ein? Die Personalisierung von Gottesvorstellungen hat in ihm anscheinend den Höhepunkt erreicht. Ein persönlicher Gott ist auch ohne Christentum vorstellbar, einer, der aber die Brücke zum Menschen mit zwei Naturen als Vermittler zwischen dem Heil im Jenseits und dem Erlösungsbedürfnis im Dieseits schlägt, darauf muss man erst einmal kommen. Das entspricht dem menschlichen Bedürfnis nach greifbarer Gottheit, mit der man reden, sprich beten, hadern und der man danken kann. Das ist vielleicht der wirkliche Unterschied zu anderen Religionen, denn alles andere, selbst die Sakramente, gibt es in irgendeiner Form auch sonst, sogar das Unterscheidungsmerkmal, das von Christen am meisten beansprucht wird: die Feindesliebe. Die findet sich als Gebot in den meisten Hochreligionen, denn, so wage ich zu interpretieren, sie vollendet die Überlebensstrategie. Nächstenliebe bietet enorme Vorteile und ist eigentlich die höchste Form des Egoismus. Wenn ich alle Gegner und Feinde durch Liebe zu Freunden machen kann, dann wären paradiesische Zustände erreicht, vielleicht ist das sogar die wahre Verheißung der Erlösung.

Nächstenliebe gehört so gesehen zur Evolution als Vorteil für jeden und alle. Das Problem, warum es sie nur als hohes Ziel gibt, ist das Überlebenserbe. Der Stärkere setzt sich nach jahrtausendealter Erfahrung eben durch, und ein Sprung über den Schatten der bisherigen Entwicklung erfordert die altruistische Interpretation von Stärke. Solche Qualitätssprünge predigt das Christentum. Die brutale Realität macht daraus leider einen eschatologischen, endzeitlichen Traum.

Nach Jürgen Habermas braucht eine liberale Gesellschaft eigentlich keine Religion. Der erzieherische Kindervers »Was du nicht willst, das man dir tu, das füg auch keinem anderen zu« müsste doch reichen. Für das Verhalten ganz bestimmt. Wenn sich alle danach richten würden, gäbe es erheblich weniger Probleme. Bei der Überwindung von Sorgen, Unglück, Not oder Krankheit hilft dieser Satz aber nicht. Zur Überlebensstrategie durch Religion gehört unbedingt der Trost, den sie spendet. Denn der macht stark für das Leben.

Ich habe mir deshalb als Antwort auf meine Bruchstellen den Satz definiert: Der Mensch braucht so viel Religion, wie er Trost braucht, heute, morgen, in schwierigen Situationen, in seinem ganzen Leben und möglicherweise auch darüber hinaus. Die Kirchen können dabei helfen. Sie können und müssen den Raum und die Gemeinschaft bieten, in denen alles, was zum Trost gehört, gelebt werden kann: Familienfeste, von der Geburt bis zum Begräbnis, Geborgenheit, Meditation, Riten, Solidarität, Sozialisation und Zusammengehörigkeit. Nur: Vereinnahmen lasse ich mich nicht, ich möchte frei entscheiden. Die katholische Sozialisation wirkt bei mir dennoch bis heute. Mir schaut, wie ein Kollege es mir einmal in einer politischen Diskussion zutreffend vorgehalten hat, die katholische Soziallehre sozusagen über die Schulter.

Auf Fragen nach meiner Religiosität gebe ich dann doch meist unerwartet zu: »Ich bin katholischer, als mir lieb ist.«

Ohne Relativismus geht es nicht

Wie viel Kirche braucht der Mensch?
Viel weniger!

Ich habe Krebs. Und ich habe abgenommen. Manche, die mich längere Zeit nicht mehr gesehen haben und um die Krankheit wissen, schauen mich bei einer Begegnung irritiert an. Fällt er jetzt schon vom Fleisch? Zieht der Krebs ins Endstadium? Doch das Erste hat mit dem Zweiten nichts zu tun. Meine hormonelle Antikrebsbehandlung fördert leider eher die Gewichtszunahme. Einige überflüssige Kilos habe ich freiwillig durch Diät verloren.

Warum erwähne ich diese höchst private Angelegenheit in einem Buch über den schleichenden Verlust des Glaubens an die Kirche? Sie gehört eigentlich nicht hierher, doch auch sie leitet zu einer Kernfrage dieses Buches weiter. Habe nur ich die vielen Bruchstellen, wie sie im vorigen Kapitel beschrieben sind, erlebt, weil mein Leben nicht so normal verlief wie das der meisten meiner Generation? Darf ich nicht verallgemeinern oder vielleicht doch, weil diejenigen, die aus ähnlichem katholischem Milieu stammen wie ich, den gleichen Weg zurückgelegt haben, allenfalls mit punktuellen Unterschieden?

In einer geselligen Runde mit Schulkameraden meiner Frau kam die Sprache nahezu zwangsläufig auf diverse Krankheiten. Denn in einem gewissen Alter, in diesem Fall um die 70, sind Krankheiten als Gesprächsstoff so gut wie überhaupt nicht zu vermeiden. Einige haben immer Erfahrungen mit Krebs, Therapien und Nebenwirkungen. Krebs ist weitverbreitet, und Krebs hat etwas Schicksalhaftes an sich. Und wo Schicksal draufsteht, steckt, so dachte ich lange Zeit, die Frage nach Gott drin.

»Meine Schwester hat mit 29 Jahren Krebs bekommen und ist bald darauf daran gestorben. Zwei kleine Kinder blieben zurück«, erzählte eine Klassenkameradin meiner Frau. »Wo war da Gott?«, dachte ich mir und schaute gespannt in die Runde, ob diese Frage auftauchen würde. Denn damit wären wir mittendrin in meinem Thema, ohne dass ich es angestrebt hätte.

Ja, wo war da Gott? Die tröstenden Worte der Kirche, alles habe seinen Sinn in Gottes unwägbarem Ratschluss, verpuffen hier. Und wo war er in Auschwitz, wo in den Bombennächten, die einige in diesen Jahrgängen zu Kriegswaisen gemacht haben? Wo war er, als Kinder in Heimen misshandelt, gequält, geschlagen und verbogen wurden? Und das sogar in Gottes ureigensten Häusern. Ja, wo war er denn während des jahrelangen Missbrauchs von Kindern durch den katholischen Pfarrer im benachbarten Oberhamersbach? Die 70-jährige Katholikin, die noch oft zur Kirche geht, stellt kurz und bündig fest: »Gott hat damit nichts zu tun.« Und die restliche Runde stimmt zu. Nein, Tod und Krankheit sind keine Schläge, die mit Gottes Liebe, Bestrafung, Sünden oder sonstigen Glaubensdingen zu verbinden sind.

Mich erstaunt allerdings der Konsens darüber. Schließlich leben wir nicht in einer weitgehend unkirchlichen Großstadt, sondern in Zell am Harmersbach mit einer der bekanntesten Wallfahrtskirchen im Erzbistum Freiburg, »Maria zu den Ketten«. Eine hübsche Kleinstadt, in der der sonntägliche Kirchgang längst nicht mehr als Pflicht empfunden wird und entsprechend nachlässt. Kapuzinerpatres aus einem örtlichen Kloster betreuen mangels anderer Pfarrer die Gemeinde und Nachbarorte. Sie finden nicht immer den richtigen Ton für die Schwarzwälder, eifern manchmal mehr, als die Gläubigen akzeptieren, die eher dafür plädieren, dass jeder seine Angelegenheiten erledigen und sich nicht in Dinge einmischen soll, die ihm fremd sind.

Die Patres des Klosters sicherten auch lange Zeit den Religionsunterricht. In Gesprächen mit Zellern, Freunden, Nachbarn und ehemaligen Schulkameraden meiner Frau, eine Zellerin, suchte ich zu erfahren, welche Erinnerungen sie an die Lehrer aus dem Kloster hatten. Alle berichteten von prügelnden Kapuzinern. Einer, dem Schüler den Rohrstock versteckt hatten, griff aus Rache sogar zum Besenstiel und drosch wegen geringer Fehler noch schlimmer auf die Kinder ein. Sie bestätigen mit ihren Erzählungen auch im malerischen Wallfahrtsort Zell dieselbe Entwicklung, wie sie zur vielfältigen Flucht aus der Kirche geführt hat.

In der eingangs erwähnten abendlichen Runde sitzt kein Paar, von dem nicht mindestens ein Partner krank ist. Sie reden davon unbefangen, wie knapp sie am Tod vorbeigeschrammt sind. Früher hätten sie das wohl gottergeben ertragen. Heute sind sie der Medizin dankbar, dass die Schmerzen erträglich, die Lebensqualität nicht völlig zerstört und ihnen noch einige Jährchen beschieden sind. Das Tröstende im Glauben suchen sie dort, wo nichts mehr erklärbar ist, wo sie glauben wollen, wo sie zu glauben gelernt haben, wenn sie es nicht wieder verlernt haben. Das hat aber in den meisten Fällen nichts mehr mit den vielfältigen Erfahrungen zu tun, die erklärbar sind wie die meisten Krankheiten und die eigenen Fehler, die ihnen das Leben schwer gemacht haben.

Die Aufforderung an die Kirchen ist hier eindeutig. Beansprucht Gott nicht für etwas, wofür er vernünftigerweise nicht stehen kann. Das ist reichlich wenig, aber doch genug, um sich ernsthaft nach dem eigenen Glauben zu fragen.

Wie könnte eine katholische Kirche unter diesem »neuen Blickwinkel« aussehen? Auf jeden Fall käme sie leiser, bescheidener daher. Nicht allwissend, nicht im Besitz der Wahrheit und nicht mit der Überzeugung, auf alles eine Antwort parat zu haben. Und wenn es offensichtlich keine gibt, sollte sie nicht ihre eigenen Vorstellungen als Gottes Wahrheit verkaufen. Sie folgte damit wohl mehr dem Vorbild von Jesus, dem historischen Jesus.

Als Philosoph mit religionswissenschaftlichen und naturwissenschaftlichen Kenntnissen sieht unser Sohn Ansgar keine Chance für die katholische Kirche in der überlieferten Form, wenn überhaupt. Ich denke aber, dass es genügend Halt und Orientierung Suchende geben wird, die Rituale und Identifikationen brauchen. Doch wie könnten solche identitätsstiftenden Rituale künftig aussehen, und vor allem wie können all jene, die mit der historischen Gestalt der Kirche allenfalls kulturhistorische Reize verbinden, aber keine Glaubensgrundlage mehr, für den Glauben zurückgewonnen werden?

Die »notwendigen Abschiede« nach Klaus-Peter Jörns werden unvermeidlich sein. Von der katholischen Kirche werden sich dann vermutlich jede Menge Sekten abspalten und Rom der Häresie beschuldigen. Fundamentalisten haben aber der Kirche schon immer geschadet. Sie zu isolieren ist die einzige Strategie, die meines Erachtens ein Christentum überleben lässt, das mit der Entwicklung der modernen Gesellschaft Schritt halten kann. Andernfalls reduziert sich die katholische Kirche, um die es hier besonders geht, auf eine große Sekte mit einer ergreifenden Liturgie. Die Kirche war Inbegriff der Macht und Verkündigung. Die Macht ging verloren, der Auftrag zur Verkündigung ist geblieben. Aber wird die Kirche die Kraft aufbringen, sich vom Wahrheitswahn zu verabschieden und dialogfähig zu werden, auch wenn es an ihr Eingemachtes, die Dogmen geht? Skepsis ist angebracht.

Meine Bruchstellen finden sich bei vielen Mitmenschen wieder und nicht nur bei den über 60-Jährigen. Die meisten Fluchtpunkte wären zu vermeiden, wenn die Kirche ihr Volk ernst nähme. Der Mangel an Menschenrechten und Demokratie gehört zu den schlimmsten Mängeln im katholischen System.

Wie katholisch sind wir aber trotz allem noch? Ich kann für mich nur darauf antworten: »Mehr, als mir lieb ist.« Die jugendliche Prägung wirkt nach, und manche Skandale, die wir heute erleben, wären für uns wegen unserer katholischen Sozialisierung unvorstellbar gewesen. Die Werte sind geblieben, doch die hätten wir auch ohne Kirchenbindung bekommen können, und zwar dann sogar ohne Neurosen.

Die Suche nach Gott, die Papst Benedikt XVI. gern so abwertend Relativismus nennt, ist uns geblieben. Die Patchworkfamilie ist heute jedem ein Begriff, der Patchworkglauben ist aber mindestens genauso verbreitet. Viele Menschen haben ihre eigene Art des Glaubens gefunden, und das ist doch das Wichtigste, auch wenn die Institution Kirche dabei nur noch am Rande vorkommt. Würde sie sich nicht selbst so wichtig nehmen, könnte doch auch sie sich zufrieden über den Erfolg zurücklehnen. Sie könnte gelassen auf die Menschheit in einer keineswegs so schlechten Welt blicken, wie sie sie uns dargestellt hatte, auch wenn sich immer mehr Menschen, die sich selbst als christlich einschätzen, von der Kirche verabschiedet haben.

Das Gegenteil von diesen Menschen sind jene, die katholischer sind, als gut ist. Sie wollen nicht erkennen, dass sie dem Glauben damit weitaus mehr schaden als die Skeptiker. Sie stehen in blinder Treue zur Kirche und behindern in bester Absicht alle notwendigen Reformen. Ihre katholische Prägung hat sie zwangsläufig zur Intoleranz geführt. Wer überzeugt ist, die Wahrheit zu besitzen, wird sich nie einem Dialog öffnen, er kann es einfach nicht. Jede Kritik an der Kirche wird dann sehr schnell als Hass gegen die Kirche ausgelegt. Noch mehr als die Institution Kirche treibt die Borniertheit ihrer selbst ernannten Glaubenswächter jedem nachdenklichen Menschen den Glauben aus.

Dennoch Tröstliches zum Schluss. Viele jüngere Katholiken nehmen das Zweite Vatikanische Konzil viel ernster, als es den Hardlinern lieb sein kann, die dort ja den Anfang allen Übels wittern. Sie sehen sich als Volk Gottes, von dem jeder Einzelne seinen bisweilen auch eigenen Glauben pflegen kann. Da wären wir dann wieder beim Relativismus, den Ratzinger zu Recht fürchten muss, wenn er die Kirche unbedingt gegen die Wand fahren will. Relativismus beschreibt aber die Wirklichkeit im Kirchenvolk, egal ob der Papst in Rom das bedauert oder nicht. Säkular gesprochen würde ich sagen, dass es eine Verfassung und eine Verfassungswirklichkeit gibt. Die Wirklichkeit sieht anders aus, auch bei den Katholiken, ist aber schwer zu erkennen, weil die Amtskirche den Blick und das Bild trübt.

Der Gegensatz zwischen selbstbewussten Katholiken und Papstkirche wird die große Bruchstelle der Kirchenkrise bleiben, bis Rom dem Volk folgt. Daran ändern auch die in zeitgemäßer Sprache entwickelten perspektivischen Äußerungen von Benedikt XVI. in dem Interview-Buch mit Peter Seewald nichts. Ein drittes Vatikankonzil brauche es nicht. Das ist eine der wenigen richtigen Erkenntnisse, denn ein neues Konzil mit dem alten Episkopat macht wenig Sinn, wenn der Reformdruck so heruntergespielt wird wie von Benedikt XVI. Bezeichnenderweise hält der Papst die entmannte Bischofssynode für das richtige Instrument zur Erneuerung.

Der römische Vatikanexperte Giancarlo Zizola erkennt in dem Interview ein Bild von einer erneuerten Kirche, aber eben nur ein Bild, dessen Verwirklichung an der mangelnden Durchsetzungskraft beziehungsweise Regierungsfähigkeit des Papstes scheitern dürfte.

Ich kann mir aber auch einen anderen Grund vorstellen, der den Papst zu den ambivalenten Aussagen veranlasst und zur Folge haben könnte, dass sich die Kirche in Fragen der Sexualität künftig mehr zurückhält. Das Jahr 2010 hat mit seinen vielen Enthüllungen über Missbrauchsskandale, selbst in sogenannten Erneuerungsbewegungen, der Kirche derart die Finger verbrannt, dass sie lieber den Mund hält. Ihre Glaubwürdigkeit hat sie auf jeden Fall verloren. Ratschläge bezüglich der Sexualmoral haben selbst treue Katholiken schon vorher nicht unbedingt befolgt und hinterher erst recht nicht. Rückzugsgefechte wären deshalb angesagt, und mit ihnen begänne dann die Zukunftsfähigkeit.

Mit den Interview-Äußerungen des Papstes hatte ich beim Abschluss dieses Buches nicht gerechnet. Sie kamen aber höchst willkommen, weil sie eine Kernfrage treffen, deretwegen eine kaum zu niedrig anzusetzende Zahl von Menschen aus der katholischen Kirche getrieben worden ist. Dürfen sie auf Änderung hoffen? Ich meine nein. Korrekturen im Bereich der Sexualvorstellungen wären auch noch keine wirkliche Erneuerung, meint dazu der evangelische Theologe und Buchautor Christian Nürnberger, sondern nur eine Voraussetzung dafür. »Erst wenn die katholische Kirche aufhörte, ihre Energie für ihre lächerlichen Kämpfe gegen Pille, Kondom und Frauen zu verschleißen, könnte sie anfangen, sich gemeinsam mit den evangelischen Mindergläubigen im Aufbau einer Alternative zum wertevernichtenden Kapitalismus zu erneuern. Erst dann wüchse den Kirchen die Kraft zu für den eigentlichen Auftrag, Volk Gottes zu sein und als solches der Welt vorzuleben, wie man leben muss, damit das Leben aller gelingt«, schrieb Nürnberger im Frühjahr 2010 im *Süddeutsche Zeitung Magazin* in einer Brandrede »Heile, heile Segen?«.

Aus leidvoller Erfahrung neige ich nicht dazu zu hoffen, dass solche grundsätzlichen Probleme so schnell aus der Welt geschafft werden, sondern fürchte eher, dass Rom die Kirche nicht wirklich erneuern will und weiterhin so tut, als ob es keine moderne Bürgergesellschaft mit Rechten und Freiheiten gäbe.

Dazu nochmals der Protestant Nürnberger mit seiner Außenansicht: »Das Personal, das man für eine wirkliche Erneuerung bräuchte, gibt es in Rom nicht, auch nicht in den bischöflichen Ordinariaten, und in den Gemeinden ist es dünn gesät. Daher wird wahrscheinlich nichts geschehen. Allenfalls eine zähe, über Jahre sich hinziehende neue Zölibatsdebatte wird es geben, und die gut organisierten Machtklüngel werden dem Kirchenvolk ihren erbitterten Widerstand entgegensetzen, so lange, bis kein Volk mehr da ist – es sei denn, das Volk rebelliert endlich. Aber vermutlich sind die meisten potenziellen Rebellen schon ausgetreten und hinterlassen eine Ruine. Vielleicht sprießt daraus irgendwann mal, in Jahrhunderten, eine neue Kirche – falls dann noch Menschen leben.« Mehr Hoffnung sieht Nürnberger zurzeit nicht.

Der Papst prangert indessen weiter abwehrend den Relativismus an und hält daran fest, dass nur die katholische Kirche die Wahrheit besitzt. Alle Menschen, die woanders nach der Wahrheit und nach ihrem Glauben suchen, verurteilt er als Relativisten. Im selben Atemzug setzt er die Gottesfrage als oberste Priorität. Ohne Wahrheitsfähigkeit sei der Mensch nicht zum Ethos fähig. Da irrt er, weil er alles auf die katholische Wahrheit bezieht und ethisches Handeln in allen Religionen und sogar von Atheisten ignoriert. Da ist er wieder, der alles blockierende, unfehlbare Alleinvertretungsanspruch des Papstes für absolute Wahrheit. Benedikt XVI. hat wenigstens das klargestellt.

Die Herkunft meiner Krebskrankheit hat mir keiner erklären können. Als Strafe Gottes hat es niemand versucht. Ich lebe damit, mal gut, mal bedrückt, immer in dem Bewusstsein, dass der Tod zum Leben gehört und er für Gläubige wie Ungläubige den unvermeidlichen und gravierendsten Einschnitt der Existenz bedeutet. Was danach kommt, weiß ich nicht, belastet mich aber auch nicht. Warum soll ich mir den Kopf zerbrechen? Vielleicht bedeutet das ewige Leben ja nur, dass ich irgendwelche bleibenden Spuren hinterlassen habe. Die schönsten in unserem Sohn. Er gleicht mir in vielem.

Das erinnert mich an einen italienischen Freund, Don Romualdo, einen römischen Prälaten, der leider viel zu früh gestorben ist. Er klagte nicht über den Zwangszölibat, er klagte anders. »Mir fehlt nur eines. Ich hätte gerne einen Sohn.« Er hat geahnt, was tiefe menschliche Sehnsucht nach dem ewigen Leben ist, und es sich anders als seine Kirche vorgestellt. Er hat seine besondere Form der Flucht vor der Institution und ihrem Glauben gesucht, aber nicht die Konsequenzen gezogen. Auch er war katholischer, als ihm lieb war, wie die anderen, die aus dem ganz normalen katholischen Milieu stammen.

Quellen und Literatur

Da es sich um ein sehr persönliches Buch handelt, habe ich nur diejenigen Bücher aufgelistet, mit denen ich mich oft und erst recht bei der Vorbereitung als Autor und während des Schreibens näher befasst habe. Die meisten Angaben in diesem Buch stammen daher aus Erinnerungen, Gesprächen und eigenen Veröffentlichungen.

David Berger: *Der heilige Schein. Als schwuler Theologe in der katholischen Kirche*, Ullstein Verlag, Berlin, 2010

Franz Buggle: *Denn sie wissen nicht, was sie glauben. Oder warum man redlicherweise nicht mehr Christ sein kann*, Rowohlt Verlag, Reinbek, 2004

Dieter Funke: *Die Wunde, die nicht heilen kann*, Publik-Forum Edition, Oberursel, 2010

Klaus-Peter Jörns: *Glaubwürdig von Gott reden: Gründe für eine theologische Kritik der Bibel*, Radius-Verlag, Stuttgart, 2009

Klaus-Peter Jörns: *Notwendige Abschiede*, Gütersloher Verlagshaus, Gütersloh, 2004

Hans Küng: *Was ich glaube*, Piper Verlag, München, 2009

Hans Küng: *Christ sein*, Piper Verlag, München, 6. Auflage 2010

Hans Küng: *Die Frau im Christentum*, Piper Verlag, München, 5. Auflage 2009

Heinrich Missalla: *Nichts muss so bleiben, wie es ist: Mein katholisches Leben im 20. Jahrhundert*, Verlag Publik-Forum, Oberursel, 2009

Christian Nürnberger: *Jesus für Zweifler*, Gütersloher Verlagshaus, Gütersloh, 2007

Hanspeter Oschwald: *Vatikan – Die Firma Gottes*, Piper Verlag, München, 1998

Hanspeter Oschwald: *Der deutsche Papst – Wohin führt Benedikt XVI. die Kirche?*, Piper Verlag, München, 2006

Hanspeter Oschwald: *Im Namen des Heiligen Vaters*, Heyne Verlag, München, 2010

Clemente Pereira SJ: *Jugend hört*, Verlag Butzon & Bercker, Kevelaer, 1958

Peter Seewald: *Licht der Welt: Der Papst, die Kirche und die Zeichen der Zeit*, Verlag Herder, Freiburg, 2010

Hans Michael Uhl: *Evangelische Impulse*, Verlag Kreuz, Freiburg, 2010

Hans Michael Uhl: *Das ist evangelisch*, Verlag Kreuz, Freiburg, 2009

Giancarlo Zizola: *Santità e potere*, Sperling & Kupfer, Mailand, 2009

Paul M. Zulehner: *Wie geht's, Herr Pfarrer? Ergebnis einer Kreuz-und-quer-Umfrage: Priester wollen Reformen*, Styria Verlag, Graz, 2010